무전공자를 위한 전공별
직무능력 진로 가이드

김진실, 차희정 공저

한국스킬문화연구원·생애커리어연구소

발간사

전공에 대한 고정관념을 넘어
직무능력만으로도
성공할 수 있음을 보여줄 것입니다.

    오늘날의 급변하는 산업 환경은 전통적인 전공과 직무의 경계를 허물고, 다양한 분야에서의 융합과 혁신을 요구하고 있습니다. 과거에는 특정 전공이 특정 직무에 필수적이었지만, 이제는 직무에 요구되는 역량과 능력을 중심으로 한 채용 패러다임이 자리 잡고 있습니다. 그럼에도 불구하고 많은 구직자들이 전공을 취업의 필수 조건으로 생각하며, 자신이 전공하지 않은 분야에 도전하기를 두려워하는 현실입니다. 이 책은 이러한 고민을 안고 있는 무전공자들에게 실질적인 도움을 주고자 기획되었습니다. 특히 책 제목을 '무전공자를 위한 전공별 직무능력 진로가이드'로 정한 이유는 무전공자는 하나의 전공이 아닌 다양한 분야의 전공을 이해하고 자신만의 직무능력을 쌓아가야 함을 강조하기 위함이었습니다.

    '무전공자를 위한 전공별 직무능력 진로가이드'는 무전공자들이 직무에 필요한 핵심역량을 개발하고, 새로운 분야에서 성공적인 커리어를 쌓을 수 있도록 구체적이고 실질적인 가이드를 제공합니다. 각 분야의 직무능력에 대한 이해를 돕고, 실무에서 어떻게 적용할 수 있을지를 체계적으로 제시하며, 무전공자들이 자신감을 가지고 새로운 직무에 도전할 수 있도록 이끌어줍니다.

[제 1장. 무전공자의 직무능력 진로가이드의 의미]에서는 무전공 제도의 개념과 직무능력 중심의 취업 패러다임을 설명하고, 무전공자에게 전공 및 직무능력 진로가이드가 왜 중요한지에 대해 다룹니다. 먼저 무전공 제도와 전공자율선택제도를 설명하며, 무전공자들을 위한 다양한 지도 방안을 제시합니다. 또한 취업에서 직무능력이 왜 중요한지, 직무능력을 중심으로 한 채용의 변화와 진로가이드의 의미를 제시하고 계열별 직무능력 진로가이드를 소개합니다.

[Ⅰ. 무전공 제도]에서는 무전공 제도의 기본 개념부터 다양한 유형과, 전공 선택의 자유로움이 보장되는 제도적 측면을 다룹니다. 무전공자들이 직무능력을 기를 수 있는 다양한 지도 방안을 설명하며, 이들이 취업 준비에서 필요한 전략을 제시합니다. [Ⅱ. 취업에서 직무능력의 중요성]에서는 직무능력의 개념 및 중요성, 채용 패러다임의 변화, 직무능력 중심의 취업 준비 방안을 설명합니다. 또한 평생 경력개발 로드맵을 통해 지속적인 직무역량 개발의 중요성을 다룹니다. [Ⅲ. 무전공자에게 전공별 직무능력 진로가이드의 의미]에서는 무전공자가 전공을 어떻게 이해하고, 직무능력을 어떻게 개발할 수 있을지, 그리고 진로가이드가 무전공자에게 왜 중요한지를 다각도로 설명합니다. 특히 무전공자가 새로운 분야에서 성공적으로 적응할 수 있도록 구체적인 가이드를 제시합니다. [Ⅳ. 계열 및 전공별 직무능력 진로 가이드]에서는 경상계열(금융), 사회과학계열(인사), 공학계열(기계), IT계열(IT) 등 각 전공

및 직무 분야에 맞는 경력개발 로드맵을 구체적으로 제시합니다.

[제 2장. 자신과 직업의 세계 이해]에서는 자신의 흥미와 성격을 이해하고, 적합한 직업을 찾기 위한 방법을 제시합니다. 다양한 직업 가치관 검사와 적성 검사를 통해 스스로를 이해하고, 국내외 채용 동향을 분석하여 자신에게 맞는 직업과 직무를 찾는 과정을 구체적으로 설명합니다.

[Ⅰ. 흥미와 성격의 이해]에서는 개인의 흥미와 성격을 이해하는 것이 직업 선택에 어떤 영향을 미치는지 설명하며, 이를 바탕으로 직업 선호도를 평가하는 방법을 소개합니다. [Ⅱ. 직업가치관과 적성의 이해]에서는 직업에 대한 가치관과 적성을 분석하는 다양한 도구와 검사를 통해, 자신에게 맞는 직무를 선택하는 방법을 설명합니다. [Ⅲ. 채용동향 및 인재상의 이해]에서는 국내외 주요 채용 동향을 분석하고, 업종별로 어떤 역량이 요구되는지를 설명합니다. 100대 기업의 인재상을 분석하여, 어떤 직무능력이 중요한지를 사례를 통해 제시합니다. [Ⅳ. 직업 및 직무에 대한 이해]에서는 직업과 직무를 탐색하는 다양한 방법과 사이트를 소개하며, 분야별 직업과 직무를 구체적으로 탐구하는 과정을 설명합니다.

[제 3장. 커리어 로드맵 개발 및 취업준비 가이드]에서는 진로결정 수준을 진단하고, 자기 이해를 기반으로 한 커리어 로드맵을 작성하는 방법을 설명합니다. 학년별 경력관리 계획과 네트워크 구축, 입사지원서 및 자기소개서 작성 요령, 직무능력 중심의 필기 및 면접 준비 방법 등을 상세하게 안내합니다. 또한, 무전공자의 직무능력 개발 성공사례를 비롯하여 맞춤형 취업 팁을 제시합니다.

[Ⅰ. 진로결정수준 및 자기 이해하기]에서는 진로결정수준을 진단하고, 이를 기반으로 자신에 대한 이해를 높여가는 과정을 설명합니다. 다양한 검사를 통해 자기 이해를 깊이 있게 탐구하고, 검사 결과를 바탕으로 진로 결정을 내리는 방법을 제시합니다. [Ⅱ. 커리어 로드맵 작성해보기] 전공별 커리어 탐색부터 학년별 경력관리 계획을 구체적으로 세우는 방법을 안내합니다. 커리어 로드맵을 작성하고, 이를 기반으로 커리어 네트워크를 구축하는 방법을 설명합니다. [Ⅲ. 직무능력 중심의 취업준비] 직무 및 기업 분석을 바탕으로 입사지원서와 자기소개서를 작성하는 요령을 설명하며, 직무능력 중심의 필기와 면접 준비 방법을 구체적으로 다룹니다. [Ⅳ. 실제 진로 상담 사례]에서는 무전공자가 직무능력을 개발하고 성공적으로 취업한 사례를 소개하며, 이력서와 자기소개서 작성 사례, 면접 성공 전략 등을 공유합니다. 무전공자를 위한 맞춤형 취업 팁도 함께 제시하여 실제적인 도움이 될 수 있도록 구성하였습니다.

이 책은 무전공자들에게 직무능력 중심의 취업 준비 과정에서 실질적인 도움을 줄 수 있도록 구성되었으며, 전공에 대한 고정관념을 넘어 직무능력만으로도 충분히 성공할 수 있음을 보여줄 것입니다. 직무에 필요한 핵심역량을 체계적으로 개발하여, 새로운 기회를 창출하고자 하는 모든 무전공자들에게 이 책이 길잡이가 되기를 바랍니다.

한국스킬문화연구원 김진실 원장 · 생애커리어연구소 차희정 소장

목차

제 1장. 무전공자의 직무능력 진로가이드의 의미

I. 무전공 제도 1
1. 무전공제도 2
2. 전공자율선택제 5
3. 무전공제도의 유형 10
4. 무전공자 지도방안 12

II. 취업에서 직무능력의 중요성 20
1. 직무능력의 개념과 중요성 20
2. 직무능력 중심 채용 패러다임 26
3. 직무능력 취업 준비방안 29
4. 평생 경력개발 로드맵 32

III. 무전공자에게 전공별 직무능력 진로가이드의 의미 38
1. 무전공자에게 전공의 의미 38
2. 무전공자에게 직무능력의 의미 45
3. 무전공자에게 진로가이드의 의미 51
4. 무전공자에게 전공별 직무능력 진로가이드의 의미 55

IV. 계열 및 전공별 직무능력 진로 가이드 62
1. [경상계열 : 금융분야] 직무능력 경력개발 로드맵 62
2. [사회과학계열 : 인사분야] 직무능력 경력개발 로드맵 74
3. [공학계열 : 기계분야] 직무능력 경력개발 로드맵 86
4. [IT계열 : IT분야] 직무능력 경력개발 로드맵 99

제 2장. 자신과 직업의 세계 이해

I. 흥미와 성격의 이해 ... 111
1. 자신에 대한 이해 ... 112
2. 흥미에 대한 이해 ... 116
3. 성격에 대한 이해 ... 122
4. 직업선호도에 대한 이해 ... 131

II. 직업가치관과 적성의 이해 ... 142
1. 직업가치관에 대한 이해 ... 142
2. 직업가치관 검사에 대한 이해 ... 152
3. 직업적성에 대한 이해 ... 155
4. 직업적성 검사에 대한 이해 ... 158

III. 채용동향 및 인재상의 이해 ... 163
1. 국내의 채용동향 ... 163
2. 외국의 채용동향 ... 176
3. 업종별 채용동향 ... 181
4. 100대 기업 인재상 ... 186

IV. 직업 및 직무에 대한 이해 ... 189
1. 직업과 직무에 대한 이해 ... 189
2. 직업과 직무 탐색 사이트 ... 193
3. 분야별 직업 탐색 예시 ... 198
4. 분야별 직무 탐색 예시 ... 201

제 3장. 커리어 로드맵 개발 및 취업준비 가이드

I. 진로결정수준 및 자기 이해하기 207
1. 진로결정수준 진단하기 208
2. 자신의 진로결정수준 해석하기 215
3. 검사를 통한 자기 이해하기 218
4. 자신의 검사결과 해석하기 224

II. 커리어 로드맵 작성해보기 226
1. 전공별 커리어 탐색하기 226
2. 학년별 경력관리 계획하기 230
3. 커리어 로드맵 작성해보기 234
4. 커리어 네트워크 구축하기 237

III. 직무능력 중심의 취업준비 240
1. 직무 및 기업 분석 240
2. 입사지원서 및 자기소개서 작성해보기 245
3. 직무능력 중심 필기 준비 249
4. 직무능력 중심 면접 준비하기 252

IV. 실제 진로 상담 사례 256
1. 무전공자의 직무능력 개발 성공사례 256
2. 이력서와 자기소개서 작성 사례 261
3. 면접 준비와 성공 전략 277
4. 무전공자를 위한 맞춤형 취업 팁 281

참고문헌 285

표 차례

〈표 1〉 직무능력 중심 채용 패러다임 변화 27
〈표 2〉 문과 전공자의 취업 역량 확대를 위해 필요한 정부의 정책 41
〈표 3〉 문과 전공자 채용 시 기대하는 능력(전체기업) 41
〈표 4〉 대학생·성인의 자기이해와 진로탐색 검사 114
〈표 5〉 Holland의 6가지 유형(RIASEC) 120
〈표 6〉 직업선호도 검사 유형 133
〈표 7〉 직업선호도 검사L형의 하위요인 134
〈표 8〉 직업가치관 검사 구성요인 153
〈표 9〉 직업적성 검사 구성요인 158
〈표 10〉 직업적성 검사의 하위검사 160
〈표 11〉 연도별 채용방식 분포 164
〈표 12〉 2024년 10대 채용 동향 키워드 169
〈표 13〉 지원자를 위한 취업 동향 Key Point 176
〈표 14〉 주요 업종 2023년 하반기 일자리 전망 181
〈표 15〉 100대 기업의 인재상 186
〈표 16〉 직업, 직무 및 기업 탐색 사이트 196
〈표 17〉 [금융상품개발자]의 정보 199
〈표 18〉 [금융분야] 직무수행능력의 수준 및 정의 203
〈표 19〉 [금융분야] 직무에 필요한 지식(K), 기술(S), 태도(A) 205

〈표 20〉 진로결정수준에 대한 진단 209
〈표 21〉 진로준비행동에 대한 진단 211
〈표 22〉 진로결정자기효능감에 대한 진단 213
〈표 23〉 진로결정자기효능감 검사 결과 216
〈표 24〉 자기이해를 위한 표준화된 검사 219
〈표 25〉 직업선호도 검사 S형 검사지 222
〈표 26〉 대학 학년별 학기별 분석 사례 232
〈표 27〉 STAR 기법에 대한 설명 269

그림 차례

[그림 1] 자율전공선택의 도움이 되는 정도(청년재단 조사) 7
[그림 2] 커리어넷의 자율전공학부 설명 9
[그림 3] 무전공 모집단계 혁신 성과 인정 유형 11
[그림 4] 평생 전단계 경력개발 로드맵 예시 35
[그림 5] 직무관련 일경험 및 자격증 보유의 중요성 42
[그림 6] 중고신입에 대한 기업 채용담당자 인식 44
[그림 7] 소프트웨어 개발자를 목표로 하는 직무능력 경력개발 로드맵 예시 58
[그림 8] 디지털 마케터를 목표로 하는 직무능력 경력개발 로드맵 예시 59
[그림 9] 재무 분석가를 목표로 하는 직무능력 경력개발 로드맵 예시 60
[그림 10] 인사 관리자를 목표로 하는 직무능력 경력개발 로드맵 예시 61
[그림 11] 경상계열 관련 전공, 직업, 자격증 및 일자리 전망 66
[그림 12] [금융분야] 경력개발경로 69

[그림 13] [금융분야] 초기 경력 단계 (1~5년)의 핵심 직무능력과 경력개발 전략 ················ 70
[그림 14] [금융분야] 중기 경력 단계 (5~10년)의 핵심 직무능력과 경력개발 전략 ············ 71
[그림 15] [금융분야] 후기 경력 단계 (10~20년)의 핵심 직무능력과 경력개발 전략 ·········· 72
[그림 16] [금융분야] 경력 최종 단계 (20년 이상)의 핵심 직무능력과 경력개발 전략 ········ 73
[그림 17] 사회과학계열 관련 전공, 직업, 자격증 및 일자리 전망 ···································· 78
[그림 18] 「인사분야」 경력개발경로 ·· 81
[그림 19] [인사분야] 초기 경력 단계 (1~5년)의 핵심 직무능력과 경력개발 전략 ················ 82
[그림 20] [인사분야] 중기 경력 단계 (5~10년)의 핵심 직무능력과 경력개발 전략 ············ 83
[그림 21] [인사분야] 후기 경력 단계 (10~20년)의 핵심 직무능력과 경력개발 전략 ·········· 84
[그림 22] [인사분야] 경력 최종 단계 (20년 이상)의 핵심 직무능력과 경력개발 전략 ········ 85
[그림 23] 공학계열 관련 전공, 직업, 자격증 및 일자리 전망 ·· 90
[그림 24] 「기계분야」 경력개발경로 ·· 94
[그림 25] [기계분야] 초기 경력 단계 (1~5년)의 핵심 직무능력과 경력개발 전략 ················ 95
[그림 26] [기계분야] 중기 경력 단계 (5~10년)의 핵심 직무능력과 경력개발 전략 ············ 96
[그림 27] [기계분야] 후기 경력 단계 (10~20년)의 핵심 직무능력과 경력개발 전략 ·········· 97
[그림 28] [기계분야] 경력 최종 단계 (20년 이상)의 핵심 직무능력과 경력개발 전략 ········ 98
[그림 29] IT/컴퓨터계열 관련 전공, 직업, 자격증 및 일자리 전망 ···································· 103
[그림 30] 「IT분야」 경력개발경로 ··· 106
[그림 31] [IT분야] 초기 경력 단계 (1~5년)의 핵심 직무능력과 경력개발 전략 ················ 107
[그림 32] [IT분야] 중기 경력 단계 (5~10년)의 핵심 직무능력과 경력개발 전략 ············ 108
[그림 33] [IT분야] 후기 경력 단계 (10~20년)의 핵심 직무능력과 경력개발 전략 ·········· 109
[그림 34] [IT분야] 경력 최종 단계 (20년 이상)의 핵심 직무능력과 경력개발 전략 ········ 110
[그림 35] MBTI의 4가지 차원 ·· 125
[그림 36] 직업선호도검사(L형) 검사 결과 예시 ··· 134

[그림 37] 흥미코드의 이해 및 검사점수 예시 136
[그림 38] 직업흥미검사의 결과 해설 예시 137
[그림 39] 내담자의 흥미 6각형 검사결과 유형 139
[그림 40] 흥미코드에 적합한 직업 제시 예시 141
[그림 41] 직업가치관검사 결과 155
[그림 42] 2025년 채용트렌드 173
[그림 43] 9 Future of Work Trends for 2023 178
[그림 44] 2023년 하반기 10대 업종별 일자리 전망 종합 185
[그림 45] 직업과 직무 연계/직무와 직업 연계(NCS-KECO) 연계 192
[그림 46] 고용24에서 직업 탐색하기 193
[그림 47] 국가직무능력표준에서 직무 탐색하기 194
[그림 48] 고용24 직업정보에서 [금융]분야 직업 탐색 198
[그림 49] 국가직무능력표준 직무정보에서 [금융]분야 직무능력 탐색 201
[그림 50] 진로결정수준, 진로준비행동 진단 결과에 따른 진로유형 215
[그림 51] 직업선호도 검사S형의 검사 결과 예시 225
[그림 52] 전공 진로가이드(고용24) 227
[그림 53] 대학의 전공설계 로드맵(숙명여대 한국어문학학부 예시) 229
[그림 54] 교과목 로드맵(경영학부 예시) 234
[그림 55] 커리어 로드맵(경영학부 예시) 235
[그림 56] LG전자의 직무소개 영업/마케팅 예시 241
[그림 57] 회사의 구체적인 정보 이해 242
[그림 58] [금융분야] 한국산업은행 직무기술서(예시) 244
[그림 59] [금융분야] 직무 지원자의 "지원동기" 작성한 예시 246

[그림 60] [금융분야] 직무 지원자의 "직무경험" 작성한 예시 247

[그림 61] [금융분야] 직무 지원자의 "문제해결" 작성한 예시 248

[그림 62] 직무수행능력 평가 시험과목 예시 249

[그림 63] NCS 학습모듈에서 필기시험 참고하기 250

[그림 64] 직무역량 관점에서 본인의 강점 어필 전략 252

[그림 65] 핵심역량 관점에서 본인의 강점 어필 전략 253

[그림 66] [금융분야] 직무 지원자의 "NCS 기반 면접 질문" 답변한 예시 254

[그림 67] [인사분야] 직무 지원자의 NCS 기반 면접 질문" 답변한 예시 255

[그림 68] 무전공자의 직무능력 개발 성공사례 : SNS 마케팅과 콘텐츠 기획 전문가 사례 257

[그림 69] 무전공자의 직무능력 개발 성공사례 : 전략적 마케터 사례 259

[그림 70] 무전공자의 직무능력 개발 성공사례 : 변화를 주도하는 인재 사례 260

[그림 71] 온라인 리크루트 홈페이지를 통한 입사지원-대한항공 사례 262

[그림 72] 온종합병원 자사 이력서 및 자기소개서 양식 263

[그림 73] 공정채용을 위한 표준이력서(안) 및 자기소개서(출처 : 고용24) 264

제 1장

무전공자의
직무능력 진로가이드의 의미

Ⅰ. 무전공 제도
Ⅱ. 취업에서 직무능력의 중요성
Ⅲ. 무전공자에게 전공별 직무능력 진로가이드의 의미
Ⅳ. 계열 및 전공별 직무능력 진로 가이드

I 무전공제도

학습 개요	이 장에서는 무전공 제도와 전공자율선택제에 대해 제시하고 무전공 제도의 유형과 무전공을 준비하는 학생들을 지도하는 방안에 대해서 제시한다.
학습 목표	1. 무전공 제도의 개념, 도입배경, 연혁 및 장단점에 대해서 설명할 수 있다. 2. 전공자율선택제에 대해서 설명할 수 있다. 3. 무전공 제도의 유형에 대해서 설명할 수 있다. 4. 무전공을 준비하는 학생 지도방안에 대해서 설명할 수 있다.

1. 무전공제도란

무전공 제도는 학생이 대학에 입학할 때 특정 전공을 지정하지 않고 입학한 후, 일정 기간 동안 다양한 학문 분야를 탐색하며 자신의 적성과 흥미에 맞는 전공을 선택할 수 있는 제도다. 이는 학생들이 학문적 탐색을 통해 자신에게 가장 적합한 전공을 결정할 수 있도록 돕는다.

무전공제도를 도입하게 된 배경은 학생들이 고등학교를 졸업할 때 자신의 전공을 확실히 정하기 어려워한다는 점에서 비롯되었다. 많은 학생이 입학 후 전공을 변경하거나 전공에 불만을 느끼는 경우가 많아, 보다 유연한 제도가 필요했다. 또한, 급변하는 현대 사회에서는 융합적 사고와 다양한 지식을 필요하므로, 무전공 제도는 이러한 요구를 반영한 제도로 평가된다. 무전공제도의 중요성을 정리하면 다음과 같다.

○ 적성과 흥미 기반의 전공 선택: 무전공 제도는 학생들이 자신의 적성과 흥미에 맞는 전공을 찾을 수 있도록 하여, 학업 및 진로에서의 만족도를 높인다.

○ 융합 학문 장려: 다양한 전공을 경험함으로써 학문 간 융합을 장려하고, 창의적 사고를 촉진한다.

○ 유연한 교육 과정: 학생들이 각자 다양한 학문적 경험을 통해 자신만의 학문적 경로를 설계할 수 있도록 유연성을 제공한다.

○ 전공 선택 만족도 증가: 학생들이 다양한 학문을 경험한 후 자신의 적성에 맞는 전공을 선택할 수 있어 전공 만족도가 높아진다.

이와 같은 무전공제도는 1960~1970년대 미국의 일부 대학에서 처음 도입되었다. 당시에는 학생들에게 전공 선택의 폭을 넓혀 주기 위한 시도로 시작되었다. 1990년대는 유럽과 아시아 일부 대학들도 무전공 제도를 도입하기 시작했다. 이 시기에는 전공 선택의 부담을 줄이고자 하는 목적이 주요했다. 2000년대 이후 전 세계적으로 다양한 대학들이 무전공 제도를 활성화시키며, 특히 한국에서도 성균관대학교에서 2021년부터 인문사회계열에서 무전공 입학제도를 운영, 다양한 학문 분야를 탐색한 후 2학년 말에 전공을 선택할 수 있도록 하고 있다.

하지만, 무전공제도의 단점도 여전히 존재한다.

○ 전공 결정의 지연: 전공 선택을 미루면서 졸업 시 전공에 대한 확신이 부족할 수 있다.

제1장. 무전공자의 직무능력 진로가이드의 의미

○ 인기 학과 쏠림 현상 : 취업 등에 유리한 학과에 쏠리는 현상이 발생된다.

○ 추가 학비 부담: 전공 탐색 과정에서 추가 학점이수나 학비 부담이 발생할 수 있다.

○ 혼란 가능성: 다양한 전공을 탐색하는 과정에서 오히려 혼란을 느끼거나 선택의 어려움을 겪을 수 있다.

현재 무전공 제도는 미국과 유럽의 여러 대학에서 활발히 운영되고 있으며, 한국에서도 일부 대학이 이 제도를 도입하여 운영 중이고, 특히 대형 종합대학을 중심으로 무전공 입학제도가 확대되고 있으며, 학생들의 전공 선택 만족도를 높이고자 하는 대학들의 노력이 지속되고 있으나, 여전히 전통적인 전공 선택 방식이 주를 이루고 있어 무전공 제도의 정착과 확산에는 시간이 더 필요할 수 있다.

2. 전공자율선택제

한국에서 무전공제도는 대학혁신지원 사업 내 전공자율선택제를 통해 운영되고 있다. 전공자율선택제란 학생들이 대학 입학 후 체계적인 지원 하에서 각자 흥미·적성에 맞는 다양한 진로를 탐색하고 전공을 자유롭게 선택하는 제도다(교육부, 2024).

전공자율선택제는 ① 입학단계에서는 자유전공(무전공)으로 모집하여 전공선택권을 확대하는 것이고, ② 재학단계에서는 전과, 복수전공 등 재학 중 원하는 교육을 받을 수 있도록 하고, 전공·진로 탐색 및 선택 지원체계를 구축하며, 성공적 미래 준비를 위한 맞춤형 교육과정, 비교과활동 등을 지원하는 것이다. 또한 융합인재로 성장하기 위한 교육과정을 운영하고, 기초소양교육을 강화하는 것이다.

전공자율선택제는 어떤 학생들에게 도움이 될까?

① 대학 입학 전, 꿈과 전공을 정하지 못한 학생

> "열심히 입시 준비를 해왔지만, 아직 나에게 맞는 전공이 무엇인지 모르겠어. 나의 진로와 전공을 탐색할 시간이 필요해."
> ⇒ "자유전공학부로 입학해서, 대학에서 꿈을 찾아, 나에게 맞는 전공을 선택해야겠어."

② 대학 입학 후, 꿈과 전공이 달라 다른 전공을 공부하고 싶은 학생

"전공을 막상 공부해보니, 나와는 맞지 않는 것 같아. 전과나 복수전공을 하려니 내 학점으로는 부족한데... 반수를 해야하나..."

⇒ "전공자율선택제 덕에 전과나 복수전공 요건이 완화되었네! 반수할 필요 없이 우리 학교에서 나에게 맞는 다른 전공을 공부하면 되겠어!"

③ 꿈을 이루기 위해 무엇을 어떻게 준비해야 할지 모르는 학생

"난 펀드매니저가 되고 싶은데, 어디서부터 어떻게 준비해야 할지, 무슨 수업이 도움이 될지 모르겠어. 너무 막막해."

⇒ "전공자율선택제 덕에 현직에 계신 선배님들과 지도교수님이 내 꿈을 이루기 위해 도움이 되는 강의와 대외활동을 추천해주셨어. 나도 열심히 준비해야겠어!"

④ 다양한 분야를 공부하며 융합역량을 키우고 싶은 학생

"난 스마트팜 전문가가 되기 위해, 농업학, 공학, 생물학 등 다양한 분야를 두루 공부하고 싶은데... 가능할까?"

⇒ "자기설계전공 제도를 통해 내 꿈을 이루기 위해 필요한 다양한 분야를 두루 공부할 수 있겠어. 또 학교에서 기초소양 수업들을 제공해주니 융합역량을 키우는 데 큰 도움이 돼!"

제1장. 무전공자의 직무능력 진로가이드의 의미

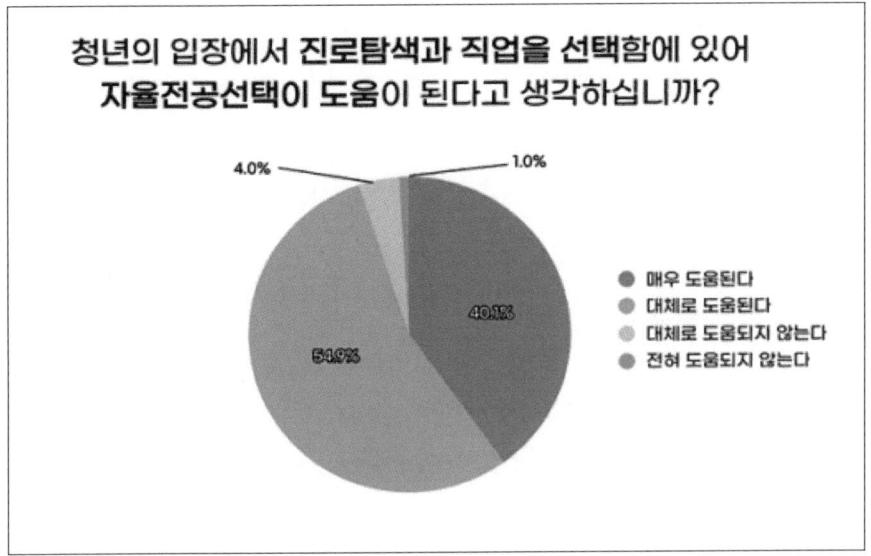

[그림 1] 자율전공선택의 도움이 되는 정도(청년재단 조사)

출처 : 문화일보(2024). 청년 세대 95% "자율전공선택이 진로 탐색·직업 선택에 도움"
https://munhwa.com/news/view.html?no=2024013101039910021003)

　교육부가 2025학년도 대학입시부터 수도권·주요 국립대에서 무전공 신입생 선발 확대를 추진하는 가운데, 청년 세대 대다수가 전공 자율선택을 찬성한다는 설문조사 결과가 나왔다. 재단법인 청년재단은 대학 자율전공선택에 대한 청년세대의 생각과 의견을 알아보기 위해 '대학 전공, 자율선택에 대한 청년 여러분들의 생각은?' 온라인 인식조사를 진행, 결과를 31일 발표했다. 이번 조사는 지난 16일부터 21일까지 만 19~34세 청년 3,822명을 대상으로 이뤄졌다.

　조사 결과, 응답자의 95%가 '진로탐색과 직업을 선택함에 있어 자율전공선택이 도움이 된다'고 답했다. '매우 도움된다'(40.1%)가 40%를 상회하는 등 자율전공 선택의 필요성에 크게 공감하고 있었다.

청년들은 대학 입학 후 전공을 자율적으로 선택하는 방식에 대해 △계열(인문 · 사회, 자연과학, 공학, 예체능 등)을 정해 입학한 후 그 안에서 전공을 선택(40.6%) △대학 내 모든 전공을 자유롭게 선택(보건 · 의료계열, 사범계열 등 특수학과는 제외)(38.9%) △단과대학(인문대학, 상경대학, 공과대학 등)을 정해 입학한 후 그 안에서 전공을 선택(19.9%) 등을 꼽았다.

자율전공선택에 있어 필요한 대학 내 지원(복수응답)으로는 △다양한 전공탐색을 위한 프로그램 제공(39.9%) △학습 · 진로 설계를 위해 지도교수 등 전문가의 체계적인 지원(21.3%) △희망 전공에 대한 자율선택 100% 보장(21.0%) △희망 전공 · 진로에 대한 선배 및 졸업생의 사례 공유 등 멘토링 제공(17.3%) 등을 꼽았다.

청년들은 자율전공선택의 기대효과(복수응답)로 '적성 · 흥미에 맞는 전공 선택 가능'(41.8%)을 가장 많이 꼽았다. '다양한 전공 탐색 기회 제공'(32.4%)도 높은 비율을 기록하는 등 본인의 흥미에 맞는 전공을 선택할 기회를 얻을 수 있다는 점을 긍정적으로 평가했다.

반면, 자율적으로 전공을 선택하는 것에 대한 우려사항(복수응답)으로는 응답자의 40.7%가 '학생들의 인기학과 쏠림현상에 따른 교육의 질 저하'라고 답했고, '기초학문 · 학과 소외현상'(29.3%)이 뒤를 이었다. 또한 응답자 10명 중 5명은 자신의 대학 전공을 결정한 시기에 대해 '대학 지원 시'라고 답했는데, 10명 중 3명은 자신이 선택한 전공에 불만족한 것으로 나타났다. 대학 재학 중 전공에 불만족해 취한 조치로는 '전공 유지'(56.9%)가 절반을 넘은 가운데, △복수전공 · 융합

전공 등 다전공제도 활용(25.0%) △전과(8.1%) △반수·재수 등 대학 재진학(5.5%) 등이 꼽혔다. 취업준비를 할 때 전공이 적성에 맞지 않거나, 취업과 연계성이 낮아 해야 했던 별도의 준비는 △전공 무관 자격증 취득(59.0%) △직업기술훈련(20.0%) △대학원 진학(8.0%) △전문대학 진학(2.0%) 순으로 나타났다.

자율전공학부에 대한 학과 정보는 [커리어넷]에서 찾아볼 수 있다.

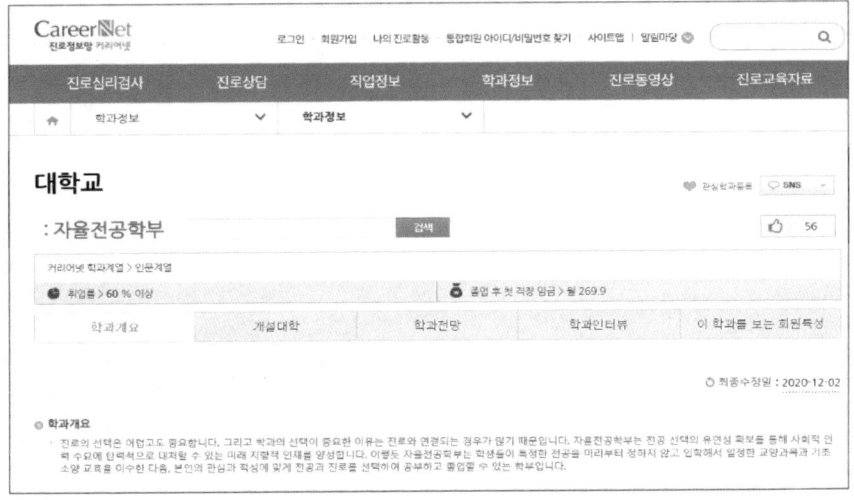

[그림 2] 커리어넷의 자율전공학부 설명

출처 : 커리어넷(2024). 학과정보-자율전공학부
https://www.career.go.kr/cnet/front/base/major/FunivMajorView.do?SEQ=451#tab1

3. 무전공제도의 유형

무전공제도는 크게 [유형 1]과 [유형 2]로 구분된다. 대학혁신지원사업과 관련해 대학들은 [유형 1]과 [유형 2]를 병행할 경우 가산점을 받을 수 있기 때문에 대부분 대학들이 이 두 가지 유형을 동시에 진행한다.

먼저, [유형 1]의 내용을 살펴보면, 핵심은 대학 내 모든 전공을 자율선택할 수 있다(보건의료, 사범 등 제외). 즉, [유형 1]은 대학 진학 시 특정 일부 전공을 제외하고 모든 전공 분야에서 선택할 수 있다. 대학 내 모든 전공 자율 선택으로 계열 구분 없이 통합 단위로 모집하는 자유전공학부가 대표적이다.

둘째, [유형 2]의 내용을 살펴보면, 핵심은 계열 또는 단과대 단위 모집 후 모집 단위 내 모든 전공을 자율 선택할 수 있다. [유형 2]는 계열이나 단과대학까지는 정해 준 뒤 그 안에서 자유롭게 전공을 선택할 수 있도록 하는 제도다. 계열/단과대 내 모든 전공에서 100% 자율선택하거나 또는 학과 정원의 150% 이상 범위 내에서 선택하는 방식이다.

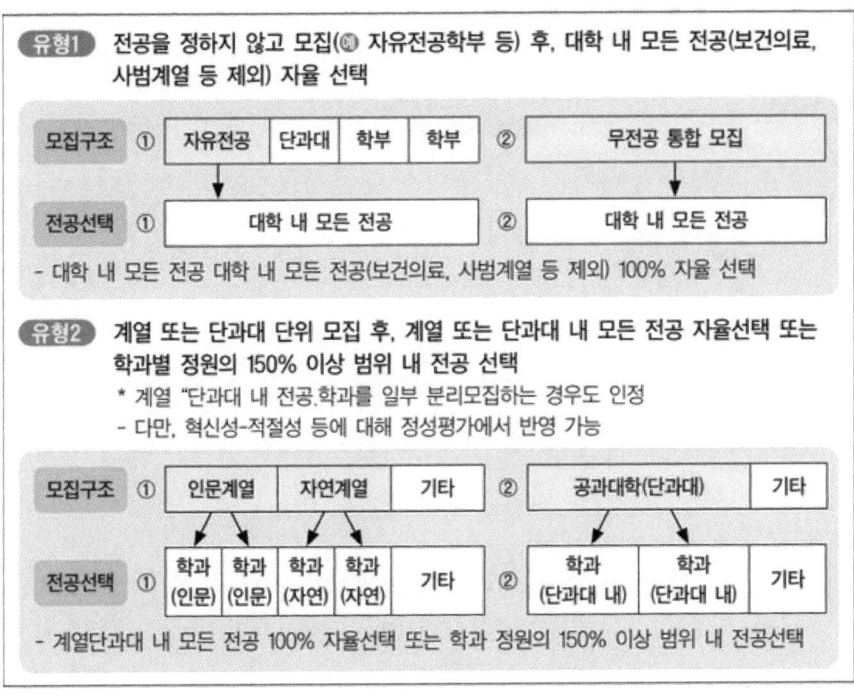

[그림 3] 무전공 모집단계 혁신 성과 인정 유형

출처 : 교육부(2024). 2024년 대학혁신지원사업 및 국립대학육성사업 기본계획

4. 무전공자 지도방안

무전공자 지도방안을 무전공을 준비하는 학생 대상 지도방안과 무전공으로 취업을 준비하는 지도방안을 구분하여 제시한다. 먼저, 무전공 모집이 증가하는 상황에서 무전공을 준비하는 학생들을 위한 지도방안은 다음과 같다(이영대, 2024).

(1) 전공 탐색 지원 : 학생들이 다양한 전공에 대해 충분히 탐색할 수 있도록 돕는다. 이를 위해 다양한 저공에 대한 정보를 제공하고, 관련 강연이나 세미나 등을 소개한다.

(2) 자기 이해 증진 : 학생들이 자신의 흥미와 적성을 잘 이해할 수 있도록 지원한다. 적성 검사나 진로 상담을 통해 학생들이 자신에게 맞는 전공을 찾도록 돕는다.

(3) 진로 상담 강화 : 정기적으로 진로 상담을 진행해 학생들이 무전공제도의 장단점을 이해하고, 자신에게 맞는 학습 계획을 세울 수 있도록 지도한다.

(4) 다양한 경험 제공 : 학교 차원에서 다양한 학문 분야에 대한 체험 기회를 제공한다. 예를 들어, 동아리 활동, 인턴십, 봉사 활동 등을 통해 학생들이 다양한 분야를 경험할 수 있도록 한다.

(5) 정보 제공 : 무전공 제도를 운영하는 대학들의 입시 요강과 전형 방법에 대한 최신 정보를 제공하여 학생들이 정확한 정보를 바탕으로 준비할 수 있도록 한다.

(6) 수시와 정시 준비 : 무전공 모집에서 정시 비중이 높으므로, 정

시 대비 학습에 집중할 수 있도록 지도한다. 특히 수능 준비를 철저히 할 수 있도록 학습 계획을 세운다.

(7) 학업 성취도 관리 : 학생들이 학업 성취도를 높일 수 있도록 지도하고, 무전공 모집에서도 좋은 성과를 낼 수 있도록 학업 관리에 신경쓴다.

(8) 교과 외 활동 지원 : 수시 전형에서 활용될 수 있는 다양한 교과 외 활동을 장려하고, 학생들이 자신의 강점을 잘 드러낼 수 있도록 지원한다.

(9) 멘토링 프로그램 : 대학에 진학한 선배들과의 멘토링 프로그램을 운영하여, 무전공 제도로 진학한 선배들의 경험을 공유할 수 있도록 한다.

(10) 입시 전략 수립 : 학생 개인별로 맞춤형 입시 전략을 수립하여, 무전공 모집을 통해 자신이 원하는 대학과 전공에 진학할 수 있도록 돕는다.

(11) 대학 설명회 참석 : 대학에서 개최하는 무전공 관련 설명회나 입학 설명회에 참석하도록 독려하여, 학생들이 대학의 무전공 제도에 대해 직접적으로 이해할 수 있는 기회를 제공한다.

(12) 자기주도 학습능력 강화 : 학생들이 자기주도적으로 학습할 수 있는 능력을 기르도록 지원한다. 무전공 제도는 학생의 자율성과 자기주도 학습능력이 중요하기 때문이다.

(13) 목표 설정 지원 : 학생들이 구체적인 목표를 설정하고 이를 달

성하기 위한 계획을 세울 수 있도록 돕는다.

(14) 심리적 지원 : 대입 준비 과정에서 학생들이 겪을 수 있는 스트레스와 불안을 관리할 수 있도록 심리적 지원을 제공한다.

(15) 전문가 초청 강연 : 다양한 분야의 전문가를 초청해 학생들에게 진로와 관련된 실제적인 조언을 들을 수 있는 기회를 제공한다.

(16) 부모 교육 : 부모들도 무전공 제도와 관련된 정보를 충분히 이해할 수 있도록 교육하여, 자녀의 진로 선택을 지원할 수 있도록 돕는다.

(17) 비교과 활동 장려 : 무전공 모집에서도 중요한 비교과 활동의 중요성을 강조하고, 이를 적극적으로 장려한다.

(18) 자료 제공 : 무전공 관련 자료, 대학별 전형 안내서, 입시 정보 등을 체계적으로 정리하여 학생들에게 제공한다.

(19) 토론과 발표 기회 제공 : 학생들이 다양한 주제에 대해 토론하고 발표할 기회를 제공하여, 논리적 사고와 표현 능력을 기를 수 있도록 한다.

(20) 자기소개서와 면접 준비 : 수시 전형 대비를 이해 자기소개서 작성과 면접 준비를 철저히 지도한다.

(21) 대학별 특성 이해 : 학생들이 희망하는 대학의 특성과 무전공 제도의 특징을 잘 이해할 수 있도록 유도한다.

(22) 자기관리 능력 향상 : 학생들이 학습과 생활을 균형 있게 관리할 수 있도록 지도한다.

(23) 진로 목표의 유연성 강조 : 학생들이 고정된 목표 대신 다양한 진로 가능성을 열어두고 준비할 수 있도록 유도한다.

(24) 강점 기반 지도 : 학생의 강점을 파악하고 이를 바탕으로 지도하여 자신감을 높인다.

(25) 경험 공유 : 무전공으로 성공적으로 대학에 진학한 선배들의 경험을 공유하여 동기부여를 제공한다.

(26) 대학 네트워크 활용 : 대학과의 네트워크를 활용해 학생들에게 맞춤형 입시 정보를 제공한다.

(27) 창의적 사고 개발 : 학생들이 창의적으로 문제를 해결하고 다양한 시각을 가질 수 있도록 지도한다.

(28) 수시와 정시의 균형 : 학생들이 수시와 정시 전형 모두에 대비할 수 있도록 균형 있는 학습 지도를 제공한다.

(29) 현실적 조언 제공 : 학생들이 지나치게 이상적인 목표를 설정하지 않고 현실적인 목표를 설정하도록 조언한다.

(30) 지속적인 모니터링 : 학생들의 학습 진도와 진로 선택 과정을 지속적으로 모니터링하여 필요한 지원을 제공한다.

다음으로, 무전공자가 취업을 준비하기 위해서는 체계적이고 구체적인 지도방안이 필요하다. 다음은 무전공자가 직무에 필요한 역량을 효과적으로 개발하고 취업 경쟁력을 높일 수 있는 지도방안이다.

① 자기 이해와 직무 탐색

  ○ 성격, 흥미, 가치 탐색: 무전공자는 자신의 성격, 흥미, 가치관을 이해하는 것이 중요하다. 이를 위해 다양한 자기 이해 도구(예: MBTI, 홀랜드 직업 흥미 검사 등)를 활용하여 본인의 성향과 적합한 직무를 파악할 수 있다.

  ○ 자신의 강점과 약점 분석: 전공 지식이 부족할 수 있지만, 무전공자도 자신만의 강점(의사소통, 창의성, 문제 해결 능력 등)을 파악하고, 이를 직무와 연결하는 것이 중요하다.

  ○ 산업 및 직무 트렌드 조사: 관심 있는 산업과 직무의 최신 트렌드와 기술을 조사한다. 이를 통해 자신이 진입하려는 분야에서 어떤 역량이 중요한지 파악할 수 있다.

  ○ 직무 분석 및 요구 역량 파악: 무전공자가 관심 있는 직무의 요구되는 능력과 기술을 분석하고, 그 직무에 필요한 전공 지식을 탐색한다. 이를 통해 해당 직무에 맞는 준비를 할 수 있다.

② 전공 지식 보완

  ○ 온라인 강좌와 교육 프로그램 수강: 무전공자는 직무에 필요한 전공 지식을 온라인 강의(예: Coursera, Udemy, K-MOOC) 등을 통해 습득할 수 있다. 해당 분야의 기초 지식과 응용 능력을 배울 수 있는 강좌를 선택하여 부족한 부분을 보완한다.

○ 자격증 취득: 직무와 관련된 자격증을 취득하는 것이 유용하다. 예를 들어, IT 직무를 목표로 한다면 코딩 자격증, 마케팅 직무를 목표로 한다면 디지털 마케팅 관련 자격증을 취득함으로써 직무역량을 증명할 수 있다.

○ 인턴십 및 현장 실습: 실무 경험은 전공 지식이 부족한 무전공자에게 특히 중요하다. 인턴십을 통해 직무에서 직접적인 경험을 쌓고, 이를 통해 직무에 필요한 능력을 개발할 수 있다.

○ 프로젝트 기반 학습: 실제 직무에서 적용할 수 있는 프로젝트를 수행하여 실질적인 경험을 쌓는 것도 중요한 방법이다. 예를 들어, IT 직무에 관심이 있다면, 개인 프로젝트를 통해 포트폴리오를 제작하거나 오픈 소스 프로젝트에 참여할 수 있다.

③ 직무능력 개발

○ 의사소통 능력 개발: 모든 직무에서 중요한 의사소통 능력을 키우기 위해 발표, 토론, 글쓰기 등의 활동을 통해 역량을 강화한다.

○ 팀워크 및 협업 능력 향상: 다양한 팀 프로젝트나 그룹 활동에 참여하여 협업 능력을 기르고, 이를 직무와 연결시키는 능력을 개발한다.

○ 직무 관련 기술 습득: 직무수행능력을 높이기 위해 해당 직무에서 필수적으로 요구되는 기술(예: 프로그래밍, 회계 처리, 데이터 분석)을 습득하고, 실무에서 사용할 수 있는 수준까지 끌어올린다.

○ 문제 해결 능력 훈련: 직무에서 발생할 수 있는 다양한 문제를 해결하는 연습을 하고, 이를 통해 직무 상황에 대한 적응력을 기른다.

④ 취업 준비 전략 수립

○ 이력서 및 자기소개서 작성 : 무전공자일 경우, 전공 지식이 부족한 부분을 대신하여 직무 수행에 필요한 다른 역량(예: 실무 경험, 프로젝트, 자격증)을 강조하는 것이 중요하다. 직무에 맞는 경험을 선별하고, 그 경험을 통해 직무능력을 어떻게 개발했는지 구체적으로 설명한다.

○ 면접 준비 : 무전공자는 직무에 대한 실무적인 질문에 대비하여 실전 모의 면접을 통해 자신감과 답변 능력을 기른다. 실제로 해당 직무에서 필요한 기술적 질문이나 문제 해결 능력에 대한 질문을 대비해야 한다. 면접 전에 해당 직무에 필요한 전공 지식과 기술적 질문에 대비하기 위해 추가 학습을 진행한다.

⑤ 멘토링 및 네트워킹

○ 멘토링 : 무전공자가 목표하는 직무에서 이미 경력을 쌓은 멘토와의 관계를 통해 실질적인 조언을 얻고, 경력개발에 필요한 지침을 받을 수 있다. 이는 직무역량 강화뿐 아니라, 취업 준비 과정에서 실질적인 도움이 된다.

○ 직무 관련 네트워킹: 관심 있는 산업 분야의 세미나, 직무 관련 행사 등에 참석하여 인적 네트워크를 형성하고, 이를 통해 정보

와 기회를 얻는다.

⑥ 자기주도 학습 및 지속적 개선

○ 자기주도 학습 방법 개발 : 무전공자는 목표 직무에 맞는 학습 계획을 세우고, 이를 주도적으로 실천하는 것이 중요하다. 이는 지속적으로 자신을 발전시키고 직무에 필요한 능력을 쌓는 데 필수적이다.

○ 자기 평가 및 피드백 수용: 주기적으로 자신의 학습과 직무 준비 상황을 점검하고, 피드백을 반영하여 부족한 부분을 보완한다.

○ 평생 학습 태도: 무전공자는 직무능력 개발이 일회성이 아니라 지속적인 과정임을 인식하고, 꾸준히 새로운 기술과 지식을 습득하는 태도를 유지해야 한다. 이를 통해 변화하는 직무 환경에 빠르게 적응할 수 있다.

II 취업에서 직무능력의 중요성

학습 개요	이 장에서는 직무능력의 개념 및 중요성과 직무능력 채용 패러다임을 제시하고, 직무능력 취업 준비방안과 평생 경력개발 로드맵에 대해서 제시한다.
학습 목표	1. 직무능력의 개념과 중요성에 대해 설명할 수 있다. 2. 직무능력 채용 패러다임에 대해 설명할 수 있다. 3. 직무능력 취업 준비방안에 대해 설명할 수 있다. 4. 평생 경력개발 로드맵에 대해 설명할 수 있다.

1. 직무능력의 개념과 중요성

직무능력(Competency)은 특정 직무를 성공적으로 수행하기 위해 요구되는 지식, 기술, 태도, 행동 패턴 등을 의미한다. 최근 업스킬링과 리스킬링이 강조되면서 직무능력을 스킬(Skills)로 쓰고 있다. 이는 직무에서 성과를 내기 위한 실질적인 능력으로, 단순히 학문적 지식이나 자격증으로 증명되지 않으며, 실질적인 업무 수행 능력을 포함한다. 핵심요소는 다음과 같이, 지식(K), 기술(S), 태도(A)다.

○ 지식(Knowledge): 해당 직무와 관련된 이론적 지식.

○ 기술(Skills): 업무를 수행하기 위한 실무적인 능력.

○ 태도(Attitude): 업무에 대한 성실성, 책임감, 적응력 등.

기업에서 직무능력을 중요시하는 이유는 다음과 같다.

첫째, 직무능력은 실제 일할 수 있는 역량의 핵심이다. 기업은 직무 수행에 필요한 실질적인 능력을 중요하게 생각한다. 전공이나 학위는 이론적 배경을 제공하지만, 실제 업무에서 문제를 해결하거나 성과를 내기 위해서는 직무능력이 더 중요하다.

둘째, 효율적으로 인재를 선발할 수 있다. 기업은 직무능력을 중심으로 한 채용을 통해 해당 직무에 적합한 인재를 선발할 수 있다. 이는 학벌이나 자격증에 의존하는 채용보다 성과를 낼 가능성이 높은 인재를 고용하는 방식이다.

셋째, 기업경쟁력을 향상할 수 있다. 산업이 빠르게 변화하면서 전통적인 교육 경로만으로는 최신 기술과 업무 요구를 충족하기 어렵다. 직무능력을 갖춘 인재는 변화하는 환경에 빠르게 적응할 수 있기 때문에 기업의 경쟁력에도 기여한다.

넷째, 조기 성과를 달성할 수 있다. 직무능력을 중심으로 채용된 인재는 업무 적응 기간이 짧고, 빠르게 성과를 낼 수 있다. 이는 기업 입장에서 인력 교육과 개발에 대한 비용 절감으로 이어질 수 있다.

직무능력 중심 채용의 연혁을 살펴보면 다음과 같다.

① 1970-1980년대: 직무능력 중심 채용은 미국과 유럽에서 처음으로 도입되었다. 기업들은 전통적인 학력이나 경력 중심의 채용 방식이 실제 업무 성과와 반드시 일치하지 않는다는 점을 인식하게 되었고, 이를 보완하기 위해 직무에 필요한 능력을 평가

하는 방식으로 전환하기 시작했다.

② 1990년대: 글로벌 대기업들이 직무능력 중심 채용 방식을 본격적으로 채택하기 시작했다. 이 시기에는 직무 기술서(Job Description)를 중심으로 직무에 필요한 역량을 정의하고, 이를 바탕으로 인재를 선발하는 방식이 확대되었다.

③ 2000년대 이후: 직무능력 중심 채용 방식이 디지털 기술과 결합하면서 더욱 정교해졌다. 빅데이터와 AI를 활용한 직무역량 분석과 지원자 평가 도구가 개발되었고, 이를 통해 직무능력을 정확하게 측정할 수 있는 채용 시스템이 도입되었다. 한국에서도 이 시기부터 NCS(국가직무능력표준)를 도입해 공공기관과 민간 기업에서 직무능력 중심 채용을 확대하게 된다.

직무능력 중심 채용의 주요 과정을 제시하면 다음과 같다.

① 직무 분석 및 정의 : 해당 직무에서 요구되는 역량, 기술, 지식을 분석한다. 이를 바탕으로 직무 기술서(Job Description)를 작성하며, 이 과정에서 직무능력 요소를 구체화한다.

② 직무능력 기준 설정 : 직무에 필요한 핵심 직무능력을 정의하고 이를 구체적인 평가 요소로 변환한다. 예를 들어, IT 분야에서는 프로그래밍 능력, 문제 해결 능력 등이 포함될 수 있다.

③ 채용 공고 및 지원자 모집 : 직무능력 기반으로 채용 공고를 작성하며, 지원자에게는 직무와 관련된 역량을 증명할 수 있는 자료(프로젝트 경험, 포트폴리오 등)를 제출하도록 요청한다.

④ 직무능력 평가 : 전통적인 면접과 더불어 실무 테스트, 사례 분석, 그룹 과제 등을 통해 지원자의 직무능력을 평가한다. 특히, 직무와 직접 관련된 과제를 부여하여 지원자의 실무 능력을 검증한다.

⑤ 최종 선발 및 피드백 제공 : 평가 결과에 따라 최종 선발을 진행하며, 직무능력이 부족한 지원자에게는 구체적인 피드백을 제공한다. 이러한 피드백은 직무능력 개발을 위한 향후 학습 방향을 제시하는 데도 유용하다.

직무능력 중심 채용은 직무 수행에 필요한 구체적인 능력, 기술, 지식, 태도 등을 평가하여 인재를 선발하는 방식으로, 최근 기업들이 많이 채택하는 방식으로 직무능력 중심 채용의 장·단점은 다음과 같다. 먼저 직무능력 중심 채용의 장점은 다음과 같다.

① 공정성 향상 : 학벌, 경력, 출신 배경 등에 의존하지 않고, 실질적인 직무능력을 평가하기 때문에 공정성이 높아진다. 누구나 자신의 능력만으로 평가받을 수 있어 다양한 배경의 인재에게 기회를 제공한다.

② 실제 직무 적합성 평가 : 지원자가 실제로 해당 직무에서 필요한 능력을 갖추고 있는지를 평가하기 때문에, 직무 적합성이 높은 인재를 선발할 수 있다. 이는 회사와 지원자 모두에게 좋은 성과로 이어질 수 있다.

③ 성과와 연결된 채용 : 직무능력 중심 채용은 직무 수행에 직접적

으로 필요한 역량을 평가하기 때문에, 직무 적응 속도가 **빠르고** 성과를 내는 인재를 선발할 가능성이 높다. 이는 기업의 성과와 직결될 수 있다.

④ 교육 및 훈련 비용 절감 : 직무 수행에 필요한 능력을 이미 갖춘 인재를 채용하기 때문에, 입사 후 추가적인 교육이나 훈련 비용을 줄일 수 있다. 이는 기업의 인재 개발 비용을 절감하는 효과를 가져올 수 있다.

⑤ 미래 성장 가능성 평가 : 직무능력 중심 채용은 지원자의 현재 능력뿐만 아니라, 그들이 향후 어떤 방식으로 성장할 수 있을지를 평가할 수 있는 기회를 제공한다. 실무 능력뿐만 아니라 적응력, 문제 해결 능력 등 미래 발전 가능성을 중시한다.

이와 같은 장점 이외에 직무능력 중심 채용이 갖고 있는 단점은 다음과 같다.

① 지원자 평가의 어려움 : 직무능력 평가가 구체적이고 복잡할 수 있으며, 지원자의 능력을 정확하게 평가하기 위한 평가 방법을 설계하고 운영하는 것이 쉽지 않다. 객관적인 직무능력 평가 기준을 세우는 것도 어려운 점 중 하나다.

② 시간과 비용 소요 : 직무능력 중심 채용은 기존의 전통적인 서류 평가나 면접보다 복잡하고 시간이 많이 소요될 수 있다. 실무 테스트, 과제 평가 등을 통해 지원자를 평가하기 때문에 채용 과정에서 시간과 비용이 추가로 필요하다.

③ 객관성의 한계 : 직무능력을 평가하는 과정에서 평가자의 주관이 개입될 가능성이 있다. 특히, 직무와 관련된 테스트나 과제의 결과를 해석하는 데 있어서 평가자의 편견이 작용할 수 있어 객관성을 유지하는 데 어려움이 따를 수 있다.

④ 단기 성과에 치중할 위험 : 직무능력 중심 채용은 당장 직무에 필요한 능력을 중시하기 때문에, 장기적으로 성장 가능성이 높은 지원자를 놓칠 위험이 있다. 직무에 적합한 능력은 갖추었지만, 조직 문화나 장기적인 발전에 부합하지 않는 경우가 발생할 수 있다.

⑤ 창의성이나 잠재력 평가의 어려움 : 직무에 필요한 기본 역량을 평가하는 데 집중하는 경우, 지원자의 창의성이나 잠재력을 충분히 평가하지 못할 수 있다. 직무 수행 능력 외에도 장기적으로 기업에 기여할 수 있는 다양한 역량을 간과할 위험이 있다.

2. 직무능력 중심 채용 패러다임

우리나라의 채용제도는 기업·기관에 적합한 인재를 선발하기 위해 지속적으로 개선 및 적용하고 있다. 크게 「스펙중심 채용-스펙초월 채용-NCS 능력중심 채용-블라인드 채용-공정 채용」으로 다섯 개의 채용 패러다임으로 정리할 수 있겠다. 하지만, NCS 능력중심-블라인드-공정 채용의 핵심은 "직무능력 중심 채용"이라고 할 수 있다.

먼저, 스펙중심 채용제도는 학교, 자격, 성적, 어학점수 등 지원자의 능력을 정량화 하여 평가하는 방식으로 가장 오래된 전통을 지니고 있는 방법이다.

둘째, 스펙초월 채용제도는 지원자가 보유한 스펙(Specification)과 상관없이 기업·기관에서 다양한 채용방법을 개발하여 시행하는 방법이다.

셋째, NCS 능력중심 채용제도는 직무에 필요한 능력을 지식·기술·태도 및 직업기초능력을 정의하고 직무능력을 평가하는 방식이다.

넷째, 블라인드 채용제도는 편견을 야기하는 요소를 배제하고 직무능력을 공정하게 평가하는 채용 방식(NCS를 평가기준으로 활용)이다. 여기에서 편견이란 학벌, 가족관계, 연령, 성별, 출신지역, 신체적 조건 등으로 채용과정시 영향을 미치는 요소를 의미한다.

다섯째, 공정 채용제도는 채용의 전 과정에서 구직자에게 정보를 '투명'하게 공개하고 공개된 내용대로 채용과정을 운영하며, 직무와 무

제1장. 무전공자의 직무능력 진로가이드의 의미

관한 편견 요소가 아닌 '능력' 중심으로 평가하며 구직자와 기업 모두가 '공감'하는 인재채용 방식을 의미한다.

〈표 1〉 직무능력 중심 채용 패러다임 변화

구분	스펙중심 채용	스펙초월 채용	능력중심 채용	블라인드 채용	공정 채용
내용	정량평가 기반 채용방식	다양한 채용방법을 활용	직무에 필요한 능력을 선별하여 평가	편견요소를 배제하고 직무능력을 평가	'투명'하게 공개하고 '능력' 중심으로 '공감'하는 인재 채용 방식
장점	객관적인 지표 설정 가능	기업의 특성을 반영한 평가체계 구축	직무에 적합한 인재 선발 가능	불합리한 제도 개선 및 공정한 평가 가능	투명성, 객관성, 공정성 제고
단점	과도한 스펙 경쟁 유도	채용 전형별로 평가기준의 모호함 발생	정확한 직무분석을 위한 시간과 비용 필요	공정한 평가를 위한 전문 평가위원 양성 필요	불합격자 피드백에 대한 기업 부담 가중

출처 : 김진실(2024). NCS 취업(채용) 코칭 솔루션. 한국스킬문화연구원/애플북.

직무능력 중심의 취업(채용)시스템은 '직무수행에 부합한 직업능력을 갖춘' 인재(Right Person) 선발이 용이한 것이다. 즉, 불필요한 스

27

펙(Over-spec)이 아니라 해당 직무에 맞는 스펙(On-spec)을 갖춘 인재를 NCS 기반의 평가툴(tool)을 활용하여 선발하는 취업(채용)방식을 의미한다. 직무능력 중심의 취업(채용)과정은 ① 취업(채용)기준(NCS 기반 직무기술서) 사전공개 ② 직무능력 기반 지원서 중심의 서류전형 ③ 채용기준에 따른 직무능력평가(필기, 면접 등)로서, 수행직무를 사전에 숙지하고 입사한 직원을 선발하여 직무만족도를 높임으로써 지속적인 자기개발을 유도할 수 있으며, 장기적으로 조직경쟁력과 더불어 국가 경쟁력 제고에 기여 할 것으로 기대하고 있다.

직무능력 중심 취업(채용)의 핵심요소를 "채용 직무기술서-서류-필기-면접"이라고 할 때 청년들은 채용공고와 함께 직무기술서를 파악해야 하고, 직무기술서에서 요구하는 조건에 따라 서류를 준비하고, 그에 따른 필기와 면접을 준비해야 한다. 반면에 기업에서는 채용에 필요한 직무기술서를 개발하고 이를 사전에 공개하며, 직무기술서에 기반한 서류 평가기준을 개발해야 한다. 그 다음으로는 채용기준에 맞는 직무능력을 평가하기 위한 필기평가도구와 면접평가도구를 개발한다.

3. 직무능력 취업 준비방안

무전공자들이 직무능력 취업을 준비하기 위해서 먼저 전공과 직무능력과의 관계를 알 필요가 있겠다.

전공은 해당 분야에 대한 이론적 지식을 배우고 기초적인 이해를 쌓을 수 있는 교육 경로다. 예를 들어, 공학 전공자는 물리학이나 수학 등 해당 분야의 기본 지식을 습득하며, 이를 바탕으로 실무에 필요한 기술을 배우는 경향이 있다. 이에 반해 직무능력은 전공 지식 외에도 실무에서 실제로 필요한 능력들을 의미한다. 이는 특정 직무를 성공적으로 수행하기 위한 실질적인 기술과 경험으로, 전공과는 별개로 실습과 경험을 통해 개발할 수 있는 능력이다. 예를 들어, IT 직무에서는 전공자가 아닌 사람도 프로그래밍 언어, 데이터 분석, 문제 해결 능력 등을 직무능력으로 쌓아갈 수 있다. 따라서, 전공은 해당 분야에 대한 기초적인 이해를 돕지만, 직무능력은 그보다 더 실질적인 업무 능력에 초점을 맞춘다. 즉, 전공 지식은 직무능력 개발의 한 요소일 뿐, 직무능력을 통해 실무에서 더 중요한 역할을 할 수 있다. 전공이 꼭 직무 수행에 필수적인 요소는 아니며, 실무 중심의 직무능력이 더 큰 비중을 차지하는 경우가 많다.

따라서 무전공자에게 직무능력 취업은 불리하지 않다.

많은 기업들은 전공보다 직무능력을 중심으로 채용을 진행하므로, 특히 기술이 빠르게 변화하는 분야에서는 이론적 전공 지식보다는 실제로 일을 처리할 수 있는 능력이 더 중요하게 평가된다. 무전공자도 직무에 필요한 능력을 충분히 개발한다면 전공자와 동등한 경쟁력을 가질 수 있고, 무전공자도 다양한 경로를 통해 직무능력을 키울 수 있다. 온라인 학습, 프로젝트 경험, 실습, 자격증 취득 등을 통해 해당 직무에 필요한 능력을 충분히 쌓을 수 있으며, 이는 경력 전환이나 신입 지원에서 큰 도움이 된다. 예를 들어, IT, 마케팅, 디자인 등 많은 직종에서 무전공자도 실무 경험과 역량으로 충분히 인정받을 수 있다. 많은 직무에서 문제 해결 능력, 커뮤니케이션 능력, 프로젝트 관리 능력 등 전공과 상관없는 핵심 직무능력을 요구한다. 이 능력들은 실습과 경험을 통해 충분히 개발할 수 있다.

무전공자가 직무능력 취업을 준비하기 위한 방안을 제시하면 다음과 같다.

① 실무 중심 학습 : 무전공자는 전공 지식 대신 직무에 필요한 실무 능력을 학습하는 데 집중해야 한다. 관련된 기술을 배우고 실습하는 것이 중요하다. 온라인 강의 플랫폼(예: Coursera, Udemy, edX)에서 해당 분야의 필수적인 기술을 익히고, 이를 프로젝트나 포트폴리오로 증명할 수 있다.

② 경험을 통한 능력 개발 : 인턴십, 프로젝트, 자원봉사, 프리랜서 등 다양한 경험을 통해 실질적인 직무 경험을 쌓는 것이 중요하다. 예를 들어, IT 분야에서는 포트폴리오로 자신의 능력을 증명하거나, 디자인 분야에서는 외주 작업을 통해 실무 능력을 개발할 수 있다.

③ 전문 자격증 취득 : 자격증은 무전공자도 특정 분야의 직무능력

제1장. 무전공자의 직무능력 진로가이드의 의미

을 증명할 수 있는 좋은 방법이다. 전공과 무관하게 자격증을 통해 직무에 필요한 기본 역량을 갖추고 있음을 보여줄 수 있다. 예를 들어, IT 분야에서는 AWS, 컴티아(CompTIA) 자격증, 데이터 분석 분야에서는 구글 애널리틱스 자격증 등이 무전공자에게 유용할 수 있다.

④ 멘토링 및 네트워킹 : 해당 분야에서 경험이 풍부한 멘토를 찾고 네트워킹을 통해 실질적인 조언을 얻는 것이 중요하다. 이를 통해 무전공자로서 겪는 어려움을 해결하고, 직무능력을 더 효과적으로 개발할 수 있다.

⑤ 현업에 맞는 포트폴리오 구축 : 무전공자는 자신이 학습한 내용을 구체적으로 보여줄 수 있는 포트폴리오를 만드는 것이 중요하다. 프로젝트, 인턴십, 프리랜서 작업 등을 통해 실질적인 성과를 증명하고, 이를 채용 과정에서 활용할 수 있다.

⑥ 자기 개발 계획 수립 : 무전공자는 자신만의 직무능력 개발 계획을 세우는 것이 중요하다. 목표를 설정하고 이를 단계적으로 달성할 수 있도록 학습, 경험, 자격증 취득 등 다양한 경로를 계획적으로 추진해야 한다.

즉, 무전공자도 직무능력을 체계적으로 개발하면 전공자와 동등하게, 때로는 더 유리한 경쟁력을 가질 수 있다. 직무능력 중심 채용이 확산되면서 전공보다 실무 능력이 중요한 시대가 왔으며, 이를 적극 활용하는 것이 무전공자의 성공적인 취업을 가능하게 한다.

4. 평생 경력개발 로드맵

평생 전단계에 따른 경력개발은 개인이 일생 동안 각 단계에서 자신의 경력 목표를 설정하고 이를 실현하기 위해 계획하고 준비하는 과정을 의미한다. 이는 입시나 취업 같은 일회성 목표를 넘어서, 개인의 장기적인 성장과 발전을 목표로 한 경력 관리 방식이다. 평생 전단계 경력개발은 자신의 경력을 지속적으로 발전시키고 변화하는 환경에 적응하기 위해 필수적이다.

평생 전단계 경력개발은 사람의 일생을 여러 단계로 나누고, 각 단계에서 필요한 역량을 개발하여 성공적으로 경력을 쌓을 수 있도록 돕는 체계적인 과정이다. 보통의 경력개발은 학업 단계에서 시작하여 직업 탐색, 실무 경험, 경력 전환, 은퇴 준비까지 이어지는 과정으로 구성된다.

입시나 취업의 일회성 목표를 넘어서 평생 경력개발의 중요성은 다음과 같다.

① **빠르게 변화하는 노동 시장에 적응**: 4차 산업혁명 등 기술 발전에 따라 직무와 산업이 빠르게 변화하고 있다. 평생 전단계 경력개발은 개인이 변화하는 직업 환경에 적응할 수 있도록 유연성을 제공한다.

② **개인의 장기적인 성장 보장**: 단기적인 입시나 취업에만 초점을 맞추는 대신, 평생 전단계 경력개발은 자신의 장기적인 경력 목표를 설정하고 이를 달성하기 위한 체계적인 계획을 세우도록

돕는다. 이는 개인이 일생 동안 다양한 경로로 성장을 추구하는 데 필수적이다.

③ 직업 만족도와 삶의 질 향상: 경력개발이 성공적으로 이루어지면 직업 만족도와 삶의 질이 높아질 수 있다. 평생 동안 자신이 원하고 잘하는 일에 몰입하게 되면, 경제적 성과뿐만 아니라 개인적인 성취감도 커질 수 있다.

④ 은퇴 준비와 미래 설계: 평생 전단계 경력개발은 은퇴 후에도 자신의 삶을 의미 있게 계획하고 준비하는 데 중요하다. 은퇴 후에도 자신이 원하는 방향으로 경력을 지속하거나 새로운 도전을 할 수 있도록 준비하는 것이 필요하다.

일반적으로 평생 전단계 경력개발의 단계와 방법을 살펴보면 다음과 같다.

① 어린 시기 (자아 탐색 및 진로 인식)

o 자아 탐색: 어린 시기에는 자신이 무엇을 좋아하고 잘하는지에 대한 인식을 시작해야 한다. 다양한 경험을 통해 흥미와 강점을 발견하고, 이를 경력개발의 첫 단계로 삼는다.

o 방법: 다양한 활동 참여(학교 내외 활동, 봉사, 취미 등)를 통해 자기 인식을 높이고, 다양한 직업군에 대한 정보를 수집하는 것이 중요하다.

② 청소년기 (진로 탐색 및 기초 역량 개발)

○ 진로 탐색: 자신의 관심사와 강점을 기반으로 직업 선택의 방향성을 설정하는 단계다. 이 시기에는 다양한 직업군에 대한 탐색과 경험이 중요하며, 학업 선택이나 진로 결정에 중요한 영향을 미친다.

○ 방법: 진로 상담, 인턴십, 멘토링 프로그램, 직업 체험을 통해 실제 직무를 경험하고 미래 경력을 준비하는 데 필요한 기초 역량을 개발할 수 있다.

③ 성인 초기 (직업 준비 및 직무역량 개발)

○ 직업 준비: 대학이나 직업 교육을 통해 자신이 선택한 분야에 대한 전문성을 쌓는 단계다. 동시에, 직무 수행에 필요한 실질적인 능력을 개발해야 한다.

○ 방법: 대학 또는 직업 교육 과정 수강, 자격증 취득, 인턴십과 현장 경험을 통해 실무 역량을 쌓는다. 직무에 필요한 실질적인 역량을 중심으로 경력을 준비해야 한다.

④ 성인 중기 (경력 확장 및 경력 전환)

○ 경력 확장: 경력 중기에는 자신의 경력을 확장하거나, 새로운 직무나 산업으로 전환을 고민하는 시기다. 직장에서의 성과뿐만 아니라 장기적인 경력 목표를 다시 설정하고 이를 위해 스킬 업그레이드를 해야 할 필요가 있다.

○ 방법: 추가 교육, 자격증 취득, 리더십 및 관리 능력 개발을 통해 경력을 확장한다. 경력 전환을 고려할 경우, 추가적인 학습과

네트워킹을 통해 새로운 기회를 탐색하는 것도 필요하다.

⑤ 은퇴 전기 (경력 마무리 및 은퇴 준비)

○ 경력 마무리: 경력 후반기에는 자신의 경력을 마무리하면서, 은퇴 후의 삶을 계획해야 한다. 이 시기는 자신의 경력을 어떻게 기록하고 전수할 것인가를 고민하는 단계다.

○ 방법: 후배 양성, 컨설팅, 강의 등을 통해 지식을 전수할 수 있으며, 은퇴 후에도 경제적 독립을 유지할 수 있도록 재무 계획을 세우고 경력의 마지막 단계를 준비하는 것이 중요하다.

[그림 4] 평생 전단계 경력개발 로드맵 예시

평생 전단계 경력개발을 위해서는 다음과 같은 전략을 가져야 한다.

① 경력개발 로드맵을 통한 장기적인 목표 설정 및 체계적인 계획

○ 장기적 비전 설정: 경력개발 로드맵은 장기적인 경력 목표를 설정하고 이를 체계적으로 실현하기 위한 가이드를 제공한다. 일생 동안 각 경력 단계에서 어떻게 발전할 것인지를 미리 계획하여 성공적인 경력을 설계할 수 있다.

○ 경로의 명확화: 특정 목표를 달성하기 위해 어떤 단계를 거쳐야 하는지 로드맵을 통해 명확히 할 수 있다. 예를 들어, "5년 안에 팀장이 되기"라는 목표를 세웠다면, 그 과정에서 필요한 경력 경험, 역량, 자격증 등을 구체적으로 나열하고 실행 계획을 세우는 것이 가능하다.

② 자기 성찰 및 목표 설정

○ 각 평생 단계에서 자기 성찰을 통해 자신의 장점, 관심사, 가치관 등을 분석하고 이를 바탕으로 목표를 설정한다. 경력 목표는 시간에 따라 변화할 수 있으며, 변화하는 상황에 맞춰 목표를 조정하는 유연성을 가져야 한다.

○ 지속적인 학습과 스킬 업그레이드 : 빠르게 변화하는 시대에 적응하려면 지속적인 학습이 필수적이다. 새로운 기술이나 지식을 꾸준히 배우고, 이를 실무에 적용할 수 있도록 해야 한다. 온라인 교육, 직무 관련 자격증, 세미나와 같은 학습 기회를 적극 활용하는 것이 필요하다.

③ 경험 쌓기와 네트워킹

○ 다양한 경험을 통해 경력을 확장하고 새로운 기회를 탐색해야

한다. 또한, 네트워킹을 통해 멘토와 동료로부터 배움을 얻고, 새로운 경력 기회를 마련할 수 있다.

○ 경력 전환 준비 : 평생 중후반에는 새로운 도전이나 경력 전환을 고려할 수 있다. 경력 전환을 위해 필요한 기술과 경험을 미리 준비하고, 그 과정에서 기존의 경력과 어떻게 연결할지 전략을 세워야 한다.

평생 전단계 경력개발은 단기적인 목표인 입시나 취업을 넘어서, 개인이 평생 동안 다양한 경력 기회를 성공적으로 탐색하고 발전할 수 있도록 도와준다. 경력의 모든 단계에서 자신을 발전시키고, 변화하는 시대에 맞춰 끊임없이 경력 목표를 설정하고 이를 달성하기 위한 노력이 필요하다. 이를 통해 직업 만족도와 삶의 질을 높이고, 지속 가능한 성장을 이룰 수 있다.

Ⅲ 무전공자에게 전공별 직무능력 진로가이드의 의미

학습 개요	이 장에서는 무전공자에게 전공의 의미, 무전공자에게 직무능력의 의미를 제시하고, 무전공자에게 진로가이드의 의미와 무전공자에게 전공별 직무능력 진로가이드의 의미를 제시한다.
학습 목표	1. 무전공자에게 전공의 의미를 설명할 수 있다. 2. 무전공자에게 직무능력의 의미를 설명할 수 있다. 3. 무전공자에게 진로가이드의 의미를 설명할 수 있다. 4. 무전공자에게 전공별 직무능력 진로가이드의 의미를 설명할 수 있다.

1. 무전공자에게 전공의 의미

현대 사회에서 '전공'은 개인이 특정 분야에서 전문 지식을 쌓고 전문성을 발휘하는 중요한 기반으로 인식된다. 전공은 단순한 학문적 학습을 넘어, 직업적 선택과 경력개발에 중요한 역할을 한다. 그러나 무전공자들에게 전공이란 어떤 의미일까? 전공을 하지 않은 사람들, 또는 전공과 무관한 직무에서 일하는 사람들에게 전공은 때때로 장애물로 여겨지기도 한다.

무전공자에게 전공이 중요한 이유는 그들이 진로를 결정하고 직무를 수행하는 데 있어 부족한 지식을 채워야 한다는 압박감을 느끼기 때문이다. 특히, 전공을 바탕으로 요구되는 직무능력을 갖추지 못한 상태에서는 자신감이 부족할 수 있다. 그러나 중요한 것은 전공이 없다

제1장. 무전공자의 직무능력 진로가이드의 의미

고 해서 그들이 해당 분야에서 성공할 수 없다는 것이 아니다. 전공의 의미는 본질적으로 해당 분야에서 문제를 해결하고 목표를 달성하는 데 필요한 학습과 경험의 과정을 의미한다. 이러한 과정은 전공자와 무전공자 모두에게 적용될 수 있다.

무전공자에게 전공은 특정 지식의 부족을 상징하는 것이 아니라, 자신이 새로운 것을 배우고 적응하는 능력을 증명하는 기회로 이해될 수 있다. 전공을 넘어서 다양한 방법으로 직무에 필요한 지식과 기술을 습득할 수 있기 때문이다. 하지만, 그럼에도 불구하고 무전공자가 전공을 이해하면 많은 부분에서 도움을 받을 수 있다. 다음은 무전공자가 전공을 알아야 하는 이유를 세 가지로 제시한다.

1) 직무 이해와 관련된 지식 습득

전공은 특정 분야에서 필요한 기본적인 이론과 실무 지식을 제공한다. 무전공자가 해당 직무나 산업에 진입하려면, 그 직무와 관련된 전공 지식이 필수적이다. 이는 업무 수행 능력을 향상시키고, 문제를 더 효과적으로 해결하는 데 도움을 준다. 전공 지식은 직무에서 발생하는 상황을 이해하고, 해결책을 찾는 데 필요한 도구이기 때문에 이를 학습하는 것은 직무능력을 강화하는 데 필수적이다.

IT 분야에서 경영학을 전공한 무전공자가 소프트웨어 개발 직무에 지원한다고 가정해 보자. 이 경우, 소프트웨어 개발에서 요구되는 프로그래밍 언어, 알고리즘, 데이터 구조 등의 전공 지식이 부족하면 직무 수행에 어려움을 겪을 수 있다. 예를 들어, 코딩 작업 중 오류를 해결해야 할 때, 프로그래밍 전공자가 이미 습득한 알고리즘 지식이 큰 도움이 된다. 반면, 무전공자는 이러한 기술적 문제를 해결하는 데 시간이 더 걸릴 수 있다. 따라서 무전공자가 해당 직무를 이해하고 성과를 내기 위해서는 관련 전공 지식을 반드시 습득해야 한다.

고용노동부(2023)의 문과 전공·코로나 학번·중고 신입에 대한 기업 채용 담당자 인식 조사 결과에 따르면, 문과 전공 자체만으로는 채용에 부정적 영향을 미친다고 보기 어려우며, 직무 관련 일경험 등을 통해 실무능력을 향상시키는 것이 무엇보다 중요한 것으로 나타났다. 특히, ① (문과 전공이 채용에 미치는 영향) 직무관련 자격·실무경험이 있으면 긍정적, ② (문과 전공자가 합격하기 위해 노력할 부분) 일경험·인턴 등 직무경험, ③ (문과 전공자의 취업역량 확대를 위한 정부 정책) 직무관련 일경험 기회 확충이었다.

이런 인식을 반영한 듯, 기업 담당자들은 문과 전공자의 취업 역량 확대를 위해 가장 필요한 정부 정책으로는 직무 관련 일경험 기회 확충이라고 답변했다.

제1장. 무전공자의 직무능력 진로가이드의 의미

〈표 2〉 문과 전공자의 취업 역량 확대를 위해 필요한 정부의 정책

	직무 관련 일 경험 기회	산업 수요가 있는 분야에 대한 직업훈련	전공별 직업경로 등 정보 제공	저학년부터 진로지도 역량강화 프로그램	문과 전공자 채용기업 인센티브
전체 (n=758)	535개 (70.6%)	236개 (31.1%)	169개 (22.3%)	154개 (20.3%)	33개 (4.4%)

출처 : 고용노동부(2023). 문과 전공 · 코로나학번 · 중고신입에 대한 기업채용담당자 인식조사

한편, 기업들은 문과 전공자들에게 커뮤니케이션 능력(31.8%), 조직 적응력(22.3%), 보고서 작성 능력(16%) 등을 주로 기대했다.

〈표 3〉 문과 전공자 채용 시 기대하는 능력(전체기업)

	커뮤니케이션	조직 적응	보고서 작성	프로젝트 기획	외국어	없음
전체 (n=758)	241개 (31.8%)	169개 (22.3%)	121개 (16%)	120개 (15.8%)	43개 (5.7%)	64개 (8.4%)

출처 : 고용노동부(2023). 문과 전공 · 코로나학번 · 중고신입에 대한 기업채용담당자 인식조사

2) 경쟁력 향상

현대의 채용 시장은 매우 경쟁적이며, 지원자들이 비슷한 경력을 가지고 있는 경우 전공 지식은 중요한 차별화 요소가 될 수 있다. 무전공자가 해당 분야의 전공 지식을 알고 있다면, 이는 자신의 역량을 증명하고, 경쟁자들보다 우위를 점할 수 있는 중요한 경쟁력이 된다. 직무

와 관련된 전공 지식은 고용주에게 그 직무에 대한 준비성과 전문성을 나타낼 수 있는 지표가 된다.

인사관리 직무에 경제학을 전공한 무전공자가 지원하는 경우, 관련 전공자들과 경쟁하는 상황이 자주 발생한다. 이때, 무전공자가 인사관리와 관련된 전공 지식을 습득한다면, 단순히 경제학적 분석 능력뿐만 아니라 HR에서 요구되는 고급 역량을 보유한 인재로 평가받을 수 있다. 예를 들어, 무전공자가 SHRM(Society for Human Resource Management)에서 제공하는 자격증을 취득하면, 이는 실무에서 요구되는 전공 지식을 어느 정도 갖췄음을 증명하는 자료가 되어 경쟁력을 크게 높일 수 있다.

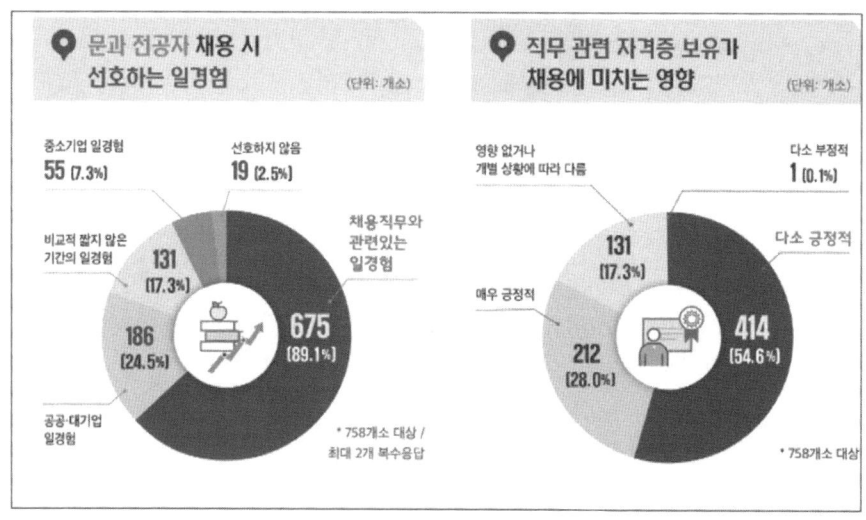

[그림 5] 직무관련 일경험 및 자격증보유의 중요성

출처 : 고용노동부(2023). 문과 전공·코로나학번·중고신입에 대한 기업채용담당자 인식조사

3) 지속적인 자기 개발과 성장

전공 지식은 직무 수행에 필요한 기초일 뿐만 아니라, 개인의 성장과 경력개발에 있어서 중요한 기반이 된다. 무전공자가 전공 지식을 습득하면, 자신의 경력 경로를 더 넓게 탐색할 수 있고, 지속적인 자기 개발을 통해 새로운 기회를 모색할 수 있다. 또한, 산업 내에서의 변화와 발전을 빠르게 따라잡을 수 있게 되며, 새로운 기술이나 트렌드를 쉽게 수용할 수 있는 능력을 갖추게 된다. 따라서 무전공자가 전공을 알아야 하는 이유는, 직무 수행의 효율성을 높이고 경쟁력을 강화하며, 자신의 경력 성장과 더 큰 기회를 얻기 위해서다.

마케팅 부서에서 일하는 무전공자가 데이터 분석 능력을 갖추기 위해 데이터 사이언스 관련 전공 지식을 습득하려 한다고 가정해 보자. 이 무전공자가 관련 전공 과정에서 배운 통계학과 데이터 분석 툴(예: Python, R)을 업무에 적용하면, 마케팅 캠페인의 성과를 분석하고 예측하는 데 큰 도움이 된다. 이를 통해 조직 내에서 더 중요한 역할을 맡을 기회를 얻고, 경력개발에 성공적으로 나아갈 수 있다. 실제로 많은 비즈니스 애널리스트들이 비전공자 출신이지만 데이터 분석 전공을 공부하면서 경력 확장을 이룬 사례가 많다.

이 밖에 '동종 업계나 동일 직무에서 일정 기간 근무한 후, 우리 기업에 지원한 구직자에 대해 채용 담당자들은 어떻게 생각할지 조사한 결과, 중고신입 여부가 부정적 영향(3.1%)보다는 긍정적 영향(45.6%)이 크게 높은 것으로 나타났는데, 이는 중고신입이 즉시 업무에 투입되어 성과를 도출할 수 있고, 적응성이 높을 것이라는 기대에 기반했다. 채용담당자들은 '중고신입이라는 이유가 부정적인 영향을 미칠까' 불안해하는 취업준비생에게 '이전 회사와 지원하려는 회사와의 업무연관성'과 '납득할 수 있는 퇴사 사유' 등에 대한 충분한 설명이 중요하다고 조언했다.

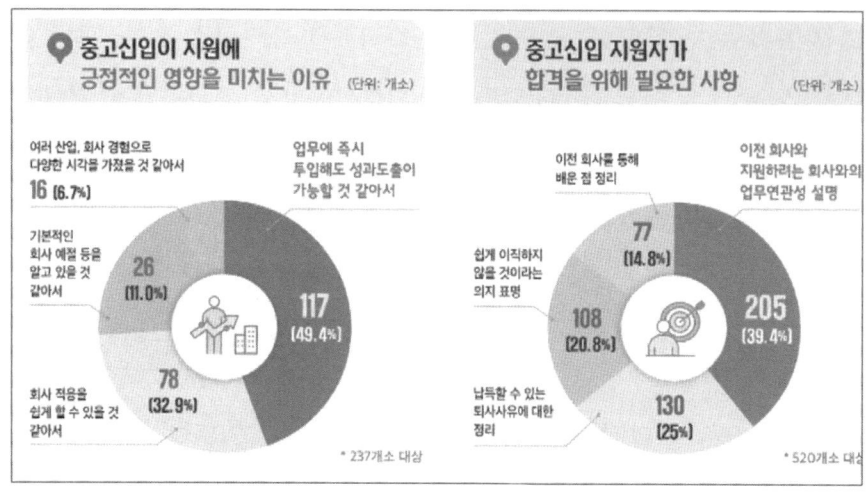

[그림 6] 중고신입에 대한 기업 채용담당자의 인식

출처 : 고용노동부(2023). 문과 전공·코로나학번·중고신입에 대한 기업채용담당자 인식조사

2. 무전공자에게 직무능력의 의미

직무능력은 개인이 특정 직무에서 요구되는 업무를 성공적으로 수행하기 위해 필요한 지식, 기술, 태도를 의미한다. 무전공자에게 직무능력은 더 큰 의미를 갖는다. 무전공자들은 전공자와 달리 체계적으로 해당 직무와 관련된 학문적 지식을 배우지 않았기 때문에, 실무에서 바로 적용할 수 있는 직무 관련 기술과 능력을 개발하는 것이 필수적이다.

무전공자에게 직무능력은 단순한 지식의 습득을 넘어, 직무에서 요구되는 실질적인 문제 해결 능력과 실무 경험을 바탕으로 한 기술적 역량을 의미한다. 이는 전공자와 차별화되는 강점이 될 수 있으며, 직무에서 자신감을 갖고 성공적으로 수행할 수 있는 중요한 요소가 된다.

직무능력의 개념을 두 가지 관점에서 얘기할 수 있다.

먼저, 직무능력은 지식·기술·태도로 구성되었다는 개념이다.

① 지식(Knowledge): 직무 수행에 필요한 기본적인 이론적 이해 및 정보.

② 기술(Skills): 직무에서 요구되는 구체적인 실무 기술, 예를 들어 프로그래밍, 기계 조작, 회계 처리 등.

③ 태도(Attitude): 직무에 임하는 자세, 협업 능력, 문제 해결을 위한 적극적인 마인드 등.

다른 관점은 직무능력은 직무수행능력과 직업기초능력으로 구성되었다는 개념이다.

① 직무수행능력(Job Specific Competency)은 특정 직무에서 요구되는 업무를 효과적이고 성공적으로 수행할 수 있는 능력을 의미한다. 이는 직무와 관련된 구체적인 지식, 기술, 그리고 경험을 바탕으로 하여 업무를 처리하는 역량을 포함한다. 직무수행능력은 해당 직무의 특성에 따라 달라지며, 주로 다음과 같은 요소로 구성된다.

o 전문 지식: 특정 직무에서 필요한 이론적 및 실무적 지식. 예를 들어, 회계 직무에서는 재무 회계 지식이 필수적이다. 전공지식이라고도 할 수 있다.

o 기술 능력: 업무를 수행하는 데 필요한 기술적 역량. 예를 들어, IT 직무에서는 프로그래밍 능력이나 시스템 관리 능력이 포함된다.

o 문제 해결 능력: 직무에서 발생하는 다양한 문제를 분석하고 해결할 수 있는 능력. 이는 직무 성과에 중요한 영향을 미친다.

o 결정 능력: 다양한 업무 상황에서 적절한 결정을 내리고 이를 실행할 수 있는 능력이다.

직무수행능력은 직원이 직무에서 성과를 내고 성공적으로 업무를 수행하는 데 필수적인 요소다. 이를 통해 조직은 업무 효율성을 높이고, 직원의 경력 성장을 촉진할 수 있다.

② 직업기초능력 (Foundational Common Competency)은 특정 직무나 직업에 국한되지 않고, 모든 직업에서 공통적으로 요구되는 기본적인 능력을 의미한다. 이는 직무를 수행하는 데 필요한 기초적인 역량으로, 대부분의 직업 환경에서 요구되는 기본 소양을 포함한다. 직업기초능력은 다양한 직무와 직업에서 성공적으로 일하기 위해 필요한 필수적인 역량을 뜻하며, 다음과 같은 주요 요소로 구성된다.

○ 의사소통 능력: 다양한 직무에서 요구되는 다양한 커뮤니케이션 능력, 즉 동료와의 대화, 보고서 작성, 프레젠테이션 등의 능력을 의미한다.

○ 수리 능력: 다양한 직무에서 필요한 기본적인 수학적 계산 및 분석 능력. 특히 재무, 공학, 분석 직무에서 중요한 능력이다.

○ 문제 해결 능력: 다양한 상황에서 발생하는 문제를 파악하고 적절한 해결책을 찾을 수 있는 능력이다.

○ 팀워크: 동료와 협력하여 업무를 수행하고 목표를 달성하는 데 필요한 협업 능력이다.

○ 자기관리 능력: 스스로 업무를 계획하고, 시간 관리를 통해 효율적으로 목표를 달성하는 능력이다.

직업기초능력은 다양한 직업군에서 직무 성과를 내기 위해 공통적이고 필수적인 기본능력이다. 직업기초능력이 뛰어난 사람은 새로운 직무나 환경에 빠르게 적응할 수 있으며, 이는 직무수행능력을 강화하는 기반이 된다.

이와 같은 직무수행능력과 직업기초능력의 관계를 살펴보면, 직무수행능력은 특정 직무에서의 성과를 위한 구체적인 능력을 의미하고, 직업기초능력은 다양한 직무와 상황에서 공통적으로 필요한 기초적인 역량을 의미한다. 두 가지 모두 직무 성과와 경력 성공을 위한 중요한 요소이며, 상호 보완적인 관계를 가지고 있다.

이와 같은 직무능력은 무전공자에게 더욱 중요하다. 무전공자들은 전공자와 달리 해당 직무와 직접 관련된 학문적 배경이 부족하기 때문에, 실질적인 직무능력을 개발함으로써 자신만의 경쟁력을 확보할 수 있다. 무전공자는 자신의 부족한 전공 지식을 채우기 위해 직무에 필요한 실질적인 능력에 집중하며, 이는 해당 직무에서 더욱 실용적인 역량을 쌓는 데 도움이 된다. 무전공자에게 직무능력이 중요한 이유를 정리하면 다음과 같다.

① 직무성과 향상: 직무능력은 실질적인 성과를 내는 데 필수적이다. 무전공자도 직무에서 성과를 내기 위해 필요한 지식과 기술을 습득함으로써 경쟁력 있는 인재로 성장할 수 있다.

② 자기개발과 경력성장: 직무능력 개발을 통해 무전공자는 자신의 직무에서 성과를 내는 데 필요한 필수역량을 확보하고, 이를 기반으로 경력을 확장할 수 있다.

③ 고용기회 확대: 고용주는 직무에서 성과를 낼 수 있는 사람을 찾는다. 무전공자가 직무능력을 습득하면 전공자의 경력적 우위를

넘어서 고용 기회를 더 많이 잡을 수 있다.

무전공자에게 직무능력을 개발하면 어떠한 장점이 있을까?

① 유연성: 무전공자는 특정 전공에 얽매이지 않고 다양한 직무를 시도할 수 있는 유연성을 갖는다. 이를 통해 다양한 산업과 직무에 적응할 수 있으며, 여러 경험을 통해 직무능력을 빠르게 개발할 수 있다.

② 실무 중심 학습: 무전공자는 직무와 관련된 이론적인 부분보다는 실무에서 필요로 하는 능력을 빠르게 습득할 수 있다. 이는 해당 직무에 곧바로 적용할 수 있는 강점으로 작용하며, 실제 업무에서 바로 성과를 낼 수 있는 가능성을 높인다.

③ 창의적 문제 해결: 무전공자는 전공 지식에 얽매이지 않고, 다양한 관점에서 문제를 해결할 수 있는 창의적 사고방식을 가질 가능성이 크다. 이는 직무 수행에서 창의적인 접근을 통해 새로운 해결책을 제시하는 데 기여할 수 있다.

반면에 무전공자가 직무능력을 개발하는 데 어떠한 단점이 있을까?

① 초기 전문성 부족: 무전공자는 해당 분야에서 전공자가 쌓은 체계적인 지식을 갖추지 못한 경우가 많아, 처음에는 전문성을 인정받기 어려울 수 있다. 이는 초기 직무 수행에서 불안감을 느끼게 하거나 더 많은 노력이 필요할 수 있다.

② 추가 학습 필요: 전공자가 이미 습득한 지식과 기술을 무전공자

는 직무 내외에서 별도로 학습해야 하는 경우가 많아, 더 많은 시간과 노력이 요구될 수 있다.

③ 초기 진입 장벽: 무전공자가 해당 직무에 처음 진입할 때, 전공자에 비해 직무에 대한 지식과 이해가 부족하기 때문에 적응하는 데 더 긴 시간이 걸릴 수 있다. 이는 초기 직무 배치나 교육 과정에서 더 많은 지원이 필요할 수 있다.

무전공자가 직무능력을 개발한 사례를 제시하면 다음과 같다.

① 사례 1(마케팅 직무의 무전공자) : 경영학을 전공하지 않은 문과 출신의 A씨는 마케팅 직무에 관심을 갖고 이 분야에서 경력을 쌓고자 했다. 전공 지식이 부족했기 때문에, 그는 마케팅 관련 직무능력인 디지털 마케팅 전략, 소셜미디어 관리, 데이터 분석 기술을 습득하기 위해 온라인 교육 프로그램과 현장 실습을 병행했다. 그 결과, A씨는 디지털 마케팅 분야에서 전문성을 인정받아 마케팅 팀의 중요한 역할을 맡게 되었고, 성과를 인정받아 승진까지 하게 되었다.

② 사례 2(IT 직무의 무전공자) : 영어 전공자였던 B씨는 IT 분야에 관심을 갖고 소프트웨어 개발 직무로 전환하기로 결심했다. 전공 지식이 없었지만, B씨는 직무에 필요한 프로그래밍 언어와 소프트웨어 개발 능력을 키우기 위해 부트캠프와 자격증 과정을 수료했다. 그 결과, 그는 소프트웨어 개발자로 취업하여 다양한 프로젝트에서 실력을 인정받고, 지금은 기술 리더 역할까지 맡게 되었다.

3. 무전공자에게 진로가이드의 의미

　무전공자에게 진로가이드는 자신의 전공과 관계없이 직업적 목표를 설정하고, 직무능력을 개발하여 해당 분야에서 성공적으로 경력을 쌓을 수 있도록 돕는 길잡이다. 이는 무전공자들이 직무 선택과 경력개발에 있어 전공자의 한계를 극복하고 자신만의 길을 찾아가는 데 필수적인 도구가 된다. 진로가이드는 그들이 관심을 가진 분야에 대한 정보, 직무에서 요구되는 역량, 필요한 교육과 경험 등을 제공하여 명확한 경로를 제시한다. 무전공자에게 진로가이드는 왜 중요할까? 무전공자에게 진로가이드의 중요성을 제시하면 다음과 같다.

① 직무선택의 불안감 해소 : 무전공자들은 자신이 전공한 분야와 상관없는 직무에 도전할 때 불안감을 느낄 수 있다. 진로가이드는 이러한 불안감을 해소하고, 직무에 필요한 역량을 단계적으로 개발할 수 있는 구체적인 로드맵을 제공한다.

② 경력개발의 방향성 제공 : 진로가이드는 무전공자에게 직무 수행에 필요한 능력을 어떻게 습득할지, 경력을 어떻게 쌓아야 할지에 대한 구체적인 방향성을 제공한다. 이는 경력개발에서 중요한 계획 수립을 가능하게 하며, 실질적인 성취를 이끌어낸다.

③ 다양한 진로기회 탐색 : 무전공자들은 자신의 전공에 구애받지 않고 다양한 진로를 탐색할 수 있다. 진로가이드는 무전공자들이 자신이 가진 다른 강점과 관심사를 바탕으로 여러 분야에서 성공적인 경력을 쌓을 수 있도록 다양한 직무기회를 제시한다.

무전공자의 진로가이드 안에는 다음과 같은 내용으로 구성된다.

① 직무역량 분석 : 각 직무에서 요구되는 핵심역량을 분석하여, 무전공자가 해당 역량을 어떻게 개발할 수 있을지 구체적으로 제시한다. 예를 들어, IT 개발 직무의 경우 프로그래밍 기술, 데이터베이스 지식 등이 필요하며, 이를 위한 교육과 실습 경로를 제시한다.

② 경력개발 단계 : 경력개발을 단계별로 구성하여 초보자가 어느 단계에서 어떤 능력을 개발하고, 어떻게 경력을 확장할 수 있는지를 단계별로 제시한다. 기초 단계에서부터 중급, 고급 단계까지 필요한 경험과 교육, 자격증, 프로젝트 등을 명시한다.

③ 교육 및 훈련 경로 : 무전공자가 부족한 전공 지식을 보완할 수 있는 교육 프로그램, 온라인 강좌, 자격증 과정 등을 포함시킨다. 또한, 실무 경험을 쌓을 수 있는 인턴십, 현장 학습, 자발적 프로젝트 등을 추천한다.

④ 성공 사례 제공 : 무전공자가 특정 분야에서 성공한 사례를 제시하여, 자신감을 주고 실질적인 조언을 제공한다. 이를 통해 무전공자가 구체적인 진로 경로를 상상하고 자신만의 전략을 수립할 수 있다.

⑤ 직무전환 지원 : 전공이 아닌 직무로의 전환을 위한 전략과 조언을 제공하며, 각 직무에서 중요한 요소가 무엇인지와 그에 맞는 준비 방법을 상세히 설명한다.

학생들은 무전공자를 위한 진로가이드를 다음과 같이 활용할 수 있다.

① 직무 탐색: 학생들은 진로가이드를 통해 다양한 직무와 산업에 대해 탐색하며, 자신에게 적합한 직무를 찾는 데 활용할 수 있다. 각 직무에서 요구되는 능력을 파악하고, 그에 맞는 교육이나 경험을 미리 준비할 수 있다.

② 로드맵 설정: 자신이 선택한 직무에 맞는 경력개발 로드맵을 설정하고, 그에 따른 목표와 계획을 세울 수 있다. 예를 들어, 학생은 자신이 목표로 하는 직무에서 요구되는 자격증이나 실무 경험을 바탕으로 학습 계획을 수립할 수 있다.

③ 경력개발 단계별 목표: 각 단계에서 필요한 기술과 경험을 습득하기 위해 어떤 과정을 거쳐야 하는지 파악하여, 체계적으로 경력개발을 진행할 수 있다.

교사들은 무전공자를 위한 진로가이드를 다음과 같이 활용할 수 있다.

① 진로 지도: 교사는 학생들의 진로 선택을 돕기 위해 진로가이드를 활용하여, 각 학생의 강점과 흥미에 맞는 직무를 추천하고, 그에 따른 로드맵을 제시할 수 있다.

② 교육 프로그램 설계: 학생들이 목표로 하는 직무에 맞는 역량을 개발할 수 있도록 교육 과정을 설계할 때 진로가이드를 활용할 수 있다. 예를 들어, 특정 직무에 필요한 기술을 기반으로 교과 과정을 설계하거나 외부 프로그램을 추천할 수 있다.

③ 직무 관련 프로젝트 지도: 교사는 진로가이드에 나와 있는 각 직무의 요구 역량을 바탕으로 프로젝트 기반 학습을 설계하여 학생들이 실질적인 경험을 쌓도록 지도할 수 있다.

진로상담가들은 무전공자를 위한 진로가이드를 다음과 같이 활용할 수 있다.

① 맞춤형 진로 상담: 진로상담가는 학생이나 성인이 자신의 전공과 상관없이 다양한 직무에서 경력을 쌓을 수 있도록, 진로가이드를 기반으로 맞춤형 경력 상담을 제공할 수 있다. 각 개인의 성향과 목표에 맞는 직무를 추천하고, 그에 맞는 준비 방법을 안내한다.

② 직무 전환 상담: 진로상담가는 무전공자가 특정 직무로 전환하는 데 필요한 단계별 조언을 제공할 수 있다. 예를 들어, 직무 전환 시 필요한 자격증, 경험, 교육 과정을 구체적으로 제시하고, 적절한 경로를 안내할 수 있다.

③ 경력개발 코칭: 상담가는 진로가이드를 활용하여 경력개발 코칭을 제공하고, 각 단계에서 필요한 목표와 역량 개발 방안을 제시하여 무전공자가 직무에서 성공할 수 있도록 체계적으로 지원한다.

무전공자를 위한 진로가이드는 직무 탐색, 경력개발, 역량 습득을 위한 필수적인 도구다. 학생들은 이를 통해 경력개발 계획을 세우고, 교사는 효과적인 교육 프로그램을 설계하며, 진로상담가는 개인 맞춤형 경력 조언을 제공할 수 있다.

4. 무전공자에게 전공별 직무능력 진로가이드의 의미

무전공자에게 전공별 직무능력 진로가이드는 전공 관련 직무를 성공적으로 수행하기 위해 필요한 능력, 기술, 지식 등을 체계적으로 개발하고, 이를 경력 발전의 각 단계에서 어떻게 적용할지 계획하는 구조화된 가이드다. 이는 경력의 모든 단계에서 직무에 필요한 역량을 명확히 파악하고 이를 지속적으로 개발할 수 있게 도와준다.

무전공자를 위한 전공별 직무능력 진로가이드에 포함되는 내용은 다음과 같다.

① 직무 개요 및 핵심 직무능력: 직무에서 요구되는 구체적인 기술적 능력과 소프트 스킬 정의.

② 경력개발 로드맵: 단계별로 구분된 경력개발 과정과 필요한 학습 및 실무 경험.

③ 자격증 및 교육 경로: 해당 직무와 관련된 필수 자격증과 유용한 교육 과정.

④ 실무 경험 제안: 인턴십, 프로젝트, 현장 실습 등을 통한 실무 경험 축적 방법.

⑤ 성공 사례 제공: 무전공자로서 성공적인 경력개발을 이룬 실제 사례.

⑥ 취업 준비 전략: 이력서, 자기소개서 등 취업을 준비할 수 있는 방안 제시.

이 중에서 두 번째 직무능력 중심 경력개발 로드맵은 매우 중요하다. 직무능력 중심 경력개발 로드맵은 특정 직무를 수행하기 위한 직무능력을 기반으로 경력을 설계하는 체계적인 계획이다. 이를 통해 개인은 직무에서 요구되는 핵심역량을 파악하고, 각 경력 단계(초기, 중기, 고급)에서 필요한 능력을 순차적으로 개발할 수 있다. 직무능력 중심 경력개발 로드맵의 중요성은 다음과 같다.

① 구체적인 경력 목표 설정: 로드맵은 각 단계에서 필요한 직무능력을 명확히 정의하여 목표를 설정하는 데 도움을 준다. 이를 통해 개인은 자신의 경력을 체계적으로 관리할 수 있다.

② 직무 적합성 향상: 직무능력 중심 경력개발은 직무에 적합한 역량을 꾸준히 개발하여, 현재 직무뿐만 아니라 미래 직무에도 적합한 능력을 갖출 수 있게 해준다. 이는 직무 이동이나 경력 전환 시에도 중요한 역할을 한다.

③ 성과와 성장 기회 증대: 각 경력 단계에서 직무능력을 체계적으로 개발하면 성과를 높이고, 승진이나 경력 전환 시 더 큰 기회를 얻을 수 있다.

④ 빠르게 변화하는 직업 환경에 대비: 현대 직업 환경은 기술 변화 속도가 빠르기 때문에, 꾸준히 직무능력을 업그레이드하지 않으면 도태될 수 있다. 로드맵을 통해 지속적으로 필요한 역량을 파악하고 개발함으로써 변화에 유연하게 대처할 수 있다.

직무능력 중심 경력개발 로드맵을 찾는 방법은 다양하다.

① 국가직무능력표준(NCS): 한국에서는 [NCS(국가직무능력표준)]이 직무능력 중심 경력개발 로드맵을 제공하는 주요 자료다. NCS는 직무별로 필요한 직무능력 요소를 체계적으로 정의해두고 있어, 이를 바탕으로 경력개발을 할 수 있다.

② 기업 내 직무능력 모델: 많은 기업들은 직무능력 평가모델을 자체적으로 운영하며, 이를 기반으로 사내 교육과 경력개발 계획을 제공한다. 인사부서나 직무 교육 부서에서 제공하는 자료를 참고할 수 있다.

③ 직업 관련 교육 플랫폼: LinkedIn Learning, Coursera, Udemy 등의 교육 플랫폼은 다양한 직무별 경력개발 로드맵을 제공하며, 직무별로 필요한 역량을 습득할 수 있는 과정을 제시한다.

④ 직무능력 기반 경력관리 소프트웨어: 여러 HR 소프트웨어에서도 직무능력 개발을 위한 경력개발 로드맵을 제공한다. 이는 직무 평가와 직무역량 분석을 바탕으로 개인 맞춤형 경력개발 계획을 수립할 수 있다.

무전공자를 위한 전공별 직무능력 경력개발 로드맵의 예시를 제시하면, 네 가지 분야를 중심으로 제시한다.

제1장. 무전공자의 직무능력 진로가이드의 의미

① IT 개발 직무를 목표로 하는 인문학 전공자

○ 목표: 소프트웨어 개발자

○ 직무능력 경력개발 로드맵

기초 단계	실무 경험 단계	중급 단계	전문가 단계
• 학습: Python, Java 등의 프로그래밍 언어 기초 학습 (온라인 강좌: Coursera, Udemy 등) • 자격증: 기초 프로그래밍 관련 자격증 취득 (예: Python Foundations) • 네트워킹: IT 관련 세미나 및 커뮤니티 가입	• 프로젝트 경험: 간단한 웹사이트나 애플리케이션 개발 프로젝트 참여 • 오픈 소스 프로젝트 기여: GitHub에서 오픈 소스 프로젝트 기여 시작 • 포트폴리오 구축: 개발한 프로젝트를 정리하여 온라인 포트폴리오 생성	• 심화 학습: 알고리즘, 데이터베이스, 소프트웨어 공학에 대한 학습 • 인턴십: 스타트업이나 소프트웨어 개발 회사에서 인턴십 진행 • 자격증: AWS Certified Developer 자격증 취득	• 취업: 중소기업 또는 대기업 소프트웨어 개발자 포지션 지원 • 계속적인 학습: 신기술 (예: 클라우드, 인공지능, 머신러닝) 학습 및 관련 프로젝트 참여 • 리더십 개발: 팀 프로젝트 리더 경험 및 기술 리더 역할 학습

[그림 7] 소프트웨어 개발자를 목표로 하는 직무능력 경력개발 로드맵 예시

② 마케팅 직무를 목표로 하는 사회과학 전공자

○ 목표: 디지털 마케터

○ 직무능력 경력개발 로드맵

기초 단계	실무 경험 단계	중급 단계	전문가 단계
• 학습: 디지털 마케팅 기초 학습 (Google Ads, Facebook Ads 등) • 자격증: Google Analytics, Facebook Blueprint 자격증 취득 • 블로그 운영: 개인 블로그 개설하여 콘텐츠 기획 및 디지털 마케팅 실습	• 프로젝트 경험: 소규모 비즈니스 또는 비영리 단체의 디지털 마케팅 캠페인 참여 • 포트폴리오 구축: 캠페인 성과를 정리한 마케팅 포트폴리오 작성 • 네트워킹: 마케팅 컨퍼런스, 세미나 참석 및 전문가와의 네트워킹	• 인턴십: 마케팅 에이전시나 대기업 마케팅 부서에서 인턴십 경험 • 심화 학습: 데이터 분석 및 마케팅 자동화 툴 (예: HubSpot, Marketo) 사용법 학습 • 자격증: Google Ads 전문가 자격증 취득	• 취업: 디지털 마케터 포지션 취업 후, 대규모 마케팅 캠페인 관리 • 리더십 개발: 마케팅 팀 리더 역할 또는 프로젝트 매니저 경험 • 커리어 확장: SEO, SEM, 소셜 미디어 마케팅 전문가로 커리어 확장

[그림 8] 디지털 마케터를 목표로 하는 직무능력 경력개발 로드맵 예시

③ 재무/회계 직무를 목표로 하는 비전공자

○ 목표: 재무 분석가

○ 직무능력 경력개발 로드맵

기초 단계	실무 경험 단계	중급 단계	전문가 단계
• 학습: 재무 회계 기본 개념 및 재무제표 분석 학습 (MOOC, Coursera 강좌) • 자격증: Excel 및 재무 모델링 관련 자격증 취득 • 가상 포트폴리오 제작: 투자 포트폴리오 관리 시뮬레이션 실행	• 프로젝트 경험: 가상의 재무 분석 보고서 작성 및 분석 결과 포트폴리오 작성 • 인턴십: 회계 또는 재무 부서에서 인턴십을 통해 실무 경험 습득 • 자격증: CFA Level 1 자격증 준비 및 취득	• 심화학습: 고급 재무 분석, 자산 관리, 기업 가치 평가 학습 • 자격증: CFA Level 2 준비 및 취득 • 실무 경험: 재무팀 또는 자산 운용사에서 실무자로 근무	• 취업: 재무 분석가로서 중소기업 또는 대기업에서 근무 • 계속적인 학습: M&A 분석, 포트폴리오 관리 고급 기술 습득 • 리더십 확장: 팀 리더로서의 역할 및 프로젝트 관리

[그림 9] 재무 분석가를 목표로 하는 직무능력 경력개발 로드맵 예시

제1장. 무전공자의 직무능력 진로가이드의 의미

④ HR 직무를 목표로 하는 문과 전공자

○ 목표: 인사 관리자

○ 경력개발 로드맵

기초 단계	실무 경험 단계	중급 단계	전문가 단계
• 학습: 인적자원관리(HRM) 기초 학습, 성과 관리 및 보상 관리 기본 개념 습득 • 자격증: HR 관련 기초 자격증(SHRM-CP) 준비 및 취득 • 관련 법률 학습: 노동법 및 근로기준법 기본 개념 학습	• 프로젝트 경험: 채용 프로세스 기획 또는 인사 관리 프로그램 개발 프로젝트 참여 • 인턴십: 기업의 인사부서에서 인턴십을 통해 채용, 보상, 성과 관리 경험 • 네트워킹: HR 관련 세미나, 워크숍 참석 및 전문가와의 네트워킹	• 심화학습: 조직 개발, 변화 관리, 인재 유지 전략 학습 • 자격증: SHRM-SCP 자격증 취득 준비 • 실무 경험: HR팀에서 실무자로 근무하며 다양한 HR 프로젝트 관리	• 취업: 인사 관리자 포지션에서 조직 성과 관리 및 인재 개발 프로젝트 리드 • 리더십 개발: HR 부서 팀 리더로서의 역할 수행 • 커리어 확장: 조직 컨설팅, 기업 변화 관리 전문가로 커리어 확장

[그림 10] 인사 관리자를 목표로 하는 직무능력 경력개발 로드맵 예시

Ⅳ 계열 및 전공별 직무능력 진로 가이드

학습 개요	이 장에서는 [경상계열 : 금융분야], [사회과학계열 : 인사분야], [공학계열 : 기계분야], [IT계열 : IT분야]의 직무능력 경력개발 로드맵을 제시한다.
학습 목표	1. [경상계열 : 금융분야]의 직무능력 경력개발 로드맵을 설명할 수 있다. 2. [사회과학계열 : 인사분야]의 직무능력 경력개발 로드맵을 설명할 수 있다. 3. [공학계열 : 기계분야]의 직무능력 경력개발 로드맵을 설명할 수 있다. 4. [IT계열 : IT분야]의 의 직무능력 경력개발 로드맵을 설명할 수 있다.

1. [경상계열 : 금융분야]의 직무능력 경력개발 로드맵

경상계열은 경제 및 경영 활동을 연구하는 학문 분야로, 기업, 정부, 개인의 경제적 의사결정과 자원 관리에 관한 이론과 실무를 다룬다. 경상계열의 주요 전공은 경영학, 경제학, 회계학, 무역학 등이 있으며, 이들 학문은 각종 비즈니스, 금융, 회계, 무역, 조직 관리 등을 탐구한다.

① 경영학: 기업 경영과 전략, 인적자원관리, 마케팅, 재무, 조직 행동 등의 연구를 통해 효율적인 조직 운영 방법을 탐구한다.

② 경제학: 시장의 원리, 소비자와 기업의 선택, 자원 배분 등을 연구하며 미시경제학과 거시경제학으로 나뉜다.

③ 회계학: 재무제표 작성 및 해석, 세무 회계 등을 연구하여 기업

의 재정 상태를 관리하고 보고하는 역할을 한다.

④ 무역학: 국제 무역 및 통상, 글로벌 경제 환경을 분석하며 국제 비즈니스 전략을 수립하는 학문이다.

경상계열은 현대 경제와 기업 운영에서 필수적인 역할을 담당하며, 기업 경영의 효율성, 국가 경제 성장, 글로벌 비즈니스 확장 등 다양한 분야에 기여한다. 경상계열이 중요성을 제시하면 다음과 같다.

① 효율적인 자원 배분 : 경상계열의 핵심은 자원의 효율적인 관리다. 기업이 자원을 어떻게 배분하고 사용하느냐에 따라 성과가 달라지며, 경영학과 경제학은 이러한 자원 배분을 최적화하는 이론과 실무적 해결책을 제공한다.

② 국가 경제 성장 기여 : 경제학은 국가의 경제 성장과 발전을 연구하며, 거시경제학을 통해 인플레이션, 실업, 경제성장률을 분석하여 정책적 해결 방안을 제시한다. 이는 국가의 경제정책 수립과 경제적 안정성 유지에 필수적이다.

③ 글로벌 비즈니스 확장 : 무역학을 통해 국제 무역과 글로벌 경제 환경을 이해하고, 글로벌 시장에서 성공하기 위한 전략을 학습할 수 있다. 이는 기업이 해외 시장에 진출하고 국제 경쟁력을 높이는 데 매우 중요하다.

④ 회계 투명성 및 재무 건전성 : 회계학은 기업이 투명한 재무 관리를 통해 내부적으로는 효율성을, 외부적으로는 신뢰를 얻을 수 있게 돕는다. 정확한 재무 정보 제공은 투자자와 주주를 보호

하고, 경제 시스템을 안정화한다.

경상계열의 장점을 정리하면 다음과 같다.

① 광범위한 진로 선택 : 경상계열은 기업, 정부, 금융, 컨설팅, 무역 등 다양한 분야에서 진로를 선택할 수 있는 장점이 있다. 특히, 경영학과 경제학은 거의 모든 산업에서 요구되므로 진로 선택의 폭이 넓다.

② 실용적인 학문 : 경상계열은 이론뿐 아니라 실무적으로도 매우 유용하다. 경영 전략, 마케팅, 회계 실무 등은 실제 비즈니스 세계에서 바로 적용할 수 있으며, 졸업 후 취업에서 강점을 발휘할 수 있다.

③ 국제적 경쟁력 : 무역학이나 국제 경영학 전공은 글로벌화된 경제에서 높은 경쟁력을 갖추게 해주며, 다국적 기업 또는 해외 진출을 목표로 하는 기업에서 활발히 활동할 수 있다.

④ 안정적 직업 전망 : 경상계열 전공자는 금융, 회계, 경영 등 직종에서 비교적 안정적인 일자리와 높은 연봉을 기대할 수 있다. 특히 회계사나 재무 분석가는 항상 수요가 높은 직업군이다.

경상계열의 단점을 정리하면 다음과 같다.

① 경쟁이 치열함 : 경상계열은 인기 있는 전공으로 많은 학생들이 선택하는 만큼 경쟁이 매우 치열하다. 특히 경영학과 경제학은 졸업 후 직무 경쟁에서 많은 지원자들이 몰리는 경향이 있다.

② 빠른 변화에 대한 적응 요구 : 경상계열의 산업은 빠르게 변화하는 특징이 있다. 예를 들어, 마케팅 분야는 디지털 기술이 발전함에 따라 끊임없이 변하며, 글로벌 경제 환경도 급격히 변화하기 때문에 지속적인 학습과 적응이 필요하다.

③ 심화된 수학적/분석적 능력 요구 : 경제학과 회계학은 수학적 분석 능력이 요구된다. 특히 경제학에서 통계학, 계량경제학, 재무분석 등은 고도의 수학적 지식이 필요하며, 수학을 어려워하는 학생들에게는 도전적인 학문일 수 있다.

④ 기업 의존성 : 경상계열의 많은 직업들이 대기업 또는 중견기업에 집중되어 있어 기업의 경제 상황이나 경기 변동에 따라 고용 안정성이 영향을 받을 수 있다. 경제 침체기에는 관련 일자리가 줄어드는 경향이 있다.

경상계열은 경제 및 경영 활동에 관한 학문으로 현대 사회에서 매우 중요한 역할을 한다. 다양한 진로 선택과 실용성을 장점으로 갖고 있지만, 경쟁이 치열하고 변화에 적응해야 하는 단점도 있다. 경상계열을 선택하려는 학생들은 이러한 요소들을 종합적으로 고려하여 자신의 적성에 맞는지 판단하는 것이 중요하다.

1. 경상계열 주요 전공

- 경영학: 경영 전략, 마케팅, 인사 관리, 재무 관리
- 경제학: 미시경제학, 거시경제학, 국제경제학
- 회계학: 재무 회계, 세무 회계, 관리 회계
- 무역학: 국제무역, 무역 법규, 통상 협정

2. 경상계열 관련 직업

- 경영 컨설턴트: 기업의 경영 전략 수립 및 문제 해결 지원
- 재무 분석가: 기업 재무 상태 분석 및 투자 전략 수립
- 무역 관리자: 국제 무역 업무 관리, 무역 협정 관리
- 회계사/세무사: 재무제표 작성, 세무 신고 및 기업 회계 관리

3. 경상계열 관련 자격증

- 공인회계사(CPA): 업과 개인의 재무 상태를 분석하고, 회계와 재무보고, 감사 등
- 세무사: 세법에 따라 기업과 개인의 세무 문제를 처리하고, 세금 신고, 세무 조정, 조세 불복 업무 등
- 경영지도사: 중소기업의 경영 개선과 경쟁력 강화를 돕기 위해 경영 진단, 경영 전략 수립, 마케팅, 인사 관리 등의 자문을 제공
- 물류관리사: 물류 시스템을 설계하고 관리하는 전문가로, 물류의 최적화를 통해 효율적 자재 흐름을 관리

4. 경상계열 일자리 전망

- 경영 컨설턴트: 기업 구조조정 및 경영 효율화 필요성 증대로 수요가 증가
- 회계사/세무사: 세법 복잡성 및 기업 투명성 요구 증가로 회계 및 세무 분야는 꾸준한 수요가 예상

[그림 11] 경상계열 관련 전공, 직업, 자격증 및 일자리 전망

[금융분야]의 직무 특징으로는 첫째, 금융 직무는 글로벌·디지털화되어가고 있다. 금융 직무는 최근 디지털 전환 및 글로벌 사업에 많은 투자가 되고 있다. 실제 시중 은행 CEO들이 해외 진출을 위해 해외현

제1장. 무전공자의 직무능력 진로가이드의 의미

장경영, 해외 금융당국자 면담 등 노력을 기울이고 있으며, 디지털 관련 역량(빅데이터, SAS, 블록체인 등)을 갖추었거나 출중한 어학 능력을 갖춘 행원을 채용하여 은행의 디지털화나 해외지점 진출 등이 이루어지고 있다.

전통적인 금융에서 벗어나 인터넷 뱅킹, 오픈 뱅킹의 출범으로 수수료 마진으로 수익을 창출했던 기존의 금융권은 변화하고 있다. 미래산업 창출을 위해 스타트업을 양성하고, 오픈 API를 통해 핀테크 기업과 협업하는 등 젊고 가벼운 방향으로 나아가고 있다.

둘째, 영업 대상인 금융상품에 대한 이해가 필요하다. 일부 금융상품의 경우 일반 재화나 서비스와 달리 구매자에 따라 가격, 거래조건이 달라질 수 있다는 특성이 있기에 상품별 특성에 대한 파악이 필요하다. 각 상품별 안정성, 유동성, 수익성에 대한 이해는 기본으로, 고객에 대한 투자성향분석, 타기업의 유사상품과의 차별성 등 영업을 위한 세부 항목에 대한 개인적 학습이 꾸준히 요구된다.

셋째, 빠른 적응력과 넓은 시야가 중요하다. 적응력은 항상 새로운 고객들, 변화하는 고객의 니즈에 빠르게 적응 및 대응해야 하는 금융 직무에서 아주 중요한 요소이다. 이를 기반으로 고객 맞춤형 금융상품을 소개하여 고객 만족을 끌어낼 수 있어야 한다. 금융 직무는 여러 가지 정보들을 접하고 시장 상황에 따라 고객들을 리드하여 금융상품을 추천하고, 고객의 이익에 반하는 사항을 사전에 예측하여 조언을 해줄 수 있는 역량을 갖추어야 한다. 가령, 미중 무역분쟁으로 세계 경기가 침체되며, 주가지수가 떨어질 것이 예상되는 환경에서 주가 연계형 투자상품을 추천하는 것은 고객의 신뢰를 저버릴 수 있기 때문이다.

[금융분야] 직무 트렌드를 분석하면, 최근 급격한 금리 인상으로 예금상품 관련 문의가 증가하고 있다. 창구에서 가입하는 상품의 예금금리보다 비대면으로 가입하는 상품의 예금금리가 더 높은데, 젊은 층의 고객들은 주로 비대면 상품을 가입하지만 고령층 고객의 경우 디지털화가 익숙하지 않기 때문에 창구에 내점하시는 경우가 대부분이다.

[금융분야] 직무능력 경력개발 로드맵을 파악하기 위해서, NCS의 [금융분야] 경력개발경로를 먼저 검토할 필요가 있다. 경력개발경로는 개인이 직업생활에 종사하는 동안 계획하는 직위나 역할 이동경로를 도식화한 것으로 경력개발, 채용·승진 등 인사관리에 활용할 수 있다.

제1장. 무전공자의 직무능력 진로가이드의 의미

직능수준	직능유형	능력단위
4	Master Teller	방카슈랑스 세일즈 / 펀드 세일즈
3	Senior Teller	금융소비자 보호 / 개인대출세일즈 / 신용카드 세일즈 / 외국환거래 / 제신고 처리 / 예금상품 세일즈
2	Junior Teller	전자금융 서비스 / 출납관리 / 부수업무 처리 / 입지금 거래 / 예금관리

[그림 12] [금융분야] 경력개발경로

출처 : 한국산업인력공단(2022). [금융분야] 직무 멘토링.

    NCS의 [금융분야] 경력개발경로를 이해한 이후에 보다 큰 그림을 설계하기 위해 초기 경력부터 중·후기 경력까지 직무능력 향상을 목표로 체계적으로 경력을 쌓아가는 방법을 제시할 필요가 있다. 다음은 [금융분야]에 맞춘 평생 경력 단계별 직무능력 경력개발 로드맵이다.

① [금융분야] 초기 경력 단계 (1~5년)

[금융분야] 초기 경력 단계 (1~5년)의 경력 목표는 기본 금융 업무 및 재무 분석 능력을 숙달하고 자격증을 통해 전문성을 증명하는 것이다.

---

1. [금융분야] 초기 경력 단계의 핵심 직무능력

- 재무 분석 능력: 재무제표 분석, 손익 계산서 작성, 자산 관리 기초
- 기본 금융 지식: 금융 시장의 구조, 금융 상품(주식, 채권, 파생상품 등) 이해
- 의사소통 능력: 고객 상담, 재무 정보 전달 및 협상 스킬
- 기술 활용 능력: Excel, 재무 분석 소프트웨어(Financial Modeling, ERP 등)활용

2. [금융분야] 초기 경력 단계의 경력개발 전략

- 학습 및 자격증: 금융 관련 자격증(FP, CFA Level 1, 증권투자상담사 등) 취득
- 금융 기초 지식과 재무 분석 관련 학습(온라인 강의 및 내부 교육 프로그램)
- 실무 경험: 금융 회사(은행, 증권사, 자산운용사 등)에서 재무 분석 업무나 고객 관리 업무 수행
- 다양한 금융 상품 분석과 고객 상담 경험 축적
- 네트워킹: 동료 및 선배들과 네트워킹을 통해 금융업계의 흐름 이해

[그림 13] [금융분야] 초기 경력 단계 (1~5년)의 핵심 직무능력과 경력개발 전략

② [금융분야] 중기 경력 단계 (5~10년)

[금융분야] 중기 경력 단계 (5~10년)의 경력 목표는 고급 금융 지식과 리더십 역량을 강화하여 팀장 또는 전문 자산 관리자로서의 능력을 구축하는 것이다.

---

1. [금융분야] 중기 경력 단계의 핵심 직무능력

- 고급 재무 분석 능력: 복잡한 재무제표 및 투자 포트폴리오 관리
- 금융 리스크 관리 능력: 금융 리스크 평가 및 관리 전략 수립
- 고객 맞춤형 자산 관리 능력: 개인 또는 기업 고객의 재무 목표에 맞춘 자산 관리 솔루션 제공
- 전략적 사고: 투자 전략 수립, 시장 동향 분석

2. [금융분야] 중기 경력 단계의 경력개발 전략

- 자격증 업그레이드: 고급 금융 자격증 취득(CFA Level 2, CFP, FRM 등)
- 전문 분야 선택: 자산 관리, 투자 분석, 금융 리스크 관리 등 세부 분야를 선택하여 전문성을 쌓음
- 리더십 개발: 소규모 팀 리드 경험, 팀원 간의 협업 관리 및 의사결정 경험 축적
- 경험 확대: 복잡한 투자 프로젝트 관리 경험, 글로벌 금융 시장 분석 및 대형 고객 자산 관리 경험 쌓기

[그림 14] [금융분야] 중기 경력 단계 (5~10년)의 핵심 직무능력과 경력개발 전략

③ [금융분야] 후기 경력 단계 (10~20년)

[금융분야] 후기 경력 단계 (10~20년)의 경력 목표는 고위 관리자로서 조직의 경영 전략을 주도하며, 대형 프로젝트와 글로벌 투자 관리 수행하는 것이다.

1. [금융분야] 후기 경력 단계의 핵심 직무능력

- 경영 전략 및 리더십 능력: 조직 내에서 전략적 경영 능력과 리더십 발휘
- 복잡한 금융 구조 이해: 복잡한 금융 상품 및 금융 시스템의 구조적 이해
- 고급 투자 전략 수립: 글로벌 금융 시장에서의 투자 전략 및 포트폴리오 관리
- 위기 관리 능력: 금융 시장의 위기 상황에서 대응 전략 수립 및 실행

2. [금융분야] 후기 경력 단계의 경력개발 전략

- 경영 자격증 취득: CFA Level 3 또는 MBA 과정을 통해 고급 경영 및 금융 지식을 습득
- 고위직 경험: 중간 관리자 또는 임원급에서의 전략적 의사결정 경험을 쌓고, 조직 전체의 자산 관리 및 금융 전략 수립
- 멘토링 및 후배 양성: 팀 리더로서 후배 금융인들에게 멘토링 제공 및 조직 내부의 역량 강화

[그림 15] [금융분야] 후기 경력 단계 (10~20년)의 핵심 직무능력과 경력개발 전략

④ [금융분야] 경력 최종 단계 (20년 이상)

[금융분야] 경력 최종 단계 (20년 이상)의 경력목표는 조직 및 산업의 리더로서 금융 산업에 기여하며, 자문 역할 또는 멘토로서 후배 양성하는 것이다.

---

1. [금융분야] 경력 최종 단계의 핵심 직무능력
- 조직 경영 능력: 전체 조직의 경영 방향성 설정 및 운영
- 정책 결정 및 네트워킹: 금융 산업 및 정부와의 네트워크 구축, 주요 정책 결정 참여
- 글로벌 금융 시장 통찰력: 글로벌 경제 및 금융 시장의 흐름을 읽고 대규모 자산 관리

2. [금융분야] 경력 최종 단계의 경력개발 전략
- 자문 및 강의 활동: 금융 전문가로서 금융 관련 자문, 강의 활동을 통해 전문 지식 공유
- 기업 임원 및 외부 고문: 금융 기업의 고문 또는 이사회 역할 수행, 대기업 및 금융 기관의 자산 관리 자문 역할
- 금융 산업 리더십: 금융 업계 내에서 주요 리더로서 역할 수행, 산업 발전을 위한 기여

[그림 16] [금융분야] 경력 최종 단계 (20년 이상)의 핵심 직무능력과 경력개발 전략

[금융분야]의 평생 경력단계별 경력개발 로드맵은 초기 재무 분석 능력을 바탕으로 시작하여, 중기에는 전문 금융 지식과 리더십, 후기에는 경영 및 글로벌 전략 역량을 강화하는 방식으로 진행된다. 각 단계에서 적절한 자격증 취득, 실무 경험 축적, 리더십 발휘가 경력 성장을 위한 필수 요소다.

2. [사회과학계열 : 인사분야]의 직무능력 경력개발 로드맵

사회과학계열은 인간 사회와 그 구성 요소인 정치, 경제, 사회, 문화, 법, 행정 등을 연구하는 학문 분야다. 이 계열은 인간의 행동과 사회 구조를 분석하고, 그 속에서 일어나는 다양한 현상과 상호작용을 이해하며 이를 체계적으로 탐구한다.

① 정치학: 국가 및 권력 구조, 정치 제도, 국제 관계 등을 연구하는 학문

② 경제학: 자원의 생산, 분배, 소비를 다루며, 시장과 경제 활동을 분석하는 학문

③ 심리학: 인간의 행동과 정신 과정을 연구하며, 개인과 집단의 심리적 문제를 분석하는 학문

④ 사회학: 사회 구조, 문화, 제도 등 사회 현상을 분석하고 인간의 상호작용을 연구하는 학문

⑤ 행정학: 정부와 공공기관의 조직, 정책, 행정 과정 등을 연구하는 학문

⑥ 언론정보학: 정보 전달 및 미디어, 커뮤니케이션 과정과 그 영향력을 연구하는 학문

사회과학계열은 현대 사회의 다양한 문제를 이해하고 해결하는 데 필수적인 학문으로, 인간의 행동과 사회 구조를 분석함으로써 정치, 경제, 문화, 법률, 교육 등 사회의 모든 측면에서 중요한 기여를 한다.

사회과학계열의 중요성을 제시하면 다음과 같다.

① 정책 및 제도 설계에 기여 : 사회과학은 정책 개발과 사회 제도 설계에 중요한 역할을 한다. 예를 들어, 경제학적 분석은 정부의 경제 정책을 설계하고, 정치학적 연구는 정치 제도와 민주주의 발전에 기여한다.

② 사회 문제 해결 : 사회과학은 사회 내의 문제를 진단하고 해결책을 제시하는 데 필수적이다. 예를 들어, 빈곤, 실업, 불평등, 환경 문제 등을 다루고 이를 해결하기 위한 다양한 이론적, 실천적 접근을 제공한다.

③ 인간 행동과 사회적 상호작용 이해 : 심리학과 사회학은 개인의 행동과 사회적 상호작용을 연구하여 인간 관계와 조직 관리에 중요한 통찰을 제공한다. 이는 기업, 정부, 교육 기관 등 다양한 조직에서 의사결정에 큰 도움을 준다.

④ 언론과 커뮤니케이션의 발전 : 언론정보학과 커뮤니케이션 학문은 정보 전달과 매체 발전에 기여한다. 이는 정보의 효율적인 전달과 대중의 이해를 증진시키며, 민주주의 사회에서 중요한 역할을 한다.

사회과학계열의 장점을 제시하면 다음과 같다.

① 폭넓은 진로 선택 : 사회과학계열은 정치, 경제, 사회복지, 교육, 언론 등 다양한 분야에서 진출할 수 있는 폭넓은 진로 선택을 제공한다. 이는 사회과학 전공자들이 다양한 분야에서 경력

을 쌓을 수 있는 기회를 제공한다.

② 사회 문제 해결에 기여 : 사회과학계열은 사회 문제를 이해하고 해결하는 능력을 배양한다. 정치적 불안정, 빈곤, 불평등, 환경 문제 등 복잡한 사회적 문제를 해결하는 데 이론적, 실질적 도구를 제공한다.

③ 의사소통 및 분석 능력 강화 : 사회과학을 공부하면 논리적 사고, 비판적 분석, 문제 해결 능력, 의사소통 능력을 개발할 수 있다. 이는 기업, 정부, NGO 등 다양한 조직에서 중요한 역량으로 인정받는다.

④ 사회 변화에 대응 : 사회과학계열은 사회 변화에 대한 깊은 이해를 제공한다. 급변하는 현대 사회에서 발생하는 다양한 문제와 도전에 대처하기 위한 통찰력과 지식을 쌓을 수 있다.

사회과학계열의 단점을 제시하면 다음과 같다.

① 실무적인 기술 부족 : 사회과학계열은 이론적 분석과 연구가 주를 이루기 때문에 실무적인 기술(예: 프로그래밍, 공학 기술, 수학적 분석)이 부족할 수 있다. 이는 졸업 후 특정 분야에서는 기술적 능력을 추가로 습득해야 할 필요가 생길 수 있다.

② 직업 경쟁력의 차별화 어려움 : 사회과학 전공자는 대중적인 전공으로 많은 학생이 선택하는 만큼 경쟁이 치열할 수 있다. 특히 같은 전공을 가진 지원자들이 많아 차별화가 어려울 수 있으며, 취업 시장에서 두드러지기 위해 추가적인 전문성(예: 자격증, 실

무 경험)이 요구된다.

③ 직접적인 취업 연계 부족 : 사회과학계열 전공은 경영, 공학처럼 명확한 직무 기술이 필요한 분야에 비해 취업과의 직접적인 연계가 약할 수 있다. 따라서, 사회과학을 전공하는 학생들은 졸업 후 진로 계획을 명확히 세우고, 이를 보완할 수 있는 추가 자격이나 경험을 쌓는 것이 필요하다.

④ 변화하는 사회 문제에 대한 도전 : 사회과학은 항상 변화하는 사회 문제에 맞서기 때문에, 학문적 이론이 새로운 문제에 대응하기 어려울 수 있다. 즉, 기존 이론이 빠르게 변화하는 현대 사회에서 적용되지 않는 경우도 있으며, 새로운 이론 개발이 필요하다.

사회과학계열은 인간과 사회를 분석하고, 문제를 해결하며, 정책과 제도를 설계하는 데 매우 중요한 학문이다. 이 계열은 사회 문제 해결과 정책 개발에 기여할 수 있는 폭넓은 진로 선택을 제공하지만, 실무 기술 부족과 직업 경쟁력의 차별화가 어렵다는 단점이 있다. 이를 극복하기 위해서는 추가적인 실무 경험과 전문성을 개발하는 것이 중요하다.

1. 사회과학계열 관련 전공

- 정치외교학: 국제정치, 정치 이론, 국제관계론
- 심리학: 발달심리학, 산업심리학, 임상심리학
- 사회학: 사회 이론, 사회 조사, 사회 변동
- 행정학: 공공정책, 행정 이론, 행정 조직

2. 사회과학계열 관련 직업

- 정책 분석가: 정부 및 공공기관의 정책 분석 및 제안
- 심리 상담사: 개인 및 조직의 심리적 문제 상담
- 사회 연구원: 사회 현상 분석 및 데이터 기반 사회 정책 연구
- 공무원: 정부 및 지방자치단체에서 행정 업무 수행

3. 사회과학계열 관련 자격증

- 심리상담사: 개인의 심리적 문제를 진단하고 상담을 통해 정서적, 심리적 지원
- 청소년상담사: 청소년의 정서적, 심리적 문제를 상담을 통해 해결하고 발달지원
- 행정사: 행정 관련 서류 작성 및 행정 업무 대행을 통해 법률적 지원
- 사회복지사: 개인, 가정, 지역사회의 복지 향상을 위해 사회적 지원과 서비스

4. 사회과학계열 일자리 전망

- 심리 상담사: 심리적 건강에 대한 관심 증가로 상담사 수요가 증가
- 정책 분석가: 사회 변화와 정책적 대응이 중요해짐에 따라 정부와 민간 부문에서의 수요가 증가

[그림 17] 사회과학계열 관련 전공, 직업, 자격증 및 일자리 전망

[인사분야]의 직무 특징으로는 첫째, 조직 내 근로자와 관련된 모든 일을 하는 것이다. 인사 직무는 기업의 경영과 사업전략 실행의 근간이 되는 직무다. 인사(HR) 직무는 인적자원관리(HRM)와 인적자원개발(HRD) 분야로 구분된다.

인적자원관리는 인재의 채용, 평가/보상 제도의 기획과 운영, 복리후생 제도와 관련된 업무를 수행하며 인적자원개발은 인재상에 맞게 직원 육성을 위한 교육프로그램 기획 및 운영, 자기개발 및 경력개발을 지원하는 업무를 수행한다.

둘째, 조직의 비전, 전략과 밀접하게 연관된다. 인사 직무는 조직의 비전과 중장기 사업 전략에 따라 인사 전략의 수립부터 시작된다. 조직의 전략 방향이 비전을 달성하는 방법에 대한 거시적 원칙을 정의한 것이라면 인사 전략은 환경 분석을 통해 인사 과제의 지향점을 확인하는 것이다. 인사 과제는 인력 운영, 보상 전략, 육성 개발, 각종 인사제도 개선, 조직 활성화 분야에서 제기되는 이슈를 고려하여 수립된다.

셋째, 경영 지식과 리더십이 중요하다. 인사 담당자는 다양한 직무나 직급의 근로자와 소통하게 된다. 그 과정에서 예상되는 문제들을 정확하게 분석하고 올바른 방향으로 해결책을 찾아가야 한다. 단지 개인의 문제가 아닌 조직, 부서, 구성원들의 관점에서 해결책을 제시해야 한다. 그래서 경영에 대한 시각과 관련 법률(노동법, 근로기준법 등) 지식을 갖추고 근로자를 이끌어 가야 한다.

비즈니스환경의 급격한 변화와 함께 인사 직무와 관련해서도 ① MZ

세대의 Main Stream 등장, ② 조직문화/근무분위기에 대한 수용보다는 요구하거나 선택하기, ③ 불황 속의 구인난, ④ 조용한 퇴직 등 전과는 뚜렷이 구별되는 트렌드가 나타나고 있다. 이에 따라 기업의 인사담당자들도 채용방식의 개선, 성과주의 임금체계 정비, 새로운 흐름에 부합하는 조직문화와 근무 분위기 조성 등의 과제에 대해 깊이 고민하고 있다. 최근 어느 그룹에서 조직구성원 대상의 서베이를 진행한 결과 직장에서의 행복을 좌우하는 가장 중요한 요소들로 '성장, 자율, 관계, 워라밸, 보상'의 5가지가 거론되었다고 한다.

앞서 언급한 뉴 트렌드에 시의적절한 대응을 하기 위해서는 이러한 요소들이 '다양성'과, '공정성'의 전제하에 조직구성원들에게 제공되어야 할 것이다. 직원들의 행복 5요소를 실현해 주는 역할을 수행하기 위해, 인사담당 지원자는 대내외 환경과 상황에 대한 관심과, 조직구성원의 다양한 목소리 청취, 관련 이슈의 동향에 대한 학습이 필요하며, 이를 위해서는 재무, 인사관리, 심리학 등에 대한 기본 소양과 함께 새로운 업무 TOOL의 활용을 위해 IT 관련 역량도 갖출 수 있어야 한다.

[인사분야] 직무능력 경력개발 로드맵을 파악하기 위해서, NCS의 [인사분야] 경력개발경로를 먼저 검토할 필요가 있다. 경력개발경로는 개인이 직업생활에 종사하는 동안 계획하는 직위나 역할 이동경로를 도식화한 것으로 경력개발, 채용·승진 등 인사관리에 활용할 수 있다.

제1장. 무전공자의 직무능력 진로가이드의 의미

직능수준	직능유형(직급)	능력단위
6	Senior Manager (차장)	인사기획
5	Manager (과장)	직무관리 / 인력채용 / 인력이동관리 / 인사평가 / 핵심인재관리 / 임금관리 / 전직지원
4	Junior Manager (대리)	교육훈련 운영 / 복리후생 관리 / 조직문화관리 / 아웃소싱
3	Senior Associate (주임)	급여지급 / 퇴직업무지원

[그림 18] 「인사분야」 경력개발경로

출처 : 한국산업인력공단(2022). 「인사분야」 직무 멘토링.

    NCS의 [인사분야] 경력개발경로를 이해한 이후에 보다 큰 그림을 설계하기 위해 초기 경력부터 중·후기 경력까지 직무능력 향상을 목표로 체계적으로 경력을 쌓아가는 방법을 제시할 필요가 있다. 다음은

[인사분야]에 맞춘 평생 경력 단계별 직무능력 경력개발 로드맵이다.

① [인사분야] 초기 경력 단계 (1~5년)

[인사분야] 초기 경력 단계 (1~5년)의 경력 목표는 HR의 기본 직무 능력을 익히고, 채용과 인사 관리 업무를 능숙하게 처리하며 HR 자격증을 취득하여 전문성을 증명하는 것이다.

1. [인사분야] 초기 경력 단계의 핵심 직무능력
- 채용 및 인재 확보 능력: 이력서 검토, 인터뷰 진행, 후보자 평가 등 기본적인 채용 절차 수행
- 기본 인사 관리 능력: 근로 계약서 작성, 인사 기록 관리, 신규 입사자 온보딩
- 의사소통 및 대인 관계 능력: 원활한 의사소통, 내부 직원과의 관계 관리
- 기본 노무 지식: 노동법, 근로 기준법에 대한 기초 지식

2. [인사분야] 초기 경력 단계의 경력개발 전략
- 자격증 취득: HR 관련 자격증(SHRM-CP, PHR) 취득
- 기본 노동법 교육 수강 및 노무 관련 학습
- 실무 경험: 채용, 온보딩, 교육 등 다양한 HR 업무 경험, 다양한 채용 방식(면접, 테스트 등)을 경험하며 채용 업무에 대한 전문성 강화
- 네트워킹 및 멘토링: 선배 HR 전문가와의 네트워킹을 통해 업무 이해도 향상

[그림 19] [인사분야] 초기 경력 단계 (1~5년)의 핵심 직무능력과 경력개발 전략

② [인사분야] 중기 경력 단계 (5~10년)

[인사분야] 중기 경력 단계 (5~10년)의 경력 목표는 직원 성과 및 보상 관리의 전문가로 성장하며 팀을 이끌 수 있는 리더십 개발, 조직의 인재 육성과 유지 전략을 관리하는 역할을 담당하는 것이다.

---

1. [인사분야] 중기 경력 단계의 핵심 직무능력

○ 전문 인재 관리 능력: 직원 성과 평가, 인재 육성 계획 수립, 리더십 개발 프로그램 운영
○ 보상 및 성과 관리 능력: 성과 평가 기준 수립, 보상 체계 설계 및 관리
○ 노무 관리 능력: 노동법 및 산업안전보건법 등 심화된 법률 지식
○ 조직 개발 능력: 조직 문화 개선, 인재 유지 전략 수립

2. [인사분야] 중기 경력 단계의 경력개발 전략

○ 자격증 업그레이드: SHRM-SCP, SPHR 등 고급 HR 자격증 취득
○ 리더십 경험 축적: 팀 리더로서의 경험, 소규모 HR 팀을 관리하며 리더십 능력 강화
○ 성과 관리 및 보상 설계 업무를 주도하며 전문성 강화
○ 심화 교육 및 워크숍 참여: 성과 평가 및 조직 개발 관련 교육 프로그램 참여

[그림 20] [인사분야] 중기 경력 단계 (5~10년)의 핵심 직무능력과 경력개발 전략

③ [인사분야] 후기 경력 단계 (10~20년)

[인사분야] 후기 경력 단계 (10~20년)의 경력 목표는 HR 리더로서 조직 전체의 인재 전략을 주도하며, 갈등 관리 및 조직 개발에서 리더십 발휘, 글로벌 HR 관리 능력을 강화하여 조직의 장기적 발전에 기여하는 것이다.

1. [인사분야] 후기 경력 단계의 핵심 직무능력

- HR 전략 수립 능력: 조직 전체의 인재 전략 수립, 장기적인 인사 계획 및 인재 파이프라인 관리
- 갈등 관리 및 조직 내 문제 해결 능력: 복잡한 노사 관계 관리, 갈등 해결 및 위기 상황 대처 능력
- 리더십 개발 프로그램 운영: 조직 내 리더십 교육과 후계자 양성 프로그램 운영
- 글로벌 인재 관리 능력: 글로벌 인재 채용 및 관리, 다문화 조직 관리 능력

2. [인사분야] 후기 경력 단계의 경력개발 전략

- 고위직 경험: 대규모 인사 팀을 이끌고, 전략적 HR 리더로서 조직의 인사 정책 전반을 주도, 노사 관계 및 갈등 관리에서 리더십 발휘
- 국제 HR 네트워킹 및 컨퍼런스 참여: 글로벌 HR 트렌드 파악 및 해외 인재 관리 경험 쌓기
- 멘토링 및 후배 양성: 후배 HR 전문가들에게 멘토링 제공 및 팀 내 인재 육성

[그림 21] [인사분야] 후기 경력 단계 (10~20년)의 핵심 직무능력과 경력개발 전략

④ [인사분야] 경력 최종 단계 (20년 이상)

[인사분야] 경력 최종 단계 (20년 이상)의 경력목표는 [인사분야] 조직의 최고 인사 책임자로서 조직 전략과 인사 정책의 연계를 주도하고, HR 컨설팅 및 연구 활동을 통해 산업 발전에 기여하는 것이다.

1. [인사분야] 경력 최종 단계의 핵심 직무능력
- 조직 내 인사 전략 수립 및 실행: 전사적 인사 정책 수립 및 실행
- 자문 및 강의 활동: HR 리더로서 자문 역할 수행, 외부 강의 및 컨설팅 제공
- 조직 문화 및 변화 관리: 조직 전체의 변화 관리 및 기업 문화 개선
- 사회적 책임 및 윤리적 경영: 기업의 사회적 책임(CSR) 프로그램 설계 및 윤리적 경영 방안 마련

2. [인사분야] 경력 최종 단계의 경력개발 전략
- 임원급 경력: HR 부서 최고 책임자로서 조직의 전략적 목표와 연계된 인사 정책을 수립. HR 관련 자문 및 외부 컨설팅 역할
- 사회적 기여 및 연구 활동: HR 관련 연구 및 발표, 기업의 사회적 책임 관련 활동 주도
- 후배 양성: HR 리더로서 후배 인사 관리자들을 육성하고 멘토 역할 수행

[그림 22] [인사분야] 경력 최종 단계 (20년 이상)의 핵심 직무능력과 경력개발 전략

[인사분야]의 평생 경력단계별 경력개발 로드맵은 초기 채용 및 기본 인사 관리 능력을 바탕으로 중기에는 전문 인재 관리 및 조직 개발 능력, 후기에는 HR 전략 수립 및 글로벌 인재 관리 능력을 강화하는 방식으로 진행된다. 각 단계에서 자격증 취득, 실무 경험 축적, 리더십 발휘가 성공적인 경력 성장을 위한 필수 요소다.

3. [공학계열 : 기계분야] 직무능력 경력개발 로드맵

　공학계열은 자연과학의 원리를 기반으로 하여, 다양한 기술적 문제를 해결하고 시스템을 설계하는 학문 분야다. 공학은 기계, 전기전사, 화학, 건축, 컴퓨터, 환경 등 여러 분야로 나뉘며, 이들은 모두 인간의 삶을 개선하고, 산업과 사회에 기여하는 것을 목표로 한다. 공학계열은 이론적 지식과 실무적 기술을 결합하여 실질적인 문제 해결 능력을 갖춘 인재를 양성한다.

① 기계공학 : 기계 설계, 제작, 운용 및 유지보수를 다루며, 에너지 변환과 동력 전달 시스템을 연구하는 학문

② 전기전자공학 : 전기 및 전자 시스템의 설계, 개발, 유지보수를 다루며, 전기회로, 반도체, 통신 기술 등을 연구하는 학문

③ 화학공학 : 화학적 공정을 통해 물질을 변환하고 에너지 효율을 높이는 방법을 연구하며, 다양한 산업에서 화학적 생산 기술을 다루는 학문

④ 건축공학 : 건물과 인프라의 설계, 시공, 유지관리와 관련된 기술을 연구하며, 구조적 안정성과 효율성을 다루는 학문

⑤ 컴퓨터공학 : 컴퓨터 시스템, 하드웨어 및 소프트웨어의 설계와 개발을 다루며, 알고리즘, 데이터 처리, 네트워크 등을 연구하는 학문

⑥ 환경공학 : 환경 보호와 자원 관리, 오염 방지 기술을 연구하며, 물, 공기, 토양의 환경 문제를 해결하는 학문

제1장. 무전공자의 직무능력 진로가이드의 의미

공학은 현대 사회의 핵심 기술과 산업 발전에 중요한 역할을 한다. 공학자들은 기술 혁신을 통해 산업 발전을 촉진하고, 인프라 구축, 신제품 개발, 환경 보호, 에너지 관리 등 다양한 분야에서 사회적 가치를 창출한다. 공학계열의 중요성을 제시하면 다음과 같다.

① 기술 혁신과 산업 발전 : 공학은 기술 혁신의 원동력으로, 새로운 제품과 기술을 개발하여 산업의 발전을 이끌어간다. 자동차, 항공, IT, 에너지 등 주요 산업 분야에서 공학자들의 역할이 필수적이다.

② 사회 기반 시설 구축 : 건축공학, 토목공학 등은 도로, 건물, 교량, 공공시설 등 사회 인프라 구축에 필수적인 학문이다. 공학은 안전하고 효율적인 사회 환경을 만들기 위한 기반을 제공한다.

③ 환경 보호 및 에너지 관리 : 환경공학과 에너지공학은 자원 절약과 환경 보호, 신재생 에너지 개발 등 지속 가능한 발전에 기여한다. 공학자들은 환경 문제를 해결하고, 에너지 효율성을 높이는 데 중요한 역할을 한다.

④ 건강과 안전 보장 : 의료공학, 생명공학 등의 분야는 인간의 건강과 안전을 보호하는 데 큰 기여를 한다. 의료 기기 개발, 생명공학 연구 등을 통해 질병 예방과 치료가 가능해진다.

공학계열의 장점을 제시하면 다음과 같다.

① 높은 취업률과 안정성 : 공학계열은 산업 전반에서 필수적인 직무를 다루기 때문에, 졸업 후 취업 기회가 많고 안정성이 높다.

특히, 기계, 전기, 화학, IT 등 분야에서는 지속적인 인력 수요가 있다.

② 실용적인 기술과 문제 해결 능력 : 공학계열은 이론적 학문과 실무적 기술을 결합하여 실질적인 문제 해결 능력을 배양한다. 이는 실무에서 바로 적용 가능한 기술력을 갖추게 해준다.

③ 혁신과 창의적 도전 : 공학은 기술 혁신의 최전선에 있으며, 공학자들은 새로운 기술과 제품을 개발하는 데 있어 창의성과 혁신적 사고를 발휘한다. 이를 통해 산업을 발전시키고 사회적 변화를 주도할 수 있다.

④ 사회적 기여 : 공학은 사회적 가치를 창출하는 분야로, 인프라 건설, 환경 보호, 에너지 관리 등 다양한 사회적 문제 해결에 기여한다. 공학자들은 인류의 삶을 더 안전하고 편리하게 만드는 역할을 수행한다.

공학계열의 단점을 제시하면 다음과 같다.

① 고난도의 학업과 실습 : 공학계열은 고난도의 수학, 물리학, 화학 등 기초과학을 바탕으로 하므로, 학업이 어렵고 많은 시간을 요구한다. 복잡한 수학적 계산과 실험적 분석 능력을 요구하며, 실습과 프로젝트가 많다.

② 빠른 기술 변화에 대한 적응 요구 : 공학 분야는 기술 발전 속도가 매우 빠르며, 지속적인 학습과 기술 업데이트가 필요하다. 특히, IT나 전자공학 분야에서는 새로운 기술이 빠르게 등장하므

로 적응력이 필요하다.

③ 고도의 전문성 요구 : 공학은 고도의 전문적 지식과 기술을 요구한다. 따라서 경력개발을 위해 지속적으로 자격증을 취득하고, 실무 경험을 쌓아야 하며, 특정 분야에서 전문가로 인정받기까지 시간이 걸릴 수 있다.

④ 현장 중심 업무 : 공학계열은 이론뿐만 아니라 현장 중심의 업무가 많다. 기계공학, 건축공학 등은 현장 실무에서 많은 시간을 보내며, 야외 작업이나 공정 관리 업무를 수행해야 할 때도 있다.

공학계열은 기술 혁신과 산업 발전의 중심에 있는 중요한 학문 분야로, 사회 전반에 걸쳐 다양한 문제를 해결하는 데 기여한다. 높은 취업률과 실용적인 기술을 배울 수 있는 장점이 있지만, 고난도의 학습과 빠른 기술 변화에 적응해야 하는 어려움이 있다.

1. 주요 전공

- 기계공학: 열역학, 기계 설계, 역학
- 전기공학: 회로 이론, 전자기학, 전기 시스템 설계
- 화학공학: 화학 공정, 반응 공학, 에너지 변환
- 건축공학: 구조 공학, 건축 설계, 건축 시공

2. 관련 직업

- 기계 엔지니어: 기계 설계 및 제조 시스템 관리
- 전기 기술자: 전기 시스템 설계 및 유지보수
- 화학공학자: 화학 공정 설계 및 개선
- 건축 엔지니어: 건물 설계 및 시공 관리

3. 관련 자격증

- 기계설비기사: 건축물 및 공장의 기계 설비 설계, 시공, 유지보수를 담당하며, 난방, 환기, 공조, 배관 등의 시스템을 관리
- 전기기사: 전기 설비의 설계, 시공, 운영, 유지보수를 담당하며, 전력 시스템, 전기회로 및 전기 안전 관리 등을 수행
- 건축기사: 건축물의 설계, 시공, 유지보수를 담당하며, 건축 구조, 재료, 시공 방법 등을 관리하고 건축물의 안전과 효율성을 확보
- 화공기사: 화학 공정 설비의 설계, 운영, 유지보수를 담당하며, 화학적 생산 및 공정 최적화를 통해 효율적인 물질 변환과 에너지 관리를 수행

4. 일자리 전망

- 기계 엔지니어: 제조업과 관련한 자동화 및 로봇공학 수요 증가
- 전기 기술자: 에너지 효율성 및 신재생 에너지 증가로 전기 기술 분야에서의 수요가 증가

[그림 23] 공학계열 관련 전공, 직업, 자격증 및 일자리 전망

[기계분야]의 직무 특징으로는 첫째, 기술 진입 장벽이 높은 직무다. 기계 직무는 일정한 목적을 가진 기계를 제작하기 위해 필요한 모든 것을 계획하고 계산하여 최종적으로 도면을 작성하여 생산 및 개발하는 직무다. 기계 직무가 속한 기계 산업은 국내 산업의 중요한 한 축을 담당하며, 고용 창출 효과가 높다. 또한, 기술경쟁력을 단기간에 확보하기 어려운 자본·기술 집약적인 직무다. 용도에 따라 기계의 품목과 규격이 고도로 세분화되어 있어 연구개발과 생산에 많은 비용이 소요된다.

둘째, 다수의 기계요소들로 구성되어 꼼꼼함이 필요하다. 기계는 수많은 부품으로 구성되어 있다. 특히 단순 기계 제품 하나가 아닌 설비를 다룰 경우, 더욱 많은 기계요소가 들어가기에 주의가 필요하다. 이 중 하나의 부품만 누락되어도 문제가 발생하게 되고, 따라서 꼼꼼하게 확인하는 습관이 필요하다. 기계의 목적에 따라 구조·설계 등이 천차만별이기 때문에, 직접 기계를 보고 경험해 보는 것이 좋다. 매년 열리는 기계전 등에 참여하여 시현되는 설비를 경험해보거나 3D 모델링을 통해 세부 구조를 확인하는 것이 직무 수행에 큰 도움이 된다.

셋째, 디지털 전환을 앞두고 기계 엔지니어의 역량이 중요해지고 있다. 디지털 혁신을 앞두고 스마트 팩토리, 로봇, AI 등 최첨단 ICT 기반의 융합 기술이 도입되는 가운데 상당수는 기초적인 수준에 머무르고 있다. 기반 구축뿐만 아니라 단기적으로는 생산 운영 절차 자체를 바꿔야 하며, 중장기적으로는 제품 제작의 설계 절차를 바꿔야 하는 등 소프트웨어 구축이 필요해지고 있다. 이러한 환경에서 기계 엔지니어들 또한 디지털 역량 등을 도모할 필요가 있으며, 실제 현업의 엔지니어들도 재교육을 통해 DT 역량을 향상시키고자 하는 움직임이 기계 직무 전체적으로 진행 중이다.

[기계분야] 직무 트렌드를 분석하면, 첫째, 기계 설계는 기계, 구조, 장치 및 기기와 같은 기계적 특성의 구성 요소 및 시스템 설계를 의미한다. 대부분의 경우 기계 설계는 응력 분석 방법과 재료 공학 및 에너지 개념을 활용한다. 즉, 구조, 동작 및 에너지 또는 열 전달이 포함될 수 있는 기계 시스템 또는 구성 요소의 설계에 적용한다. 기계는 상호 관련된 요소로 구성된 장치 또는 힘 운동이나 에너지를 수정하는 장치다. 기계 설계는 특정 목적을 달성하기 위해 새롭거나 개선된 기계를 계획하거나 고안하는 기술이다. 기계 공학 설계는 모든 유형의 기계 및 기계 장치의 개념, 설계, 개발 및 적용을 다룬다. 그것은 기계 공학의 모든 분야를 포함한다.

둘째, 기계 설계 프로세스의 궁극적인 목표는 구성 요소의 크기와 형상을 지정하고 적절한 재료와 제조 프로세스를 선택하여 최종 시스템이 고장 없이 의도한 기능을 수행할 수 있도록 하는 것이다. 최적 설계는 규정된 제약 조건 내에서 설계 문제에 대한 최상의 솔루션을 제공하는 것이다. 일반적으로 좋은 설계는 성능, 안전, 신뢰성, 미학, 비용, 납기 목표를 충족시키는 것이다. 최적 또는 좋은 설계는 무한한 수의 변수에 따라 달라진다. 가능한 많은 선택에 직면했을 때 디자이너는 경험을 바탕으로 다양한 디자인 결정을 내리고 하나 또는 몇 가지 변수로 문제를 줄일 수 있다.

셋째, 기계설계자가 공학적 문제를 가상으로 검증할 수 있는 도구로 CAE 해석 소프트웨어 및 기술 활용이 많이 되고 있으며, 기존 설계자의 경험 또는 많은 시간을 투자하여 복잡한 수식에 의해서 해를 도출하여 결정하던 요소들을 보다 빠르고 정량적으로 디자인 및 설계 변수를 결정하는데 도움을 주고 있다. 엔지니어 윤리 강령의 첫 번째 기본 규범은 "엔지니어는 직업적 의무를 수행함에 있어 대중의 안전, 건강 및 복지를 최우선으로 생각해야 합니다."라고 명시한다. 따라서 엔지니어는 제품 수명 동안 의도된 사용기간동안 안전한 제품을 설계해야 한다. 제품 안전은 제품이 부상으로부터 사람을 보호하고 재산 피해를 방지하며 환경에 대한 피해를 방지한다. 최근, 전통적인 기계에 인공지능, 사물인터넷, 빅데이터 등의 첨단기술이 융합되어 안정성, 편의성, 생산성이 크게 향상된 지능형 기계의 개발 및 활용이 확대되고 있다. 지능형 기계를 설계하기 위해서 최신 개발되고 있는 기술에 대한 관심과 이해, 새로운 기술을 적용하려는 노력이 기계설계자에게 요구되고 있다.

[기계분야] 직무능력 경력개발 로드맵을 파악하기 위해서, NCS의 [기계분야] 경력개발경로를 먼저 검토할 필요가 있다. 경력개발경로는 개인이 직업생활에 종사하는 동안 계획하는 직위나 역할 이동경로를 도식화한 것으로 경력개발, 채용·승진 등 인사관리에 활용할 수 있다.

제 1장. 무전공자의 직무능력 진로가이드의 의미

직능수준	직능유형(직급)	기계요소설계	기계시스템설계	구조해석설계	기계제어설계
7	기계설계 책임자 (부장)		설계관리 레이아웃설계	진동/소음해석 최적화해석	
6	기계설계 전문가 (차장)	요소설계검증	메커니즘구성 동력전달장치설계	유동해석 동적구조해석 내구해석	제어로직설계 제어시뮬레이션
5	기계설계 실무자 (과장)	동력전달요소설계	요소부품재질검토 요소부품재선정 유공압시스템설계 설계품질관리 치공구제작성검토	정적구조해석평가 열응력변위평가	기계제어요구사항분석 기계제어요소선정 제어신호처리 제어성능시험평가 제어펌웨어분석
4	기계설계 실무자 (대리)	요소공차검토 요소부품재질선정 유압요소설계	요소부품설계검토 치공구설계	정적구조해석 열응력해석	제어사양서작성 공정제어도작성 제어프로그램작성 제어펌웨어설계
3	기계설계 입문자 (주임)	체결요소설계 치공구요소설계 도면분석 도면검토 공압요소설계 동력전달요소설계	형상모델링 작업 형상모델링 검토	해석용모델링	유공압제어설계 제어로직적용
2	기계설계 입문자 (사원)	2D도면작업 2D도면관리 3D형상모델링작업 3D형상모델링검토			

[그림 24] [기계분야] 경력개발경로

출처 : 한국산업인력공단(2022). [기계분야] 직무 멘토링.

NCS의 [기계분야] 경력개발경로를 이해한 이후에 보다 큰 그림을 설계하기 위해 초기 경력부터 중·후기 경력까지 직무능력 향상을 목표로 체계적으로 경력을 쌓아가는 방법을 제시할 필요가 있다. 다음은 [기계분야]에 맞춘 평생 경력 단계별 직무능력 경력개발 로드맵이다.

① [기계분야] 초기 경력 단계 (1~5년)

[기계분야] 초기 경력 단계 (1~5년)의 경력 목표는 기본 기계 설계 능력과 제조 공정 이해 능력을 갖추고, 기계 부품 설계 및 가공의 실무 경험을 쌓아 현장에서의 문제 해결 능력을 향상시키는 것이다.

---

1. [기계분야] 초기 경력 단계의 핵심 직무능력

- 기초 기계 설계 능력: CAD(Computer-Aided Design), CAM(Computer-Aided Manufacturing) 소프트웨어 활용 능력
- 기초 기계 공학 지식: 재료 역학, 열역학, 유체 역학, 동역학 등 기계공학의 기본 개념과 원리
- 제조 프로세스 이해: 기계 부품 생산을 위한 가공 및 제조 공정 이해(선반, 밀링, 절삭 등)
- 문제 해결 능력: 기계 시스템의 오류를 진단하고 해결할 수 있는 능력

2. [기계분야] 초기 경력 단계의 경력개발 전략

- 학습 및 자격증: 기계설계(CAD) 관련 자격증 취득(예: AutoCAD 자격증, CATIA, SolidWorks). 기계기사 자격증 취득. 기초 기계 공학과 관련된 추가 교육(재료공학, 제조공정) 이수
- 실무 경험: 설계 도면 작성, 기계 부품 설계 및 제조 실무 경험. 제조업체에서 기계 가공 및 설비 조작 경험. 현장 실무를 통해 기계 가공 및 설계에 대한 이해도 높이기
- 멘토링 및 네트워킹: 선배 엔지니어의 멘토링을 통해 기초 실무 능력 강화. 기계 공학 관련 세미나 및 산업 전시회 참석

[그림 25] [기계분야] 초기 경력 단계 (1~5년)의 핵심 직무능력과 경력개발 전략

② [기계분야] 중기 경력 단계 (5~10년)

[기계분야] 중기 경력 단계 (5~10년)의 경력 목표는 고급 설계 및 프로젝트 관리 능력을 개발하고, 신제품 개발에 적극 참여하여 혁신적 기계 설계 능력을 강화, 리더십 경험을 통해 팀을 이끄는 역량을 키우는 것이다.

1. [기계분야] 중기 경력 단계의 핵심 직무능력
- 고급 기계 설계 능력: 3D 모델링, 정밀 기계 설계, 설계 최적화 능력
- 기계 시스템 유지보수 능력: 기계 장비의 유지보수 계획 수립 및 실행
- 프로젝트 관리 능력: 기계 설계 및 제조 프로젝트의 일정 관리, 비용 관리, 팀 관리
- 신제품 개발 능력: 제품 개발 단계에서 기계적 설계 및 혁신적인 솔루션 제공

2. [기계분야] 중기 경력 단계의 경력개발 전략
- 전문 자격증 취득: 기계설계산업기사 또는 기계기사, 생산관리기사 자격증 취득. 기계 관련 소프트웨어 전문 자격증(예: Pro/Engineer, NX) 취득
- 전문 분야 경험: 특정 산업 분야(자동차, 항공, 로봇 등)에서 기계 설계 및 제조 경험. 신제품 개발 프로젝트에 참여하여 혁신적 설계 경험 축적
- 리더십 경험: 소규모 팀을 이끌거나 프로젝트를 관리하며 리더십 역량 개발 팀 협업을 통해 복잡한 기계 시스템 설계 및 문제 해결 주도

[그림 26] [기계분야] 중기 경력 단계 (5~10년)의 핵심 직무능력과 경력개발 전략

③ [기계분야] 후기 경력 단계 (10~20년)

[기계분야] 후기 경력 단계 (10~20년)의 경력 목표는 조직의 기술 리더로서 장기적인 기계 설계 전략을 수립하고, 글로벌 프로젝트를 주도하며 기계 공학 분야의 혁신을 이끌어가는 것이다.

1. [기계분야] 후기 경력 단계의 핵심 직무능력
- 전사적 기계 설계 전략 수립: 조직의 기계 설계 전략 수립, 장기적인 기계 시스템 개선 계획 마련
- 고급 문제 해결 능력: 복잡한 기계 시스템의 설계 오류 및 고장을 분석하고 해결
- 기술 리더십: 신기술 도입 및 혁신적 기계 설계 방안을 제시하며, 기술 리더로서의 역할 수행
- 글로벌 프로젝트 경험: 글로벌 프로젝트 관리 및 국제 협력 경험

2. [기계분야] 후기 경력 단계의 경력개발 전략
- 리더십 및 경영 교육: 리더십 및 경영 관련 교육(MBA, 기술경영 석사과정) 이수. 기계 산업에서의 전략적 의사결정을 위한 추가 교육 수강
- 대규모 프로젝트 관리 경험: 대규모 제조 및 설계 프로젝트를 관리하며 리더로서의 역량 발휘, 프로젝트 관리 자격증(PMP) 취득
- 국제 경험 축적: 다국적 프로젝트 참여 및 글로벌 기계 설계 표준 적용 경험, 국제 학회 및 기술 세미나에서 발표 또는 참여

[그림 27] [기계분야] 후기 경력 단계 (10~20년)의 핵심 직무능력과 경력개발 전략

④ [기계분야] 경력 최종 단계 (20년 이상)

[기계분야] 경력 최종 단계 (20년 이상)의 경력목표는 기계공학 분야의 리더로서 산업의 발전에 기여하며, 기업의 기계 설계 및 제조 전략을 주도하고, 후배 양성 및 연구 활동을 통해 지속적인 기계 산업 발전에 이바지하는 것이다.

1. [기계분야] 경력 최종 단계의 핵심 직무능력
- 기계공학 전반의 경영 및 리더십: 조직 전체의 기계 설계 및 제조 전략을 수립하고 경영진과 협력하여 기계 관련 비즈니스 전략 실행
- 산업 혁신 주도: 신기술 연구 및 개발을 통해 산업 내 혁신을 이끄는 역할 수행
- 자문 및 연구 활동: 기계공학 전문가로서 자문 역할을 수행하고, 연구 활동을 통해 기계공학 지식 발전에 기여

2. [기계분야] 경력 최종 단계의 경력개발 전략
- 최고 기술 책임자(CTO) 역할 수행: 기업의 최고 기술 책임자로서 기계 설계 및 제조 관련 경영 전략 수립
- 기술 연구소를 설립하거나 대학교 및 연구 기관에서 자문 역할 수행
- 산업 리더십 및 기여 활동: 기술 리더로서 산업 전반에 기여하고, 학술 논문 발표 및 연구 활동을 통해 기계공학 지식 공유
- 기계공학 관련 국제 기구에서 역할 수행

[그림 28] [기계분야] 경력 최종 단계 (20년 이상)의 핵심 직무능력과 경력개발 전략

[기계분야]의 평생 경력단계별 경력개발 로드맵은 초기 기계 설계 및 제조 능력을 개발하는 것에서 시작하여, 중기에는 프로젝트 관리와 고급 설계 능력, 후기에는 리더십 및 전사적 기계 설계 전략을 수립하고, 경력 최종 단계에서는 기계공학 분야의 혁신적 리더로서 산업을 이끄는 역할을 수행하는 것으로 이어진다.

4. [IT계열 : IT분야] 직무능력 경력개발 로드맵

IT/컴퓨터계열은 정보기술(Information Technology)과 컴퓨터 과학(Computer Science)을 중심으로 하여, 소프트웨어 개발, 하드웨어 설계, 데이터 관리, 네트워크 구축 및 보안, 인공지능, 클라우드 컴퓨팅 등 정보 시스템을 설계하고 구현하는 기술을 연구하는 학문 분야다. 이 계열은 다양한 산업에서 정보화와 디지털 전환을 주도하며, 혁신적인 기술 발전을 이끄는 역할을 한다.

① 컴퓨터공학: 컴퓨터 시스템의 하드웨어 및 소프트웨어 설계, 데이터 구조, 알고리즘, 운영체제 등을 연구

② 소프트웨어공학: 소프트웨어 개발, 테스트, 유지보수를 위한 방법론과 프로세스

③ 정보통신공학: 네트워크 설계, 통신 시스템, 데이터 전송 및 관련 기술을 연구

④ 데이터과학: 빅데이터 분석, 머신러닝, 데이터 시각화 등 데이터 처리와 분석

⑤ 정보보호학: 컴퓨터 및 네트워크 시스템의 보안을 위한 암호화, 사이버 보안, 해킹 방지 기술을 연구

⑥ 인공지능: 기계학습, 자연어 처리, 자율 시스템 등 인공지능 알고리즘과 응용

⑦ 클라우드컴퓨팅 : 클라우드 기반 인프라 설계 및 관리, 가상화

기술, 분산 컴퓨팅 시스템을 다룸

IT/컴퓨터계열의 중요성을 제시하면 다음과 같다.

① 디지털 전환 주도 : IT/컴퓨터 계열은 모든 산업에서 디지털 전환을 이끌며, 기업의 효율성 향상과 경쟁력 강화를 주도한다. 다양한 기업과 기관에서 IT 시스템을 통해 자동화, 데이터 관리, 클라우드 전환을 실현하고 있다.

② 혁신적 기술 발전 : 인공지능(AI), 빅데이터, 클라우드 컴퓨팅, IoT(사물 인터넷) 등 새로운 기술들이 계속해서 발전하면서, IT/컴퓨터 계열은 혁신의 중심에 있다. IT 기술은 제조, 금융, 의료, 교육 등 다양한 분야에서 혁신을 가능하게 만든다.

③ 높은 고용 수요 : 전 세계적으로 IT 전문가에 대한 수요는 매우 높으며, IT 관련 직업은 높은 연봉과 취업 안정성을 자랑한다. 기술 발전에 따라 IT 직무는 계속 증가할 것으로 예상된다.

④ 정보 보안의 필수성 : 디지털 환경이 확산되면서 정보 보안이 점점 더 중요해지고 있다. 사이버 공격과 데이터 유출을 방지하기 위해 IT 분야의 보안 전문가 수요가 꾸준히 증가하고 있다.

IT/컴퓨터계열의 장점을 제시하면 다음과 같다.

① 높은 취업률과 연봉 : IT/컴퓨터 계열 졸업자는 높은 취업률을 자랑하며, 소프트웨어 개발자, 데이터 과학자, 보안 전문가 등은 대부분 높은 연봉을 받는 직군이다. 특히, 대기업, 글로벌 IT 기

업, 스타트업 등 다양한 직무에서 일할 기회가 많다.

② 빠르게 성장하는 산업 : IT 분야는 계속해서 성장하고 있으며, 신기술의 개발과 도입 속도가 빠르다. 그로 인해 이 분야의 전문가들은 끊임없이 새로운 기술을 습득하고 성장할 수 있는 기회를 가진다.

③ 다양한 분야와의 융합 가능성 : IT는 거의 모든 산업에 응용될 수 있어 다양한 분야와 융합하여 기술을 적용할 수 있다. 의료, 금융, 교육, 농업 등에서 IT 기술이 결합되어 혁신을 주도하고 있다.

④ 원격 근무와 유연한 업무 환경 : 많은 IT 직무는 원격 근무나 유연 근무제를 허용한다. 이는 일과 삶의 균형을 중시하는 현대인들에게 적합한 직무 환경을 제공한다.

IT/컴퓨터계열의 단점을 제시하면 다음과 같다.

① 빠른 기술 변화에 대한 부담 : IT 분야는 기술 변화 속도가 매우 빠르기 때문에 지속적인 학습이 필수적이다. 새로운 프로그래밍 언어, 프레임워크, 플랫폼 등 신기술이 빠르게 등장하여 이에 적응하기 위해 끊임없이 공부해야 한다.

② 높은 경쟁률 : IT 계열은 취업 시장에서 경쟁이 치열하다. 많은 인재가 IT 분야로 진출하려 하기 때문에 기술뿐만 아니라 프로젝트 경험, 자격증, 포트폴리오 등이 요구된다.

③ 장시간 업무 : 소프트웨어 개발, 시스템 유지보수 등은 장시간

업무를 요구할 수 있으며, 때때로 긴급 상황에서 추가적인 작업 시간이 필요하다. 특히, 프로젝트 마감일이 다가올 때 스트레스가 가중될 수 있다.

④ 고도의 전문성 요구 : IT 직무는 고도의 기술적 전문성을 요구하기 때문에 초기 학습과 실무 적응이 어려울 수 있다. 프로그래밍, 알고리즘, 데이터 처리 등 복잡한 개념을 이해하고 응용하는 데 시간이 필요하다.

IT/컴퓨터계열은 디지털 전환과 기술 혁신의 중심에 있는 분야로, 높은 취업률과 미래 성장 가능성을 가지고 있습니다. 빠른 기술 변화와 지속적인 학습 필요성은 도전 과제이지만, 이 분야에서 성공적인 커리어를 쌓으면 다양한 산업에 걸쳐 중요한 역할을 수행할 수 있다. IT/컴퓨터 계열을 전공한 인재는 오늘날 모든 산업에서 필수적인 인재로 평가받고 있다.

1. 주요 전공
  ○ 컴퓨터공학: 알고리즘, 데이터 구조, 운영체제
  ○ 소프트웨어공학: 소프트웨어 개발, 소프트웨어 아키텍처
  ○ 정보보호학: 사이버 보안, 네트워크 보안, 암호학
  ○ 데이터 과학: 데이터 분석, 머신러닝, 인공지능

2. 관련 직업
  ○ 소프트웨어 개발자: 웹, 모바일, 소프트웨어 애플리케이션 개발
  ○ 데이터 분석가: 대량의 데이터를 분석하여 인사이트 도출
  ○ 네트워크 관리자: 기업 네트워크 시스템의 관리 및 유지보수
  ○ 정보보안 전문가: 기업의 데이터 및 시스템 보안 관리

3. 관련 자격증

- 정보처리기사: 소프트웨어 개발, 시스템 설계 및 데이터베이스 관리 등 정보처리 전반의 기술을 검증하는 자격증
- 네트워크관리사: 네트워크 설계, 구축, 관리 및 유지보수를 통해 안정적인 네트워크 운영을 위한 능력을 검증하는 자격증
- 정보보안기사: 정보 시스템과 네트워크의 보안 관리, 해킹 방지, 데이터 보호 등의 보안 기술 능력을 검증하는 자격증
- AWS, Google Cloud 자격증: 아마존 웹 서비스(AWS) 및 구글 클라우드 플랫폼(GCP)의 클라우드 인프라 설계, 관리, 운영에 필요한 기술 자격증

4. 일자리 전망

- 소프트웨어 개발자: 디지털 전환과 인공지능 발전으로 소프트웨어 개발자의 수요가 폭발적으로 증가
- 정보보안 전문가: 사이버 공격의 증가로 정보보안 분야의 수요가 지속적으로 증가

[그림 29] IT/컴퓨터계열 관련 전공, 직업, 자격증 및 일자리 전망

「IT분야」의 직무 특징으로는 첫째, 4차 산업혁명의 흐름과 함께 수요가 증가하는 직무다. 4차 산업혁명의 흐름과 함께 코로나19로 인한 '언택트', '디지털화'의 실질적인 수요가 폭증하며, 비전공자를 대상으로도 개발자로 양성하기 위한 교육 프로그램이 운영되고 있다. 이러한 흐름은 정책적인 디지털 뉴딜 사업으로도 이어져, 'K-Digital Training'도 진행되고 있다.

둘째, 프로그래밍 기초 역량이 중요한 IT 직무다. IT 직무는 사용자의 다양한 문제 해결을 위해 명령을 수행하는 응용 프로그램(애플리케이션)을 개발하고 컴퓨터 시스템의 사용환경에 따라 환경을 변경하는

업무를 맡는다. 담당하는 소프트웨어의 종류와 용도도 다양하며, 이러한 IT 직무를 수행하기 위해서는 프로그래밍 역량이 중요하다. 대학에서 개발자를 전공하는 경우에는 보통 C언어, JAVA, 비주얼 스튜디오, 델파이, 파워빌드 등 수많은 프로그래밍 언어에 대한 기초적인 역량을 함양해야 한다.

셋째, 소프트웨어 개발 능력과 함께 진취적인 태도를 함양해야 한다. IT 직무는 기본적으로 사람들이 편리하게 사용할 수 있는 소프트웨어를 개발하기 위해 창의력과 전산, 기술 설계, 기술 분석 등의 능력이 요구된다. 소프트웨어 개발 과정에서 발생하는 문제들을 점검하고 해결하고자 하는 문제해결 능력도 필요하다. 개발과 관련한 프로그래밍 언어나 관련 기술은 끊임없이 변화하므로 신기술을 계속해서 습득해야만 하는 직무이기도 하다. 이를 위해 자기계발을 위한 적극적인 자세와 더불어 분석적 사고, 책임감과 진취성이 필요하다.

「IT분야」직무 트렌드를 분석하면, 최근 AI에 대한 관심이 높아지면서 SW를 다루는 사람이라면, 기본적으로 파이선을 배우는 것 같다. 하지만 반대로 AI의 한계성으로 각 실무에서 실제 사용하는 SW와는 차이가 있는 점도 알아야 한다. 실제적으로 AI를 사용하는 곳이 매우 한정적이기 때문이다.

또한 최근 졸업생들 대부분 자신이 자랑할 만한 Project는 하나쯤 준비하는 것 같다. 단편적인 SW 기술보다는 본인이 관심도가 높은 Lab실이나 학기 중에 Project에 난이도가 있더라도 대학원생 과제 이상으로 주제를 선정하여 참여하거나 주관해 보는 것이 회사 면접이나 자소서에 매우 유용하게 활용할 수 있다.

    더불어 SW 분야는 매우 넓기 때문에 기초를 갖추었다면, 본인이 취업하고자 하는 분야의 모집공고를 참고하여 학습하고 과제를 진행한다면 더 좋을 것 같다. 한번 선정한 Project가 내 평생의 업무가 될 수도 있다. 신중하게 고려하시길 바란다. 주변에 내가 원하는 과제가 없다면 과감하게 타학교에 방문해서 진행하는 것도 나쁘지 않다. 면접이나 발표 등에서 개개인에게 긴 시간이 주어지지 않기 때문에 어떻게 자소서에 기재될지 또 자신의 장점을 어떻게 설명할지 미리 고민하면서 준비하는 것도 하나의 방법이라 생각된다.

    마지막으로, 최근에 다시 인턴십이 늘어나고 있는 추세다. 과제 내용도 중요(대부분 멘토가 선정 및 관리)하지만 자신이 한 내용을 관련 분야를 대략 아는 사람(임원)에게 정리를 잘해서 보기 쉽게 PPT를 준비하는 연습도 매우 중요 할 것으로 생각한다. 자신과 비슷한 분야 외의 사람들에게 자소서나 학기중에 해봤던 과제에 대해서 PPT 발표 연습도 많이 해본다면 매우 도움이 될 것이다.

    [IT분야] 직무능력 경력개발 로드맵을 파악하기 위해서, NCS의 [IT분야] 경력개발경로를 먼저 검토할 필요가 있다. 경력개발경로는 개인이 직업생활에 종사하는 동안 계획하는 직위나 역할 이동경로를 도식화한 것으로 경력개발, 채용·승진 등 인사관리에 활용할 수 있다.

제 1장. 무전공자의 직무능력 진로가이드의 의미

직능수준	직능유형(직급)	능력단위
7	수석 SW아키텍트 (부장/차장)	애플리케이션 요구사항 분석
6	응용SW 분석설계자 (과장/대리)	애플리케이션 리팩토링 / 인터페이스 설계 / 기능 모델링 / 애플리케이션 설계 / 정적모델 설계 / 동적모델 설계 / 소프트웨어공학 활용 / 소프트웨어개발 방법론 활용
5	응용SW 엔지니어 (사원)	요구사항 확인 / 데이터 입출력 구현 / 통합 구현 / 정보시스템 이행 / 제품소프트웨어 패키징 / 서버프로그램 구현 / 인터페이스 구현 / 화면설계 / 애플리케이션 테스트 관리
3	SW 프로그래머 (사원)	애플리케이션 배포 / 화면구현 / 애플리케이션 테스트 수행 / 프로그래밍언어 응용 / 응용SW 기초 기술 활용
2	SW 프로그램 어시스트 (사원)	프로그래밍 언어 활용 / 개발자 환경 구축 / 개발 환경 운영 지원

[그림 30] 「IT분야」 경력개발경로

출처 : 한국산업인력공단(2022). 「IT분야」 직무 멘토링.

    NCS의 [IT분야] 경력개발경로를 이해한 이후에 보다 큰 그림을 설계하기 위해 초기 경력부터 중·후기 경력까지 직무능력 향상을 목표로 체계적으로 경력을 쌓아가는 방법을 제시할 필요가 있다. 다음은 [IT분야]에 맞춘 평생 경력 단계별 직무능력 경력개발 로드맵이다.

① [IT분야] 초기 경력 단계 (1~5년)

[IT분야] 초기 경력 단계 (1~5년)의 경력 목표는 다양한 IT 분야의 기초 직무능력을 익히고, 실무 경험을 통해 전문성 강화, 자격증을 통해 자신의 기술 역량을 증명하는 것이다.

---

1. [IT분야] 초기 경력 단계의 핵심 직무능력

○ 프로그래밍 능력: 주요 프로그래밍 언어(Python, Java, JavaScript 등)의 이해 및 활용
○ 데이터베이스 관리: SQL 등 데이터베이스 관리 및 쿼리 작성 능력
○ 기초 네트워크 지식: 네트워크의 기본 구조 및 운영 이해
○ 기초 클라우드 기술: AWS, Google Cloud 등 클라우드 컴퓨팅 개념 및 기초 실습 능력
○ 문제 해결 능력: 코드 디버깅, 시스템 오류 해결 및 기술적 문제 해결 능력

2. [IT분야] 초기 경력 단계의 경력개발 전략

○ 자격증 취득: 정보처리기사, AWS Certified Solutions Architect – Associate, Google Cloud Certified – Associate 자격증 취득, 기초 네트워크 관련 자격증 (CCNA 등) 준비
○ 실무 경험: 소프트웨어 개발 프로젝트, 네트워크 구축, 데이터베이스 관리 등 다양한 IT 프로젝트에 참여, 기업의 IT 부서 또는 스타타업에서 실무 경험 축적
○ 학습 및 멘토링: IT 전문가들과의 네트워킹 및 멘토링을 통해 현장 경험 공유, 새로운 프로그래밍 언어 및 기술 트렌드에 대한 지속적인 학습

[그림 31] [IT분야] 초기 경력 단계 (1~5년)의 핵심 직무능력과 경력개발 전략

② [IT분야] 중기 경력 단계 (5~10년)

[IT분야] 중기 경력 단계 (5~10년)의 경력 목표는 특정 IT 분야(소프트웨어 개발, 클라우드, 네트워크 관리 등)에서의 전문성을 쌓고, 팀 리더로서 프로젝트 관리 및 협업 능력을 키우는 것이다.

1. [IT분야] 중기 경력 단계의 핵심 직무능력

- 전문 소프트웨어 개발 능력 : 대규모 애플리케이션 설계 및 개발, 알고리즘 최적화
- 데이터 분석 및 관리 능력 : 대규모 데이터베이스 관리 및 데이터 분석 기술 습득
- 네트워크 및 보안 관리 능력 : 네트워크 설계, 구축 및 정보보안 기술 심화 학습
- 클라우드 컴퓨팅 및 DevOps 능력 : 클라우드 플랫폼(AWS, Google Cloud) 상에서 애플리케이션 배포 및 관리, 자동화 기술(DevOps) 숙달
- 프로젝트 관리 및 협업 능력: 팀 리더 역할 수행, 프로젝트 일정 및 자원 관리

2. [IT분야] 중기 경력 단계의 경력개발 전략

- 전문 자격증 취득 : AWS Certified Solutions Architect – Professional, Google Cloud Professional 자격증, 정보보안기사, 네트워크관리사 등 고급 네트워크 및 보안 자격증 취득, 프로젝트 관리 자격증(PMP) 준비
- 전문 분야 경험 축적 : 소프트웨어 개발, 데이터 분석, 네트워크 관리, 보안 등 특정 IT 분야에서의 전문성을 쌓음, 클라우드 인프라 설계 및 DevOps 관련 프로젝트 참여
- 리더십 개발 : 소규모 팀 리더로서 팀 운영 및 관리 경험 축적, IT 프로젝트 관리 경험을 통해 리더십 역량 강화

[그림 32] [IT분야] 중기 경력 단계 (5~10년)의 핵심 직무능력과 경력개발 전략

③ [IT분야] 후기 경력 단계 (10~20년)

[IT분야] 후기 경력 단계 (10~20년)의 경력 목표는 조직 내 최고 IT 리더로서 전사적 IT 전략을 수립하고, 글로벌 프로젝트를 주도하며 기술 혁신을 이끄는 역할 수행하는 것이다.

---

1. [IT분야] 후기 경력 단계의 핵심 직무능력

○ IT 전략 수립 및 경영 능력 : 조직 전체의 IT 전략 수립 및 실행 능력
○ 기술 리더십: 새로운 기술 도입 및 혁신적인 IT 시스템 설계 주도
○ 복잡한 시스템 설계 및 관리 능력: 대규모 IT 인프라, 클라우드 기반 시스템 설계 및 관리 능력
○ 고급 보안 관리 능력 : 정보보안, 데이터 보호, 위기 상황에서의 대응 능력
○ 글로벌 IT 프로젝트 관리 능력: 글로벌 팀과 협력하여 대규모 프로젝트를 주도하고, 여러 지역의 인프라 관리

2. [IT분야] 후기 경력 단계의 경력개발 전략

○ 고위직 경험 축적 : 대규모 IT 프로젝트에서 기술 리더로서 조직을 이끌고, 전략적 의사결정을 주도, 기업의 IT 전략 수립 및 관리 경험 축적
○ 글로벌 IT 경험 강화 : 다국적 기업에서의 글로벌 IT 프로젝트 경험, 국제 컨퍼런스 참여 및 글로벌 네트워크 확대
○ 멘토링 및 연구 활동 : 후배 개발자 및 IT 전문가에게 멘토링 제공, IT 관련 연구 활동을 통해 최신 기술 트렌드에 기여

[그림 33] [IT분야] 후기 경력 단계 (10~20년)의 핵심 직무능력과 경력개발 전략

④ [IT분야] 경력 최종 단계 (20년 이상)

[IT분야] 경력 최종 단계 (20년 이상)의 경력목표는 IT 분야의 최고 리더로서 경영과 기술 혁신을 이끌고, 사회와 산업에 기여하는 역할을 담당하는 것이다.

---

1. [IT분야] 경력 최종 단계의 핵심 직무능력
- 조직 경영 및 IT 리더십 : 기업의 최고 정보 책임자(CIO) 또는 최고 기술 책임자(CTO)로서 IT 전략 및 경영을 이끌고, 기술 혁신 주도
- 자문 및 강의 활동 : IT 분야 자문 활동 및 외부 강의로 지식 공유
- 연구 및 기술 기여 : IT 연구를 통해 기술 발전에 기여하고, 산업 전반의 기술 혁신 주도

2. [IT분야] 경력 최종 단계의 경력개발 전략
- 임원급 경력: CIO, CTO 등의 고위 직책에서 기업의 전반적인 IT 경영 및 기술 전략 수립, 조직 내 기술 혁신을 통해 성과 창출
- 컨설팅 및 사회적 기여 : 외부 IT 컨설턴트 역할 수행, IT 분야에서의 자문 활동 및 사회적 기여
- 연구 및 학술 기여 : IT 관련 연구 발표 및 학술 활동을 통해 산업에 기여

[그림 34] [IT분야] 경력 최종 단계 (20년 이상)의 핵심 직무능력과 경력개발 전략

[IT분야]의 평생 경력단계별 경력개발 로드맵은 초기 직무능력 습득에서 중기에는 전문성 강화 및 팀 리더십 경험, 후기에는 기술 리더십과 경영 역량을 갖추는 것으로 진행된다. 최종적으로는 조직의 최고 IT 리더로서 글로벌 기술 혁신과 산업 발전에 기여하는 역할을 수행하게 된다.

제 2장

자신과 직업의 세계 이해

Ⅰ. 흥미와 성격의 이해
Ⅱ. 직업가치관과 적성의 이해
Ⅲ. 국내외 채용동향의 이해
Ⅳ. 직업 및 직무에 대한 이해

I 흥미와 성격의 이해

학습 개요	이 장에서는 자신에 대한 이해의 중요성과, 자신의 흥미, 성격 및 직업선호도에 대해 이해하는 장으로서, 자신에 대한 이해, 흥미에 대한 이해, 성격에 대한 이해 및 직업선호도에 대해 제시한다.
학습 목표	1. 자신에 대한 이해의 중요성을 설명할 수 있다. 2. 흥미에 대해 설명할 수 있다. 3. 성격에 대해 설명할 수 있다. 3. 직업선호도에 대해 설명할 수 있다.

1. 자신에 대한 이해

 진로 및 취업을 준비하기 위해 자신에 대한 이해는 매우 중요한 과정이다. 자신에 대한 이해는 자신의 성격, 가치관, 능력, 관심사, 그리고 목표를 명확하게 인식하는 것을 말한다. 이는 자신이 무엇을 잘하고, 무엇을 중요하게 생각하며, 어떤 환경에서 잘 적응할 수 있는지를 파악하는 과정으로, 자신의 강점과 약점을 명확히 알고 이를 바탕으로 직업 선택과 진로 계획을 세우는 데 중요한 역할을 한다. 자신에 대한 이해가 중요한 이유를 정리하면 다음과 같다.

① 진로 선택에 대한 방향 제시: 자신이 어떤 일에 흥미를 가지고 있고, 어떤 역량이 뛰어난지를 알아야 적합한 직업과 산업을 선택할 수 있다.

② 취업 준비의 효율성 향상: 자신의 강점과 약점을 파악하면 취업

준비에서 보완해야 할 점과 더 발전시켜야 할 역량을 명확히 알 수 있어 준비 과정이 효율적이다.

③ 자기 동기부여 강화: 자신에 대해 깊이 이해하게 되면, 자신이 왜 특정 목표를 추구하는지에 대한 확신이 생기며, 이로 인해 더 나은 동기부여와 성취감을 느낄 수 있다.

④ 직무 만족도 향상: 자신의 성격과 능력에 맞는 직무를 선택하게 되면 직무 수행에서 만족도가 높아지고 장기적으로 성취감을 느끼며 성장할 수 있다.

자신에 대한 이해를 높이는 방법은 다양하다.

① 흥미, 성격 및 적성 검사: 표준화된 흥미, 성격, 가치관, 적성 검사 등과 같은 성격 유형 검사를 통해 자신의 성격적 특성과 강점을 분석할 수 있다.

② 자기 성찰: 자신의 과거 경험과 선택을 돌아보고, 어떤 환경에서 가장 만족감을 느꼈는지, 어떤 일이 잘 맞았는지 생각해보는 자기 성찰 시간을 갖는 것이 중요하다.

③ 피드백 받기: 주변 사람들, 동료, 선배들에게 자신의 행동과 역량에 대한 피드백을 받아 객관적인 시각에서 자신을 이해하는 것도 좋은 방법이다.

④ 진로 상담: 전문가와의 상담을 통해 자신의 흥미와 능력에 맞는 진로 방향을 설정할 수 있다.

⑤ 경험 쌓기: 다양한 활동과 경험을 통해 자신이 무엇을 잘하고 좋아하는지 스스로 탐색하는 과정도 필요하다.

자신에 대한 깊은 이해는 성공적인 진로 설계와 취업 준비를 위한 첫걸음으로, 이를 통해 자신에게 가장 적합한 길을 찾아가는 것이 중요하다.

특히 고용24(https://www.work24.go.kr/)에서 제시하는 직업심리검사는 자신을 알아가는 또 하나의 방법으로 자신의 능력과 흥미, 성격 등 다양한 심리적 특성을 객관적으로 측정하여 자신에 대한 이해를 돕고 자신의 특성에 보다 적합한 진로분야를 선택할 수 있도록 도와준다. 특히 대학생·성인의 자기이해와 진로탐색 검사는 다음 〈표 11〉과 같다.

〈표 4〉 대학생·성인의 자기이해와 진로탐색 검사

구분	검사명	대상	소요시간	검사소개
1	직업선호도 검사 S형	18세 이상	25분	좋아하는 활동, 관심 있는 직업, 선호하는 분야를 탐색하여 직업흥미유형에 적합한 직업들을 제공
2	직업선호도 검사 L형	18세 이상	60분	좋아하는 활동, 관심 있는 직업, 선호하는 분야, 성격, 생활사 특성을 탐색하여 직업흥미유형에 적합한 직업들을 제공
3	성인용 직업 적성 검사	18세 이상	90분	직업선택시 중요한 능력과 적성을 토대로 적합한 직업을 선택할 수 있도록 도와주기 위한 검사

구분	검사명	대상	소요시간	검사소개
4	직업가치관 검사	18세 이상	20분	직업선택시 중요하게 생각하는 직업가치관을 측정하여 자신의 직업가치를 확인하고 그에 적합한 직업분야를 안내
5	대학생 진로준비도 검사	대학생	20분	진로발달수준과 취업준비 행동수준에 대한 객관적인 정보를 바탕으로 효과적인 진로 및 취업선택을 지원
6	영업직무 기본역량 검사	18세 이상	50분	영업직무수행과 관련한 역량을 인성과 적성의 측면에서 측정하여 영업직무에 대한 역량의 적합도를 확인
7	IT직무 기본역량 검사	18세 이상	95분	IT직무수행과 관련한 역량을 인성과 적성의 측면에서 측정하여 IT직무에 대한 역량의 적합도를 확인

출처 : 고용24(2024). 대학생・성인의 자기이해와 진로탐색 검사 가이드 e-북.
https://www.work24.go.kr/

　다양한 검사 중에 직업선호도검사(S형)는 전 세계적으로 진로 및 직업상담 장면에서 가장 많이 활용되고 있는 Holland 흥미이론에 기초하여 제작되었으며, 개인이 좋아하는 활동, 자신감을 가지고 있는 분야, 관심있는 직업 및 학문분야 들을 측정하여 개인의 흥미에 적합한 직업을 안내한다. 검사는 Holland 흥미이론을 바탕으로 제작된 검사로서 6개 흥미요인(현실형, 탐구형, 예술형, 사회형, 진취형, 관습형)을 5개 척도인 활동, 유능성, 직업, 선호분야, 일반성향으로 구성하여 확인한다. 검사결과 제시되는 흥미유형코드를 토대로 적합한 직업이 제시된다. 직업은 한국직업전망을 비롯하여 한국고용직업분류, 한국표준직업분류, 한국표준산업분류, 국가직무능력표준 등을 참고하면 찾아볼 수 있다.

2. 흥미에 대한 이해

흥미는 개인이 특정 활동이나 주제에 대해 자연스럽게 끌림을 느끼고, 즐겁게 몰입할 수 있는 감정적 반응을 말한다. 이는 학습과 직무 수행에서 중요한 역할을 하며, 흥미가 있는 일을 할 때 더 많은 열정과 동기를 발휘하게 된다. 즉, 흥미는 무언가에 대해 자연스럽게 끌리고 즐거움을 느끼는 상태로, 개인이 어떤 활동이나 주제에 대해 관심을 가지고 몰입하게 되는 것이 바로 흥미다. 흥미가 있는 활동에 대해서는 자연스럽게 더 오랜 시간 집중할 수 있으며, 어려움이 있더라도 포기하지 않고 지속하려는 의지가 강해진다.

흥미는 개인의 내적 동기와 밀접하게 연결된다. 어떤 일을 좋아하고 흥미를 느끼면, 그 일을 더 잘하고자 하는 욕구가 강해져 자연스럽게 높은 동기부여로 이어진다. 흥미가 있는 일은 몰입도를 높이고, 그 결과 성취감을 느끼기 쉽다. 이는 학습과 직무 수행에서 성과를 높이는 중요한 요소다. 또한, 흥미를 기반으로 한 활동은 개인의 지속적인 자기개발을 촉진한다. 새로운 지식을 얻고, 기술을 연마하며, 다양한 경험을 쌓는 과정이 즐거워지기 때문에 더 많은 성장을 할 수 있다. 결론적으로, 흥미를 반영한 직업 선택은 장기적으로 높은 직무 만족도를 제공한다. 흥미가 없는 일을 선택하면 쉽게 지치고 만족감을 느끼기 어렵지만, 흥미를 가진 분야에서는 꾸준히 동기부여를 유지할 수 있다.

흥미의 장단점 중 장점을 정리하면 다음과 같다.

① 높은 동기와 몰입도: 흥미를 느끼는 일에 대한 집중력과 몰입도

가 높아지고, 성취감을 느끼기 쉬워진다.

② 지속적인 학습 의지: 흥미가 있으면 새로운 것을 배우는 과정 자체가 즐거워 지속적인 학습과 성장이 가능한다.

③ 창의성 발휘: 흥미 있는 활동은 창의성을 자극한다. 새로운 아이디어와 해결책을 탐구하려는 태도가 강화된다.

④ 스트레스 감소: 흥미를 느끼는 활동은 스트레스를 덜 받게 하고, 만족감을 느끼게 해 긍정적인 감정이 많아진다.

반면에, 흥미의 단점을 정리하면 다음과 같다.

① 현실과의 괴리: 흥미가 항상 직업적 성공과 연결되지는 않을 수 있다. 흥미가 있는 분야가 경제적으로 안정적이지 않거나, 수요가 적을 수 있다.

② 다양한 경험 제한: 한 가지 흥미에만 집중하면 다른 잠재적 관심 분야를 놓칠 수 있으며, 전반적인 성장에 방해가 될 수 있다.

③ 지속성의 한계: 흥미는 시간이 지나면서 변할 수 있다. 지속적인 흥미를 유지하지 못하면 금방 싫증을 느끼거나 지칠 가능성이 있다.

④ 현실적 필요와 충돌: 흥미가 있는 일이 반드시 현실적인 필요와 맞지 않을 수 있다. 예를 들어, 흥미를 느끼는 분야가 개인의 생활 유지에 충분한 경제적 보상을 제공하지 못할 때 현실적 갈등이 발생할 수 있다.

흥미에서 가장 유명한 Holland 흥미 이론을 살펴보자.

홀랜드 이론(Holland's Theory of Career Choice)은 미국의 심리학자 존 홀랜드(John L. Holland)가 제안한 진로 선택 이론으로, 개인의 성격 유형에 따라 적합한 직업 분야를 선택하는 것이 중요하다는 것을 강조한다. 홀랜드는 사람들이 자신에게 잘 맞는 직업 환경에서 일할 때 더 만족감과 성취감을 느낀다고 주장했으며, 이를 기반으로 여섯 가지 성격 유형을 제시했다. 이 여섯 가지 성격 유형은 RIASEC이라고도 불리며, 각각의 약자는 특정 성격 유형을 나타낸다. 홀랜드의 여섯 가지 성격 유형 (RIASEC)은 다음과 같다.

① R (Realistic) 현실형 : 실질적이고 실용적인 활동을 선호하며, 기계, 도구, 또는 신체적인 과업을 다루는 것을 좋아한다. 현실형 사람들은 구체적인 결과가 보이는 일을 선호하며, 공학, 농업, 기술 분야에서 성공 가능성이 높다(직업예시: 엔지니어, 건축가, 전기 기술자, 운동선수/ 학과예시 : 기계공학과, 건축공학과, 소재공학과, 조경학과, 체육 등 공학,체육계열 등).

② I (Investigative) 탐구형 : 분석적이고 지적 활동을 좋아하며, 문제 해결과 이론적인 탐구에 흥미를 가진다. 이들은 과학적 방법론을 중시하고 독립적으로 일하는 것을 선호한다(직업예시: 과학자, 연구원, 컴퓨터 프로그래머, 의사/ 학과예시 : 생물학과, 물리학과, 수학과, 약학과 등 순수학문계열, 자연계열 등).

③ A (Artistic) 예술형 : 창의적이고 표현적인 활동에 흥미가 있으며, 상상력과 자율성을 중시한다. 예술형 사람들은 감정을 표현

하고 비규칙적인 환경에서 일하는 것을 좋아한다(직업예시: 예술가, 디자이너, 작가, 음악가/ 학과예시 : 미술학과, 디자인학과, 문예창작학과, 실용음악학과, 연극영화과, 작곡학과 등 예술계열 등).

④ S (Social) 사회형 : 사람들과 소통하고 돕는 활동을 선호하며, 협력적이고 교육적인 환경에서 일하는 것을 좋아한다. 사회형 사람들은 대인관계를 중요시하고, 타인을 돕거나 가르치는 일에서 성취감을 느낀다(직업예시: 교사, 상담사, 사회복지사, 간호사/ 학과예시: 역사학과, 철학과, 교육학과, 사회학과, 사회복지학과 등 인간중심 학문계열, 교육계열 등).

⑤ E (Enterprising) 진취형 : 설득력과 지도력을 발휘하는 활동을 좋아하며, 목표 지향적인 환경에서 성공을 추구한다. 이들은 사람들과 상호작용하면서 리더십을 발휘하고, 조직을 관리하거나 사업을 이끄는 데 흥미를 가진다(직업예시: 경영자, 마케팅 전문가, 판매원, 정치인/ 학과예시 : 경영학과, 신문방송학과, 광고홍보학과, 마케팅 학과 등 리더십 및 목표 성취 들의 기술이 필요한 학문, 상경 계열 등).

⑥ C (Conventional) 관습형 : 구조화된 환경에서 정확하고 조직적으로 일하는 것을 좋아하며, 규칙과 절차를 따르는 일을 선호한다. 관습형 사람들은 데이터나 숫자를 다루고, 세밀한 작업에서 능숙함을 발휘한다(직업예시: 회계사, 행정 직원, 금융 분석가, 은행원/ 학과예시: 경제학과, 회계학과, 행정학과 등 사회계열 등).

제 2장. 자신과 직업의 세계 이해

〈표 5〉 Holland의 6가지 유형(RIASEC)

유형	성격 특성	자기 평가	선호 직업 활동	적성	가치	생의 목표	회피 활동
현실형 (R)	실제적이고, 간소함, 신용할 수 있는, 독단적, 신체적, 단순함, 통합을 중요시 생각않음	실용적이고 부수적이며 손재주나 기계적 솜씨가 다른 사람보다 뛰어남	기계, 도구, 사물의 조작	기계적 능력	눈에 보이는 성취에 대한 물질적 보상	기구나 장비의 발명, 뛰어난 운동 선수	타인과의 교류
탐구형 (I)	분석적, 이지적, 협력적, 개방적, 광범위한호기심	분석적이고 지적이며 대인 관계 기술보다 지식이 뛰어남	자연현상과 사회현상을 탐구, 이해, 예측, 통계	학구적 능력	지식의 개발과 습득	가치 있는 것을 발명, 과학에 대한 이론적 기여	설득 혹은 영향 활동
예술형 (A)	상상력이 풍부한, 직관적인, 감수성이 예민한, 자유분방, 개방적, 독창적	경험에 대해 개방적이며 혁신적이고 지적이지만 사무적 재능이 부족함	문학, 음악, 미술활동	예술적 능력	아이디어, 정신, 감정의 표현	예술계의 유망인, 글쓰니, 회화, 작곡	반복적인 과학과 관계에 순응
사회형 (S)	명랑함, 친절함, 이해심 있음	동정적이고 참을성이 있으며 대인관계적 소질이 있으나 기계적 능력이 부족함	개인적 교류를 통해서 타인을 도와주고 가르치고 상담해주고 봉사하는 활동과 직업	사회적/교육적 능력, 지도력, 영업능력, 대인관계 능력	타인의 복지와 사회적 서비스를 중시여김	타인을 돕고, 희생, 봉사, 유능한 교사 혹은 임상 치료사	기계 및 기능적 활동

유형	성격 특성	자기 평가	선호 직업 활동	적성	가치	생의 목표	회피 활동
진취형 (E)	지배적, 모험적, 야심적, 권력지향적, 경쟁적, 외향적, 열정적	영업능력과 설득력을 갖고 있으나 과학적 재능이 부족함	타인을 설득하고 부리며 지시하는 활동	지도력, 영업능력, 사회적/교육적능력, 사업적/사무적 능력, 대인관계 능력	물질적 성취와 사회적 지위	사회의 영향력 있는 지도자, 금융과 상업분야의 전문가	과학적, 지적, 추상적 존재
관습형 (C)	순응적, 보수적, 실용적, 상상력이 풍부하지 못함. 변화를 싫어함. 안정 추구	사업과 생산에 기술적 능력을 갖고 있으나 예술적 재능이 부족함	관례를 정하고 유지하며 기준을 적용하는 활동	사업적/사무적 능력	물질적/금전적 성취와 사회, 사업, 정치 영역에서의 권력	금융과 상업분야의 전문가	모호하거나 비구조적 과업

출처 : 한국고용정보원(2013), 대학생 직업심리검사 사용자 가이드. 한국고용정보원.

　홀랜드 이론의 장점은 첫째, 직업 선택에 있어 개인의 성격과 흥미를 중시하므로, 자기 이해를 높이고 진로 선택에서 주체성을 강화할 수 있고, 다양한 직업과 성격 유형의 연관성을 제시하여 보다 명확한 직업 선택의 방향을 제시하며, 셋째, 실제 직업 세계에서 성격이 중요한 역할을 한다는 점을 강조함으로써, 직업 만족도와 성취감을 높일 수 있는 기회를 제공한다.

　반면에 단점은 첫째, 사람을 여섯 가지 유형으로 단순화할 위험이 있으며, 복잡한 성격과 흥미를 충분히 반영하지 못할 수 있다. 둘째,

개인의 성격 유형이 고정적이지 않다는 점에서, 시간이 지나면서 흥미와 성격이 변화할 수 있는데 이를 충분히 고려하지 않을 수 있다. 셋째, 직업 세계가 성격 유형에 맞춰 단순화되지 않으며, 각 직업에서 요구되는 복합적인 능력과 기술이 충분히 반영되지 않을 수 있다.

홀랜드 이론은 개인의 성격과 직업 선택 사이의 관계를 강조함으로써, 보다 만족스럽고 성공적인 직업 생활을 영위할 수 있도록 돕는 중요한 진로 이론이다. 자신의 성격 유형을 파악하고, 이에 맞는 직업 환경을 선택하는 것은 직업적 성취와 행복을 높이는 데 중요한 요소로 작용할 수 있다.

3. 성격에 대한 이해

성격은 개인의 생각, 감정, 행동 패턴을 결정짓는 심리적 특성으로, 성격은 개인의 일상적인 반응 방식과 삶의 여러 상황에서 나타나는 일관된 경향을 나타낸다. 성격은 선천적 요인과 후천적 환경에 의해 형성되며, 인간관계나 직무 수행 등에서 중요한 역할을 한다. 즉, 성격은 개인의 고유한 심리적 특성으로, 이를 통해 사람들은 다양한 상황에서 일관되게 반응한다. 이는 주로 성격적 특성(예: 외향성, 내향성, 정서적 안정성 등)을 통해 파악할 수 있다. 성격은 시간에 걸쳐 일관되게 유지되며, 개인의 행동, 생각, 감정에 영향을 미친다.

성격이 중요한 이유로 첫째, 성격은 사람들과의 상호작용 방식을 결정짓는 중요한 요소다. 예를 들어, 외향적인 사람은 다른 사람들과 쉽게 친해지고 협력적이며, 내향적인 사람은 신중하게 관계를 형성한다. 둘째, 성격은 직장에서의 성과에도 영향을 미친다. 직무와 성격의 적합성이 높을수록 직무 만족도와 성과가 향상된다. 성격이 직무와 맞지 않으면 스트레스를 더 많이 받거나 성과가 떨어질 수 있다. 셋째, 성격을 이해함으로써 자신에게 맞는 삶의 방향이나 진로를 설정하는 데 도움을 줄 수 있다. 이는 개인이 자신의 강점과 약점을 파악하여 보다 나은 결정을 내릴 수 있도록 돕는다.

성격의 장단점 중 장점을 정리하면 다음과 같다.

① 강한 자아 정체성: 성격을 이해함으로써 자신의 성향과 행동 방식을 명확히 알 수 있다. 이는 자아 정체성을 확립하고 일관된 자기 관리를 할 수 있게 돕는다.

② 인간관계에서의 조화: 사람들은 성격에 맞는 인간관계를 형성할 수 있으며, 이를 통해 더 나은 협력과 소통을 이끌어낼 수 있다.

③ 효율적인 직무 수행: 성격이 직무에 잘 맞을 경우 직업 만족도와 성과가 높아진다. 예를 들어, 외향적인 성격의 사람은 사람을 많이 대하는 직업에서 더 큰 성취감을 느낄 수 있다.

반면에, 성격의 단점을 정리하면 다음과 같다.

① 고정된 성향: 성격이 고정적일 수 있어 변화가 필요한 상황에서 적응하기 어려울 수 있다. 예를 들어, 매우 내향적인 사람은 빠르게 변화하는 환경에서 어려움을 겪을 수 있다.

② 상황에 따른 한계: 특정 성격은 어떤 상황에서는 유리할 수 있지만, 다른 상황에서는 단점이 될 수 있다. 예를 들어, 지나치게 세심한 사람은 중요한 결정을 내리는 데 시간을 너무 많이 소모할 수 있다.

③ 대인 관계의 문제: 성격이 상반된 사람들 사이에서는 갈등이 발생할 수 있다. 예를 들어, 매우 직설적인 성격의 사람은 감정적으로 민감한 사람과의 상호작용에서 문제가 발생할 수 있다.

성격은 우리의 삶에서 큰 영향을 미치는 요소로, 자기 이해와 대인 관계, 직무 만족도 등에 중요한 역할을 한다. 성격에서 가장 유명한 MBTI 이론을 살펴보자.

MBTI(Myers-Briggs Type Indicator) 이론은 사람들의 성격을 16가지 유형으로 분류하는 성격 검사 이론이다. 이 이론은 스위스의 심리학자 칼 융(Carl Jung)의 성격 유형 이론을 기반으로, 캐서린 브릭스(Catherine Briggs)와 그녀의 딸 이사벨 마이어스(Isabel Myers)가 개발한 것으로, 개인이 세상과 상호작용하고 의사결정을 내리는 방식을 이해하는 데 중점을 둔다. MBTI 이론은 성격을 4개의 차원으로 나누어 각 차원에 두 가지 대립되는 성향이 있다고 가정한다. 이 네 가지 차원의 조합을 통해 개인의 성격 유형이 결정된다.

E(외향) : 외부세계의 사람이나 사물에 에너지를 사용	에너지 방향	I(내향) : 혼자 있는 시간을 통해 에너지를 충전
S(감각) : 오감을 통한 사실이나 사건을 더 잘 인식	인식 기능	N(직관) : 사실, 사건 이면의 의미나 관계, 기능을 더 잘 인식
T(사고) : 사고를 통한 논리적 근거를 바탕으로 판단	판단 기능	F(감정) : 정서를 통한 사람과의 관계나 상황을 고려하여 판단
J(판단) : 외부 사계에 대하여 빨리 판단을 내리고 결정하려 함	생활 양식	P(인식) : 정보 자체에 관심이 없고 새로운 변화에 적응 적임

[그림 35] MBTI의 4가지 차원

① 외향성(E) vs 내향성(I): 에너지를 어디에서 얻는가?

- 외향성(Extraversion): 외부 세계에서 에너지를 얻으며, 사람들과의 상호작용을 선호.
- 내향성(Introversion): 자신의 내면에서 에너지를 얻으며, 혼자 있는 시간을 더 중시함.

② 감각(S) vs 직관(N): 정보를 어떻게 받아들이는가?

- 감각형(Sensing): 현재의 사실과 구체적인 정보에 집중하며, 실질적이고 현실적인 접근을 선호.
- 직관형(Intuition): 미래의 가능성과 추상적인 개념에 집중하며, 상상력과 영감을 중시.

③ 사고(T) vs 감정(F): 의사결정을 어떻게 내리는가?

- 사고형(Thinking): 논리적이고 객관적인 판단을 선호하며, 사실과 진리를 중시.
- 감정형(Feeling): 사람들과의 관계, 감정, 가치에 따라 결정을 내리며, 조화를 중요시.

④ 판단(J) vs 인식(P): 세상과 어떻게 상호작용하는가?

- 판단형(Judging): 계획적이고 체계적으로 생활하며, 정해진 구조와 계획을 선호.
- 인식형(Perceiving): 유연하고 즉흥적으로 생활하며, 미리 정해진 계획보다는 상황에 따른 변화에 적응.

MBTI 이론에 따르면, 4가지 차원의 각 성향이 조합되어 16가지 성격 유형이 만들어진다. 각 유형은 네 개의 알파벳으로 나타내며, 예를 들어 ISTJ는 내향성(Introversion), 감각(Sensing), 사고(Thinking), 판단(Judging)을 나타낸다. 각 유형은 서로 다른 강점과 약점을 가지고 있으며, 이를 통해 사람들의 행동과 사고방식을 이해할 수 있다. MBTI는 다양한 분야에서 널리 사용되고 있다.

① 개인 성장: 자신의 성격 유형을 이해함으로써 더 나은 자기 이해와 대인 관계 향상이 가능하다.

② 직업 선택: 자신의 성향에 맞는 직업을 찾는 데 도움을 준다. 예를 들어, 외향적인 사람은 사람들과 소통하는 직업에서, 감각형은 구체적인 세부 사항을 다루는 직업에서 잘 맞을 수 있다.

③ 팀워크와 리더십: 조직에서 팀 구성원들이 서로의 성격 유형을 이해함으로써 더 효율적으로 소통하고 협력할 수 있다.

하지만, MBTI의 한계도 존재한다. 성격을 고정된 유형으로 분류하는 MBTI는 개인의 복잡한 성격을 완벽히 설명하지 못할 수 있다. 사람의 성격은 환경, 경험에 따라 변화할 수 있기 때문에 MBTI가 모든 상황을 설명하기에는 한계가 있다. MBTI는 널리 사용되지만, 일부 심리학자들은 그 과학적 타당성과 신뢰성에 의문을 제기한다. MBTI는 성격을 지나치게 단순화하거나 명확하게 분류하기 어렵다고 보는 비판도 있다. MBTI는 자기 이해와 인간관계 개선에 유용한 도구로 많이 활용되지만, 그 결과를 절대적 기준으로 여기는 대신 참고자료로 활용하는 것이 바람직하다. 다음은 MBTI 16가지 유형을 제시한다.

MBTI 16가지 유형별로 특징, 선호하는 직업, 그리고 각 유형이 선호하는 직무능력은 다음과 같다.

① ISTJ (내향, 감각, 사고, 판단형) : 꼼꼼하고 책임감이 강하며 체

계적이고, 선호하는 직업은 회계사, 관리자, 군인, 법률가 등이 있으며, 강점인 직무능력은 조직 능력, 세부 사항에 대한 주의력, 규칙 준수 능력이다.

② ISFJ (내향, 감각, 감정, 판단형) : 헌신적이고 성실하며 타인을 돕는 데 열정적이고, 선호하는 직업은 간호사, 교사, 사회복지사, 상담가 등이 있으며, 강점인 직무능력은 공감 능력, 섬세한 배려, 협력 능력이다.

③ INFJ (내향, 직관, 감정, 판단형) : 통찰력이 뛰어나고 이상주의적이며 목표 지향적이고, 선호하는 직업은 심리학자, 상담가, 작가, 예술가 등이 있으며, 강점인 직무능력은 창의적 문제 해결, 인간관계 능력, 장기적인 계획 수립이다.

④ INTJ (내향, 직관, 사고, 판단형) : 독립적이고 전략적이며 분석적이고, 선호하는 직업은 과학자, 엔지니어, 컴퓨터 프로그래머, 기업 전략가 등이 있으며, 강점인 직무능력은 논리적 분석, 전략적 계획, 복잡한 문제 해결이다.

⑤ ISTP (내향, 감각, 사고, 인식형) : 실용적이고 문제 해결 능력이 뛰어나며 모험을 즐기고 선호하는 직업은 기술자, 정비사, 컴퓨터 전문가, 경찰 등이며, 강점인 직무능력은 기계적 문제 해결, 도구 사용 능력, 유연성이다.

⑥ ISFP (내향, 감각, 감정, 인식형) : 온화하고 창의적이며 독립적이고, 선호하는 직업은 예술가, 디자이너, 사회복지사, 동물 관리사이며, 강점인 직무능력은 예술적 표현, 세심한 배려, 창의적

문제 해결이다.

⑦ INFP (내향, 직관, 감정, 인식형) : 이상주의적이며 열정적이고 자기 성찰을 중시하고 선호하는 직업은 작가, 상담가, 교사, 심리학자이며, 선호하는 직무능력은 창의적 사고, 감성적 공감, 장기적 계획이다.

⑧ INTP (내향, 직관, 사고, 인식형) : 분석적이고 논리적이며 호기심이 많고, 선호하는 직업은 과학자, 연구원, 철학자, 컴퓨터 프로그래머 등이며, 강점인 직무능력은 논리적 분석, 문제 해결, 이론적 사고다.

⑨ ESTP (외향, 감각, 사고, 인식형) : 행동 지향적이고 외향적이며 실용적이고, 선호하는 직업은 사업가, 경찰, 소방관, 운동선수 등이며, 강점인 직무능력은 즉각적인 문제 해결, 리더십, 실용적 판단이다.

⑩ ESFP (외향, 감각, 감정, 인식형) : 사교적이고 활동적이며 유쾌하고, 선호하는 직업은 배우, 음악가, 이벤트 플래너, 교사 등이 있으며, 강점인 직무능력은 대인관계능력, 창의적 표현, 유연성이다.

⑪ ENFP (외향, 직관, 감정, 인식형) : 창의적이고 열정적이며 호기심이 많고, 선호하는 직업은 마케터, 작가, 상담가, 기업가 등이 있으며, 강점인 직무능력은 창의적 문제 해결, 대인 관계 능력, 혁신적 사고다.

⑫ ENTP (외향, 직관, 사고, 인식형) : 논리적이고 분석적이며 토론을 즐기고, 선호하는 직업은 변호사, 발명가, 마케팅 전략가, 기업가 등이 있으며, 강점인 직무능력은 비판적 사고, 창의적 해결책, 전략적 사고다.

⑬ ESTJ (외향, 감각, 사고, 판단형) : 실용적이고 체계적이며 리더십을 발휘하고, 선호하는 직업은 관리자, 공무원, 군인, 판사 등이 있고, 강점인 직무능력은 조직 능력, 리더십, 결단력이다.

⑭ ESFJ (외향, 감각, 감정, 판단형) : 사교적이고 협력적이며 타인을 돕는 것을 좋아하고, 선호하는 직업은 교사, 간호사, 이벤트 플래너, 인사 관리 등이 있으며, 강점인 직무능력은 대인 관계 능력, 팀워크, 관리 능력이다.

⑮ ENFJ (외향, 직관, 감정, 판단형) : 동정심이 많고 타인을 격려하며 사회적 역할에 열정적이고, 선호하는 직업은 교사, 심리학자, HR 전문가, 사회 활동가 등이며, 강점인 직무능력은 공감 능력, 리더십, 의사소통능력이다.

⑯ ENTJ (외향, 직관, 사고, 판단형) : 리더십이 강하고 목표 지향적이며 분석적이고, 선호하는 직업은 경영자, 변호사, 기업 전략가, 정치인 등이며, 강점인 직무능력은 전략적 계획, 리더십, 논리적 분석이다.

4. 직업선호도에 대한 이해

직업선호도는 개인이 다양한 직업이나 직무에 대해 가지는 흥미와 선호도를 의미한다. 이는 개인의 성격, 가치관, 능력, 흥미, 경험, 그리고 직업에 대한 기대를 종합적으로 반영한 결과로, 사람들이 어떤 직업을 선호하고, 그 직업에서 성공적으로 활동할 가능성을 예측하는 데 중요한 역할을 한다. 직업선호도가 중요한 이유는 다음과 같다.

① 진로 선택 및 계획 : 개인이 자신의 적성과 흥미에 맞는 직업을 선택함으로써 장기적인 만족과 성과를 기대할 수 있다.

② 직업 만족도 향상 : 자신이 선호하는 직업에서 일할 경우 직무 만족도가 높아지고, 그에 따른 직무 성과도 향상될 가능성이 크다.

③ 교육 및 훈련 방향 설정: 직업선호도를 통해 자신의 흥미와 적성에 맞는 교육 및 훈련 과정을 선택할 수 있어 학습 동기와 성취감을 높일 수 있다.

④ 사회적 기여 : 직업 선택이 개인의 만족뿐만 아니라 사회적 기여와도 연계되어, 적합한 직업을 통해 사회에 더 큰 공헌을 할 수 있다.

직업선호도의 장단점 중 장점은 제시하면 다음과 같다.

① 개인 맞춤형 진로 안내 : 개인의 선호와 흥미를 바탕으로 진로 선택을 돕는 개인 맞춤형 안내가 가능하다.

② 자기 이해 촉진 : 자신이 어떤 직업에 흥미를 가지고 있는지 파악할 수 있어 자기 이해가 증진된다.

③ 직업 만족도 및 성과 증가 : 선호하는 직업을 선택함으로써 직업 만족도와 성과가 높아질 가능성이 크다.

④ 경력개발 : 선호도를 바탕으로 경력개발 계획을 세울 수 있다.

직업선호도의 단점을 제시하면 다음과 같다.

① 변화 가능성 : 개인의 직업 선호도는 시간이 지나며 변화할 수 있어, 초기에 선택한 직업이 장기적으로 맞지 않을 수 있다.

② 제한된 선택 : 선호하는 직업군이 지나치게 좁아질 경우, 다양한 직업 선택의 기회를 놓칠 수 있다.

③ 객관성 부족 : 개인의 선호가 항상 객관적인 능력이나 적성과 일치하지 않을 수 있어, 신중한 평가가 필요하다.

④ 외부 요인 영향 : 사회적 기대나 주변 환경에 의해 선호도가 왜곡될 가능성이 있다.

직업 선택은 개인의 모든 특성, 환경, 가치관, 심지어 문화적 영향 등 모든 것이 개입되는 복잡한 과정이다. 따라서 개인의 모든 특성과 여러 가지 요인이 고려된 다각적인 진로 탐색이야말로 개인의 행복과 직결되는 문제라 할 것이다. 결국 개인의 흥미나 생활사, 성격 등 여러 가지 요인에 대한 이해가 통합되어야만 효과적인 직업 상담이 가능해진다.

직업선호도검사는 직업상담에서 빈번히 활용되고 있는 직업흥미, 성격, 생활경험을 측정하여 직업상의 만족과 수행을 가장 잘 예측할 수 있는 통합적 검사를 제작하고자 하는 목적에서 개발되었다. 즉, 내담자의 흥미와 성격, 생활사 측정결과를 통해 내담자를 보다 통합적이며 효율적으로 이해할 수 있는 틀을 제공하고자 하는 것이 본 검사의 목적이라 할 수 있다(한국고용정보원, 2024).

직업선호도검사는 18세 이상 일반 성인들을 대상으로 하며 학력 등에 크게 제한받지 않고 실시 가능하다. 직업선호도검사의 흥미검사는 전 세계적으로 진로 및 직업상담 장면에서 가장 많이 활용되고 있는 Holland 흥미이론에 기초하여 제작되었으며, 직업선호도검사의 검사결과는 누구나 이해할 수 있도록 쉽게 구성되었다. 또한, 직업탐색 및 직업선택 등의 직업의사결정에 도움을 준다. 즉, 직업선호도검사의 흥미검사 결과는 개인이 좋아하는 활동, 자신감을 가지고 있는 분야, 관심있는 직업 및 학문분야 등을 측정하여 개인의 흥미에 가장 적합한 직업을 안내해 준다.

직업선호도검사는 검사 구성 및 소요시간에 따라 L형과 S형의 두 가지 형태로 개발되었으며, 각 검사의 구성은 다음과 같다.

〈표 6〉 직업선호도 검사 유형

유형	하위검사	소요시간
L형	흥미검사, 성격검사, 생활사검사	60분
S형	흥미검사	20분

직업선호도검사의 직업추천은 흥미검사결과에 따른 흥미코드를 중심으로 제시됨으로, 오랜 시간 검사를 실시하기 어려운 경우 S형 검사를 실시하여도 무방하다. 직업선호도검사의 세 가지 하위검사는 각 검사를 측

정하는 하위요인으로 구성되어있으며 각 하위요인의 구성은 다음과 같다.

<표 7> 직업선호도 검사L형의 하위요인

검사	하위요인
흥미검사	흥미유형(현실형, 탐구형, 예술형, 사회형, 진취형, 관습형)
성격검사	성격의 5요인(경험에 대한 개방성, 호감성, 성실성, 외향성, 정서적 불안정성)
생활사 검사	개인별 생활사건 및 경험 9요인(야망, 종교성, 운동선호, 학업성취, 가족친화, 예술성, 대인관계, 독립심, 직무만족)

검사결과의 해석에 앞서 직업선호도검사에 대한 간략한 설명을 제시한다. 무엇보다 직업선호도검사에 대한 설명 시 본 검사는 내담자의 '능력'을 측정하는 검사가 아니라 진로 및 직업선택과 관련된 '흥미나 기질적 속성'을 측정하는 검사임을 강조하여야 한다.

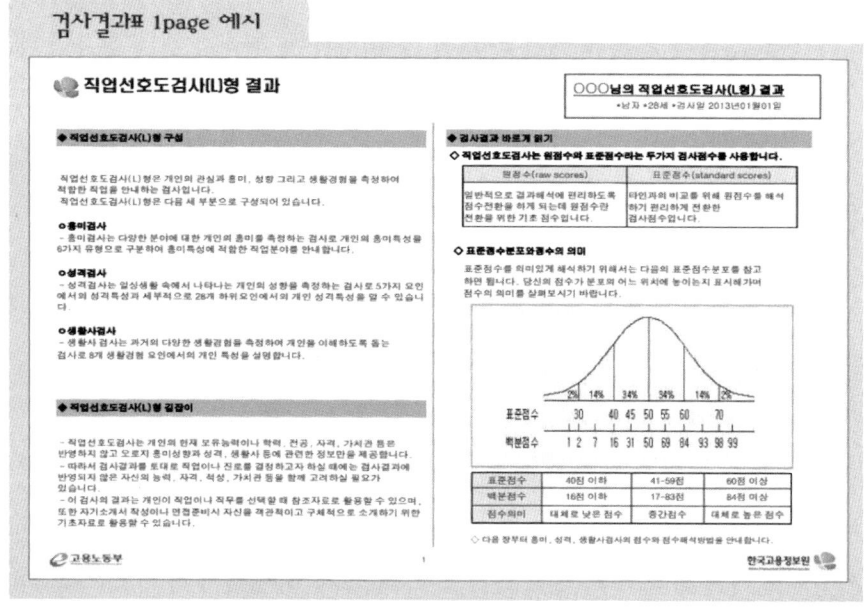

[그림 36] 직업선호도검사(L형) 검사 결과 예시

> [설명 예시]
>
> - 지난번에 받으신 검사는 직업선호도검사입니다. 이 검사는 여러분들의 흥미나 성격유형, 과거 생활경험 등을 측정하여 여러분들이 만족할 만한 직업분야를 예측해주는 검사입니다.
>
> - 직업선호도검사는 유명한 직업심리학자인 Holland의 6가지 흥미유형에 기초하여 개인의 흥미유형을 측정할 뿐 아니라 성격특성과 과거 생활경험에 대한 정보를 함께 측정하여 진로선택과 관련된 여러분들의 특성을 다각도로 탐색하는 검사입니다.
>
> - 따라서 본 검사의 결과는 여러분의 흥미유형 및 성격특성 등을 측정하여 향후 만족하고 잘 적응할 만한 직업분야를 추천해주는 결과를 제시하는 것으로, 개인이 잘하거나 높은 수행을 보일 수 있는 영역과는 차이가 있을 수 있으며 이러한 정보는 적성검사와 같은 능력검사를 통해 참고할 수 있습니다.
>
> - 설명한 바와 같이, 본 검사는 개인의 흥미나 성격만을 측정한 결과이므로, 여러분들의 직업선택을 위해서는 적성능력과 같은 특성뿐 아니라, 여러분들의 경력, 학력 등 다양한 정보를 종합하여 참고하는 것이 바람직하다는 사실을 기억하기 바랍니다.

다음은 흥미코드의 이해 및 검사점수의 해석이다. 결과해석의 두 번째 단계는 Holland의 6가지 흥미유형을 이해하고 개인의 두 자리 흥미코드를 해석하는 단계이다. 결과표 2페이지에는 개인의 두 자리 흥미코드가 제시되고 있으며, 흥미코드를 구체적으로 이해하기 위해 흥미육각형 모형으로 표현된 결과가 제시되고 있다.

제 2장. 자신과 직업의 세계 이해

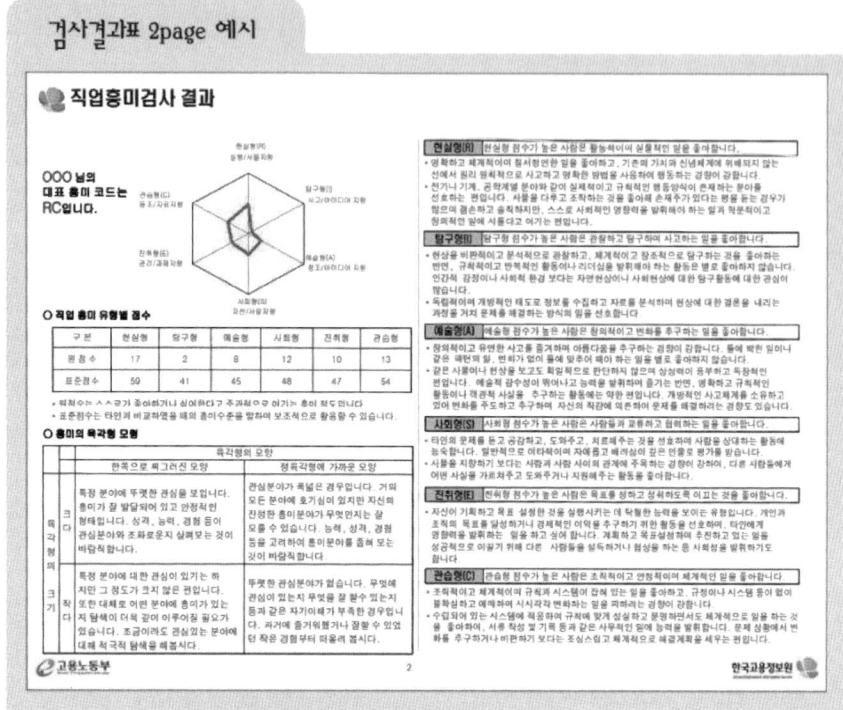

[그림 37] 흥미코드의 이해 및 검사점수 예시

먼저 상담자는 원점수에 의해 선정된 내담자의 두 자리 흥미코드를 해석하며, 표준점수에 의한 코드도 함께 살펴보아 내담자가 자신의 내적/외적 흥미유형을 이해할 수 있도록 한다. 이때 각 6가지 흥미유형의 특성은 결과표 3페이지에 제시됨으로 이를 참고하여 해석하는 것이 좋다.

제 2장. 자신과 직업의 세계 이해

검사결과표 3page 예시

직업흥미검사 결과

* 다음은 흥미유형별 특성에 대한 설명입니다.

구분	현실형(R)	탐구형(I)	예술형(A)	사회형(S)	진취형(E)	관습형(C)
흥미특성	분명하고 질서 정연하고 체계적인 것을 좋아하고 연장이나 기계를 조작하는 활동내지 기술에 흥미가 있습니다.	관찰적, 상징적, 체계적이며 물리적, 생물학, 문화적 현상의 창조적인 탐구를 수반하는 활동에 흥미가 있습니다.	예술적 창조와 표현, 변화와 다양성을 선호하며 틀에 박힌 것을 싫어하여 모호하고, 자유롭고, 상징적인 활동에 흥미가 있습니다.	타인의 문제를 듣고, 이해하고, 도와주고, 치료해주고, 봉사하는 활동에 흥미가 있습니다.	조직의 목적과 경제적인 이익을 얻기 위해 타인을 지도, 계획, 통제, 관리하는 일과 그 결과로 얻어지는 명예, 인정, 권위에 흥미가 있습니다.	정해진 원칙과 계획에 따라 자료를 기록, 정리, 조직하는 일을 좋아하고 체계적인 작업환경에서 사무적, 계산적 능력을 발휘하는 활동에 흥미가 있습니다.
자기평가	사교적 재능보다는 손재능 및 기계적 소질이 있다고 평가	대인관계 능력보다는 학술적 재능이 있다고 평가	사무적 재능보다는 독창적이고 지적인 재능이 있다고 평가	기계적 능력보다는 대인관계적 소질이 있다고 평가	과학적 능력보다는 설득력 및 영업능력이 있다고 평가	예술적 재능보다는 비즈니스 실무능력이 있다고 평가
타인평가	겸손하고 솔직하지만 독단적이고 고집이 센 사람	지적이고 학구적이며 독립적이지만 내성적인 사람	유별나고 혼란스러워 보이며 예민하지만 창조적인 사람	이해심 많고 사교적이고 동정적이며 이타적인 사람	열정적이고 외향적이며 모험적이지만 마음이 있는 사람	안정을 추구하고 규율적이지만 유능한 사람
선호활동	기계나 도구 등의 조작	자연 및 사회현상의 탐구, 이해, 예측 및 통제	문학, 음악, 미술활동	상담, 교육, 봉사활동	설득, 지시, 지도활동	규칙을 만들거나 따르는 활동
적성	기계적 능력	학구적 능력	예술적 능력	대인지향적 능력	경영 및 영업 능력	사무적 능력
성격	현실적이고 신중한 성격	분석적이고 지적인 성격	경험에 대해 개방적인 성격	동정심과 참을성이 있는 성격	대담하고 사교적인 성격	현실적이고 성실한 성격
가치	눈에 보이는 성취에 대한 물질적 보상	지식의 개발과 습득	아이디어, 정서, 감성의 창조적 표현	타인의 복지와 사회적 서비스의 제공	경제적 성취와 사회적 지위	금전적 성취와 사회, 사업, 정치영역에서의 권력 획득
회피활동	타인과의 상호작용	설득 및 영업활동	틀에 박힌 일이나 규칙	기계기술적 활동	과학적, 지적, 추상적 주제	명확하지 않은 모호한 과제
대표직업	기술자, 자동기계 및 항공기 조종사, 정비사, 농부, 엔지니어, 전기 기계기사, 군인, 경찰, 소방관, 운동선수 등	언어학자, 심리학자, 시장조사분석가, 과학자, 생물학자, 화학자, 물리학자, 인류학자, 지질학자, 경영분석가 등	예술가, 작곡가, 음악가, 무대감독, 작가, 배우, 소설가, 미술가, 무용가, 디자이너, 광고, 기획자 등	사회복지사, 교육자, 간호사, 유치원 교사, 종교지도자, 상담가, 임상치료가, 언어치료사 등	기업경영인, 정치가, 판사, 영업사원, 상품구매인, 보험회사원, 판매원, 연출가, 변호사 등	공인회계사, 경제분석가, 세무사, 경리사원, 감사원, 안전관리사, 사서, 법무사, 의무기록사, 은행사무원 등

e 고용노동부   3   한국고용정보원

[그림 38] 직업흥미검사의 결과 해설 예시

[설명 예시]

- 이제부터는 여러분이 이러한 6가지 흥미유형별로 어떤 결과를 받았는지에 대해서 살펴보도록 하겠습니다. 우선 6가지 흥미유형별로 여러분의 점수를 확인해 보도록 하겠습니다. 흥미검사결과 페이지를 보시면 6가지 유형별 점수가 원점수와 표준점수로 표에 기입되어 있습니다.

- 이 점수는 숫자가 클수록 그 해당 흥미의 크기가 크다는 것을 의미합니다. 흥미에서의 원점수라는 것은 내안에 있는 다양한 흥미에 대한 결과로, 즉, 이 점수는 개인내적으로 높은 흥미유형이 어떤 것인가를 확인할 수 있게 해 줍니다.

- 반면, 표준점수는 평균을 50점, 표준편차를 10점으로 해서 변환시켜 놓은 점수로, 흥미에서 표준점수란 여러분들의 흥미가 다른 사람들과 비교했을 때 어느 정도인지를 나타내는 것입니다. 상대적인 위치를 나타내는 표준점수의 수준은 검사결과표 1페이지에 기준이 제시되고 있으므로 그 내용을 참고하기 바랍니다.

- 본 직업선호도검사에서 여러분의 흥미에 대한 결과는 원점수에 근거해서 우선적으로 확인해주기 바랍니다. 물론 다른 사람에 비해서 내 흥미의 상대적인 크기를 살펴보는 것도 중요하지만 '내가 뭘 좋아하지?'라는 답을 얻는 데 있어서 우선적으로 살펴볼 것은 그 자체로써 내안에서 내가 더 좋아하는 것이라고 볼 수 있기 때문입니다.

- 자, 점수를 살펴보셨는데요, 이 점수를 가지고 여러분은 흥미코드를 제공받게 됩니다. 흥미코드는 흥미유형별 원점수가 높은 순서에 따라 두 자리 코드로 제시되며 흥미코드에 따라 적합한 직업을 안내 받게 됩니다. 적합한 직업 분야가 옆으로 관련직업 및 훈련 정보를 찾아볼 수 있는 사이즈가 제시되어 있으니 한번 살펴보기 바랍니다. 다만, 각 유형간의 점수차이가 거의 없이 비슷한 점수를 보일 경우에는 제시된 유형만을 자신의 흥미유형으로 단정 지어 해석해서는 안 되며, 다른 유형도 함께 고려해 보아야 합니다.

흥미육각형 모양은 일반적으로 내담자 흥미의 일관도 및 변별도와 관련지어 해석 할 수 있다. 흥미육각형 모양이 정육각형에 가까울수록 내담자의 흥미가 잘 변별되지 않음을 의미하고, 흥미육각형 모양에 따른 사례별 해석은 다음과 같다.

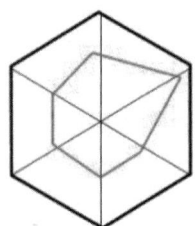 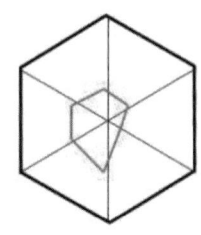 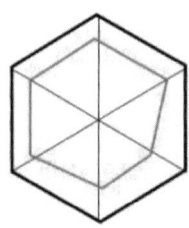 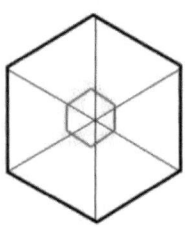

[그림 39] 내담자의 흥미 6각형 검사결과 유형

① 비교적 성숙이 잘된 내담자 – 흥미육각형이 한쪽으로 찌그러짐

- 현재의 행동양식과 사고과정을 통찰 할 수 있음
- 다양한 대안들에 대해서 효과적으로 선택의 폭을 좁힐 수 있음
- 생각해 볼 수 있는 생애/진로의 대안을 제공해 줌
- 개인의 자원과 능력을 확인할 수 있음
- 필요한 시험, 훈련, 교육 등에 어떤 것들이 있는지 확인할 수 있음
- 자기만족과 생애만족을 고양시킬 수 있음

② 흥미가 없거나 낮은 내담자 – 흥미육각형이 매우 작음

- 특징 : 자신과 직업, 일에 대한 정보가 결여되어 있고 무관심하며 낮은 자아존중감을 갖고 있음
- 근본적인 정서문제가 있다면 진로상담 전에 미리 이를 다룰 수 있도록 함
- 자기탐색으로 내담자의 한 주간 생활에 대해 써보게 하여 내담자 행동 분석
- 흥미확인을 위해 30혹은 50개 직업 목록을 작성하게 함
- 일과 관련된 직접적인 경험을 하게 함

③ 비현실적 소망을 지닌 내담자 – 흥미육각형이 양극단으로 뾰족함

- 특징 : 잘못된 자아인식으로 너무 원대하거나 너무 낮은 소망을 갖음
- 현실적인 직업선택을 할 수 있도록 함
- 비현실적 소망에 대한 비판보다 격려를 주고 자신의 강점과 약점을 이해하게 함
- 자신의 능력을 올바르게 이해할 수 있도록 적성검사 등을 실시

④ 다양한 잠재력을 지닌 내담자 – 흥미육각형이 매우 큼

- 특징 : 과다선택에 직면해 있으며, 우유부단한 의사결정 특성을 보일 수 있음
- 내담자의 관심을 확인하고 그에 따른 정보수집을 하도록 함
- 직업가치관을 측정하고 원시안적 계획을 갖도록 함
- 여러가지 관심이나 재능을 여가활동, 공공봉사 등에 활용할 수 있도록 격려

결과표의 4번째 페이지는 두 자리 흥미코드에 적합한 직업을 제시하는 부분이다. 여기서는 개인의 두 자리 흥미코드에 대한 직업 뿐 아니라, 관련 훈련직종까지 제시됨으로 자신의 흥미유형에 적합한 훈련분야를 탐색할 수 있다.

제 2장. 자신과 직업의 세계 이해

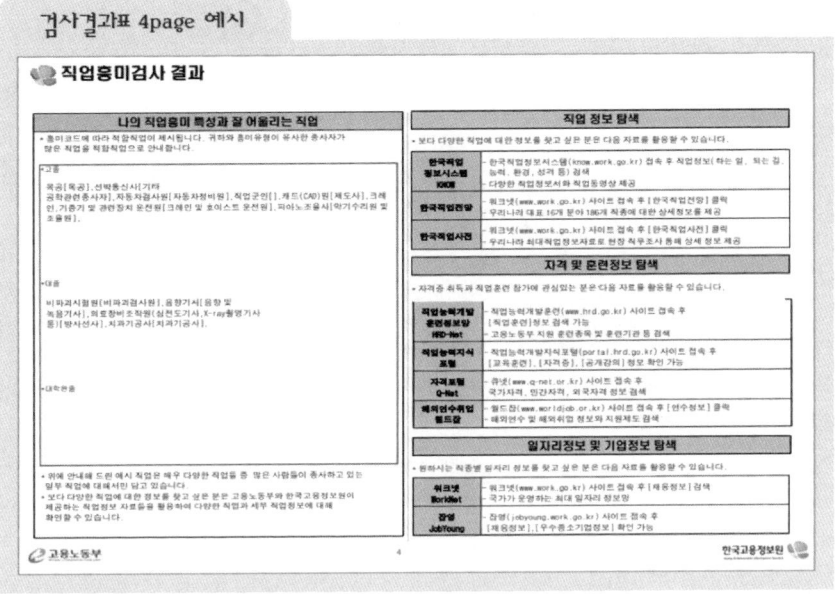

[그림 40] 흥미코드에 적합한 직업 제시 예시

[설명 예시]

- 결과표 4페이지에는 여러분의 두 자리 흥미코드에 적합한 직업이 제시되어 있습니다. 제시되는 직업들은 여러분들의 능력에 대한 정보는 배제되고 기질적 흥미특성만을 고려한 것임으로

- 나의 흥미유형특성에 적합한 직업분야로 이해하면 됩니다. 즉, 해당직업들은 여러분들의 흥미특성과 유사한 사람들이 종사하는 분야로 그 분야 진출 시 만족도가 높을 가능성이 있음을 의미합니다. 그러나 흥미코드에 의한 직업추천은 여러분의 능력이나 학력을 고려한 것이 아님으로 각 직업별 요구학력은 학력별로 구분되어 있는 직업예시를 참조하면 됩니다.

- 또한 6개 흥미유형간 점수차이가 크지 않은 경우, 해당직업만 고려하기 보다는 다른 흥미코드 조합에 적합한 직업까지 고려하는 것이 바람직합니다.

- 직업 추천되는 부분 옆으로는 직업, 자격, 훈련 등의 정보를 찾아 볼 수 있는 사이트가 안내되어 있습니다. 흥미검사결과 제시된 직업에 대한 보다 자세한 내용은 결과표에 제시된 사이트에서 얻을 수 있습니다.

II 직업가치관과 직업적성의 이해

학습 개요	이 장에서는 직업가치관과 직업적성에 대해 이해하는 장으로서, 직업가치관과 직업가치관 검사, 직업적성과 직업적성 검사에 대해 제시한다.
학습 목표	1. 직업가치관에 대해서 설명할 수 있다. 2. 직업가치관 검사에 대해 설명할 수 있다. 3. 직업적성에 대해 설명할 수 있다. 3. 직업적성 검사에 대해 설명할 수 있다.

1. 직업가치관에 대한 이해

일반적으로 가치란, 어떠한 방식으로 행동하는 것이 개인적 또는 사회적으로 좀 더 바람직한지에 대한 장기적으로 지속되는 믿음으로 정의할 수 있다(Nevill & Kruse, 1996). 서로 다른 가치를 가진 사람들은 서로 다른 의사결정을 내리므로 서로 다른 행동으로 나타나게 된다. 사회가 고도로 발전하면서 새로운 가치도 많이 생겨났으며 그만큼 다양한 가치가 혼재하게 되었다.

직업가치는 개인이 직업 및 일과 관련하여 일관성을 가지고 바람직하다고 생각하는 가치를 의미하며, 직업을 선택할 때 중요하게 여기는 기준 및 직업을 통해 충족하고자 하는 욕구와 관련된다. 이러한 직업가치는 가족, 학교, 직업 환경뿐만 아니라 사회 매체와의 상호작용을 통해 발달하는 속성을 가지고 있어 개인을 둘러싼 환경과의 상호작용으로 형성된다. 이에 직업가치는 사회 변화, 산업구조와 기술의 변화, 직업 세계의 변화 등을 반영하여 시대와 공간 등에 따라 변화하며 세대별로 차이를 보일 수 있다. 어떤 사람은 자기만의 시간을 가질 수 있는 여유로운 직업을 원하지만, 다른 사람은 일을 통해 성취감을 맛볼 수 있는 직업을 원할 수 있기 때문에, 서로 다른 직업을 원하는 것은 서로 다른 가치관으로 인한 영향으로 볼 수 있다. 즉, 직업가치관은 개인이 직업 선택과 직무 수행에 있어 중요하게 생각하는 기준이나 신념을 의미하고, 이는 직업을 통해 이루고자 하는 목표나 추구하는 가치를 포함하며, 직업적 선택이나 행동에 중요한 영향을 미친다. 직업가치관이 중요한 이유를 정리하면 다음과 같다.

① 진로 결정: 개인의 직업가치관은 자신에게 맞는 직업을 선택하는 데 중요한 기준이 된다.

② 동기 부여: 가치관이 반영된 직무를 수행할 때 더 높은 동기와 만족감을 얻을 수 있다.

③ 직업 만족도: 자신의 직업가치관과 일치하는 직업을 가질 경우 더 높은 직업 만족도를 느끼며, 일과 삶의 균형을 이루는 데 도움이 된다.

④ 의사결정 기준: 직업가치관은 업무 수행 중 중요한 의사결정을 내릴 때 가이드라인이 된다.

직업가치관의 장단점 중 장점을 제시하면 다음과 같다.

① 동기 강화: 직업가치관이 명확할수록 일에 대한 동기와 헌신이

강해진다.

② 삶의 만족도 증가 : 직업과 개인의 가치관이 일치할 경우 전반적인 삶의 만족도가 높아진다.

③ 의사 결정 용이 : 명확한 가치관은 진로 및 직무 관련 의사결정을 더 쉽게 만든다.

직업가치관의 단점은 다음과 같다.

① 유연성 부족 : 특정 가치관에 지나치게 집착하면 변화하는 환경에 적응하거나 새로운 기회를 받아들이는 데 어려움을 겪을 수 있다.

② 갈등 발생 가능성: 개인의 가치관과 조직의 가치관이 충돌할 경우 직무 만족도가 낮아지고 스트레스를 받을 수 있다.

③ 제한된 선택지: 특정 가치관이 지나치게 강조되면 선택할 수 있는 직업의 범위가 제한될 수 있다.

직업가치관을 측정하기 위한 국내외 다양한 검사가 개발되어 있으며 각 검사에서 측정되고 있는 가치요인은 다소 차이를 보이고 있다. 여기서는 한국고용정보원에서 측정되고 있는 13개 가치요인에 대해 설명하고자 한다.

① 성취를 중요한 가치로 생각하는 사람

- 성취란 자신이 스스로 목표를 세우고 이를 달성하는 것을 중시하는 가치임
- 성취를 중시하는 사람은 자신이 하고자 하는 일에 대한 목적이 분명하고 그것을 이루기 위해 목표를 세워 실행해 나감
- 대체로 이러한 사람들은 도전적이고, 진취적이고, 경쟁적인 편임
- 또한, 늘 새로운 과제에 부딪혀 도전하고 이를 이루어 내거나 넘어설 때 기쁨과 보람을 느낌
- 적합한 직업 : 성취 가치가 높은 경우 적합한 직업으로는 대학교수, 연구원, 프로운동선수, 연구가

② 봉사를 중요한 가치로 생각하는 사람

- 봉사란 다른 사람을 위해 일하는 것에서 보람을 느끼는 것을 중시하는 가치임
- 봉사가치가 뚜렷한 사람은 마음이 따뜻하고, 희생정신이 있고, 동정심이 많고, 적극적이고, 정의감이 있음
- 이들은 일을 생계수단으로서 뿐 아니라 주변의 사람들을 도와줄 수 있는 일이 될 때 가장 보람을 느낌
- 남을 도와주는 따뜻한 마음을 가지고 있으면서도 그 사람들을 위해 희생하여 일할 수 있을 만큼의 적극성과 도전정신도 지니고 있음
- 적합한 직업 : 이 가치를 중시하는 사람들은 다른 사람들을 위해서 일할 수 있는 직업들이 적합하며 예로는 판사, 소방관, 성직자, 경찰관, 사회복지사 등이 있음

③ 개별활동을 중요한 가치로 생각하는 사람

- 개별활동을 중요한 가치로 생각하는 사람은 여러 사람과 어울려 일하기보다는 혼자 일하는 것을 중시함
- 이들은 대체로 다른 사람으로부터 간섭받는 것을 싫어하고 자신도 다른 사람의 일에 간섭하는 것을 별로 좋아하지 않으며, 집중력을 많이 요하는 일이나 참신한 아이디어를 필요로 하는 직업의 사람들은 흔히 혼자만의 시간을 가지면서 일하기를 좋아함
- 이들은 협동하여 일하거나 다른 사람과 교류하는 것을 크게 좋아하지 않는 사람들이며, 많은 부분을 스스로 결정하고 실행하는 것을 더 좋아함
- 또한, 이들의 성격은 대체로 조용하고 온순한 편이지만 사람에 따라서는 매우 고집이 있거나 개성있어 보일 수 있고, 사람들과의 접촉을 별로 좋아하지 않기 때문에 냉소적이거나 냉정한 사람으로 비춰질 수도 있음
- 그러나 대부분은 자기 내면의 세계를 즐기는 것이지 다른 사람에 대한 적대감이 있는 것은 아님
- 적합한 직업 : 주로 혼자 하는 작업이 많은 디자이너, 화가, 연주가 등의 예술분야의 직업이 적합하고, 운전사, 교수와 같은 직업에 종사하는 사람들도 이 가치를 중요하게 여김

④ 직업안정을 중요한 가치로 생각하는 사람

- 직업안정은 얼마나 오랫동안 안정적으로 종사할 수 있는지를 중시하는 가치임
- 이 가치가 중요한 사람들은 일 자체가 변화가 많고 역동적이기 보다는 반복적인 일이나 익숙한 일을 하기를 더 원하고, 이들은 새로운 과제에 부딪혀 도전하는 것은 그리 좋아하지 않고 평소에 해왔던 방식이나 체계대로 일하는 것을 더 선호함

- 하나의 전문적인 기술을 가지고 오랫동안 꾸준히 일할 수 있는 환경을 좋아하기 때문에 이 가치를 중시하는 사람들은 대체로 믿음직스럽고, 꾸준하고, 인내심이 많고, 차분한 편임
- 적합한 직업 : 직업안정 가치가 높을 경우 적합한 직업으로는 연주가, 미용사, 교사, 약사, 변호사, 기술자 등과 같은 직업이 있음

⑤ 변화지향을 중요한 가치로 생각하는 사람

- 변화지향은 업무가 고정되어 있지 않고 변화 가능한 것을 중시하는 가치임
- 변화지향을 중시하는 사람들은 일상적인 업무보다는 늘 새로운 일을 선호하므로 새로운 아이디어를 필요로 하는 일이나 새로운 사람을 많이 만나게 되는 일에 적합함
- 이들은 똑같은 일을 반복적으로 하는 것은 별로 좋아하지 않으며, 같은 일을 하게 되더라도 그 내용이 늘 다른 일을 선호하고, 역동적으로 변화하는 분야를 선호함
- 변화지향을 중시하는 사람들의 성격은 대체로 밝고 활달하고 사람들과 만나 이야기하는 것을 좋아하고 늘 에너지가 넘치고 이들은 늘 뭔가 새로운 일이 없을까 궁리하는 면도 있고 똑같은 일이라도 자기만의 방식으로 풀어보려고 노력하는 연구가적 기질도 가지고 있음
- 적합한 직업 : 변화지향을 중요한 가치로 꼽는 직업으로는 연구원, 컨설턴트, 소프트웨어 개발자, 광고 및 홍보전문가, 메이크업 아티스트 등의 다양한 직업이 있음

⑥ 몸과 마음의 여유를 중요한 가치로 생각하는 사람

- 마음과 신체적으로 여유를 가질 수 있는 업무나 직업을 중시함

- 몸과 마음의 여유를 중시하는 사람들은 일 외에 자신만의 여가 시간을 갖거나 충분한 휴식이 주어지는 것을 좋아함

- 이들은 규칙적인 업무를 통해 자기 시간을 원하거나 자율적인 스케쥴 관리가 가능한 직업을 원하기 때문에 몸과 마음의 여유를 중시하는 사람들은 일만큼이나 자신의 개인생활을 중시하는 사람들임

- 적합한 직업 : 몸과 마음의 여유 가치가 높은 경우 자신의 시간관리가 비교적 자유롭거나 일하는 시간이 규칙적이어서 여가시간을 많이 가질 수 있는 레크리에이션 진행자, 대학교수, 화가, 교사, 조경기술자 등이 적합함

⑦ 영향력 발휘를 중요한 가치로 생각하는 사람

- 타인에 대해 영향력을 발휘하는 것을 중시하는 사람은 주도하기를 좋아하고, 자기주장이 강하고, 도전적이고, 다른 사람과 교류하는 것을 좋아함

- 이들은 자신의 의견이나 생각을 다른 사람들이 잘 따라주기를 바라고, 또한, 다른 사람들로부터 인정받기를 원하는 욕구도 지니고 있어 검사 결과상에서 영향력 발휘 가치와함께 인정 가치도 높게 나타날 가능성이 높음

- 적합한 직업 : 영향력 발휘를 중시하는 사람들은 감독, 코치, 관리자, 성직자, 변호사 등의 다양한 직업이 적합함

⑧ 지식추구를 중요한 가치로 생각하는 사람

- 새로운 지식을 얻는 것을 중시하는 사람들은 이 가치에 높은 점수를 얻음

- 이들은 늘 새로운 것에 관심이 많고 궁금증도 많기 때문에, 책이나 인터넷 등을 통해 여러 가지 현상에 대한 지식을 얻기를 좋아하고, 일을 통해서도 다양한 지식을 얻는 것이 보람이라고 생각하는 사람들임

- 학력수준이 높은 사람들은 학력수준이 낮은 사람들에 비해서 지식 추구를 중시하는 경향이 더 많이 있지만 항상 그렇지는 않음

- 적합한 직업 : 지식 추구를 중시하는 사람들에게는 판사, 연구원, 경영컨설턴트, 소프트웨어개발자, 디자이너 등의 전문적인 지식이나 기술을 요하는 직업이 적합

⑨ 애국을 중요한 가치로 생각하는 사람

- 애국가치의 점수가 높은 사람들은 국가를 위해 도움이 되는 것을 중시하는 사람들임

- 이들은 개인의 이익보다 사회, 더 나아가 국가의 이익을 중시하기 때문에 다른 사람을 위한 희생정신도 있고, 국가를 위해 일하겠다는 사명감도 높은 사람들이고, 대체로 책임감이 많고, 규범적이고, 희생적이고, 소신이 명확함

- 적합한 직업 : 애국 가치를 중시하는 사람들에게는 군인, 경찰관, 검사, 소방관, 사회단체활동가 등의 직업이 적합함

⑩ 자율성을 중요한 가치로 생각하는 사람

- 자율적으로 업무를 해 나가는 것을 중시하는 사람임

- 이들은 다른 사람으로부터 간섭받는 것을 싫어하고, 의사결정권한도 자신이 갖는 것을 좋아하고, 누가 시키지 않아도 스스로 계획을 짜고 일을 수행해나갈 수 있는 능력이 있는 편이며 자기 통제를 잘 하는 편임

- 개별활동을 좋아하는 사람들과 유사하게 보일 수 있으나, 자율성 가치를 높이 평가하는 사람은 다른 사람들과 일하는 것을 좋아하면서도 자율성을 지향함. 즉, 협력을 통해 일하는 것은 괜찮지만 명령이나 지시에 의해 일해야 하는 것은 별로 좋아하지 않음

- 적합한 직업 : 자율성을 중시하는 사람들은 연구원, 자동차 영업원, 레크리에이션 진행자, 광고전문가, 예술가 등의 직업이 적합함

⑪ 금전적 보상을 중요한 가치로 생각하는 사람

- 일에 대한 정당한 대가로서의 돈을 중요하게 여기는 사람들

- 때문에 대체로 성실하고 열심히 일하는 사람들이고, 금전적 보상을 중시하는 사람들은 대체로 쾌활하고, 열정적이고, 힘이 넘치고, 도전적인 편임

- 적합한 직업 : 금전적 보상 가치를 중시하는 사람들에게는 프로운동선수, 증권 및 투자중개인, 공인회계사, 금융자산운용가, 기업고위임원 등의 직업이 적합함

⑫ 인정을 중요한 가치로 생각하는 사람

- 타인으로부터 인정받는 것을 중시하는 사람들은 이 가치의 점수가 높으며, 주로 사회적으로 명예로운 직업이나 사람들로부터 얻는 인기가 중요한 직업, 주목받는 일이 많은 직업을 선호
- 이들은 많은 사람들로부터 자신의 일에 대해 인정을 받지 못하면 일의 의미를 찾지 못하는 경우가 많으며, 대체로 다른 사람 앞에 서는 것에 대해서 크게 개의치 않는 편이고, 말이 많고, 적극적이고, 자신의 일에 열심인 편임
- 특히, 자신의 일에 전문적인 능력을 쌓아 그로부터 인정받기를 원함
- 적합한 직업 : 인정을 중시하는 사람들에게 적합한 직업으로는 항공기조종사, 판사, 교수, 운동선수, 연주가 등이 있음

⑬ 실내활동을 중요한 가치로 생각하는 사람

- 신체활동을 덜 요구하는 업무나 직업을 중시
- 이들은 보통 몸을 움직이는 일보다는 앉아서 할 수 있는 정적인 활동을 좋아하므로, 대부분 조용하고, 차분하고, 편안하고, 성실한 편임
- 고등학생들이 이러한 가치를 중시할 경우에 선호하는 교과목은 국어, 영어, 수학 등의 인문, 과학계열 과목이 많고 미술, 체육, 음악 등의 예체능 계열 과목을 상대적으로 덜 좋아함
- 또한, 이 가치가 중요한 사람들 중 신체가 불편한 사람이 있을 수 있으므로, 만약 신체장애가 있거나 특별한 질병이 있는 경우라면 움직임이 덜한 직업을 선택하는 것이 중요하므로, 상담원은 이를 고려하여 적합한 직업을 안내해주면 좋음
- 적합한 직업 : 신체활동이 적은 일을 중시하는 사람들이 선호할 만한 직업으로는 번역사, 관리자, 상담원, 연구원, 법무사 등 주로 앉아서 할 수 있는 일이나 움직임이 많지 않은 직업이 적합함이 많은 직업을 선호

2. 직업가치관 검사에 대한 이해

직업가치관검사는 과학적인 측정을 자신의 직업가치를 발견하고 이를 기반으로 효율적인 진로설계를 할 수 있도록 하는 목적에서 개발되었다(한국고용정보원, 2022). 따라서 이 검사를 통해 얻어진 자료들은 개인들이 저마다 가지고 있는 직업가치관을 확인하여 어떤 직업분야에서 일할 때 나의 이런 가치부분이 잘 충족될지를 알려줌으로써 진로설계 및 선택에 도움을 주는 검사이다.

직업가치관 검사를 실시할 수 있는 대상은 성별에 관계없이 만15세의 청소년에서부터 만 50세까지의 성인이다. 일반적으로 고등학생부터 실시할 수 있다.

직업가치관 검사는 기존에 개발된 검사와 차별된 다양한 특징이 있으며, 그 특징을 요약하면 다음과 같다.

첫째, 직업가치관 검사의 결과는 재직자들의 실사자료를 바탕으로 한다. 직업가치관 검사결과에서 제시되는 추천 직업은 실제 196개 직업에 종사하는 재직자들에 대한 실사조사를 통하여 얻어진 가치기준점수를 활용하여 직업을 추천해 준다.

둘째, 진로 및 직업상담시 참고자료로 활용이 가능하다. 직업가치관 검사는 개인이 중요시하는 직업가치관에 대해 측정하여 개인의 직업가치를 실현하기 위한 가장 적합한 직업을 안내해 준다. 또한, 피검사자가 희망하는 직업에서 요구하는 가치점수와 자신의 가치점수를 비교할 수 있도록 하여, 자신이 바라는 직업을 선택하기 위해 어떤 가치가 유사하고 어떤 가치가 차이를 나타내는 지에 대해 세부적으로 안내해 줌으로써 자신에게 적합한 직업에 대한 진로탐색 및 선택에 도움을 줄 수 있다.

셋째, 적합 직업에 대한 상세한 직업정보를 탐색할 수 있다. 검사결과 상에서 제시되는 직업정보는 한국고용정보원에서 제공되는 각종 직업정보와 연계되어 있어 자신에게 적합한 직업에 대한 상세한 직업정보를 탐색할 수 있다.

직업가치관검사는 크게 두 부분으로 구성되어 있다. 첫 번째는 직업가치관을 묻는 문항들로 구성된 부분이다. 직업가치관을 묻는 부분은 총13 개의 하위요인으로 구성되었으며, 13개 요인에 대해 각 요인별 6문항씩으로 총 78문항으로 구성된다. 전체 검사를 실시하는데 약 15-20분 정도가 소요된다. 그리고 각 검사문항들은 5점 리커트 척도로 응답하게 되어있으며, 제시된 문항에 대해 피검사자가 해당하는 문항이 자신에게 얼마나 중요한 것인지에 대해서 '전혀 중요하지 않음(1점)'부터 '매우 중요함(5점)'으로 응답할 수 있다.

〈표 8〉 직업가치관 검사 구성요인

요 인	내 용
성취	자신이 스스로 목표를 세우고 이를 달성함
봉사	남을 위해 일함
개별활동	여러 사람과 어울려 일하기보다는 혼자 일하는 것을 중시함

요인	내용
직업안정	직업에서 얼마나 오랫동안 안정적으로 종사할 수 있는지를 중시
변화지향	업무가 고정되어 있지 않고 변화 가능함
몸과 마음의 여유	마음과 신체적인 여유를 가질 수 있는 업무나 직업을 중시
영향력 발휘	타인에 대해 영향력을 발휘하는 것을 중시
지식추구	새로운 지식을 얻는 것을 중시
애국	국가를 위해 도움이 되는 것을 중시
자율성	자율적으로 업무를 해나가는 것을 중시
금전적 보상	금전적 보상을 중시
인정	타인으로부터 인정받는 것을 중시
실내활동	신체활동을 덜 요구하는 업무나 직업을 중시

2023년부터 직업가치관 구성요인이 13개에서 9개로 개선되었다. 새롭게 개선된 직업가치관 구성요인은 "사회적 공헌, 변화지향, 성취, 경제적 보상, 자기개발, 일과 삶의 균형, 사회적 인정, 직업 안정, 자율성"이다(워크넷, 2023).

제 2장. 자신과 직업의 세계 이해

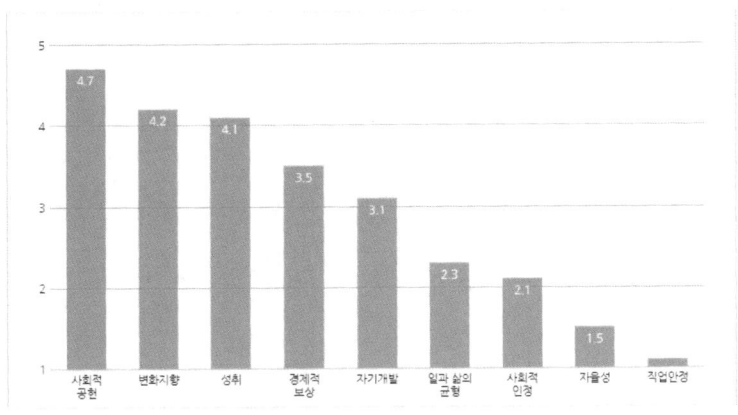

[그림 41] 직업가치관검사 결과

두 번째는 인적사항에 관한 부분으로 직업상담시 활용할 사항에 대한 내용으로 구성되었다. 이 부분은 21개 문항으로 이루어져 있으며, 일반인인 경우 1번부터 16번까지만 응답하게 되어있으며, 중·고등학생의 경우는 17번부터 응답하도록 구성되어져 있다. 중·고등학생인 경우에 묻는 문항들은 선택한 전공에 대한 만족도, 자신의 전공 학업 성적, 자신이 좋아하는 과목, 싫어하는 과목, 본인의 장래희망 직업과 부모님의 희망직업을 적도록 되어있다.

3. 직업적성에 대한 이해

적성은 개인이 타고난 능력이나 재능으로, 특정 활동이나 분야에서 능력을 발휘할 가능성을 의미한다. 즉, 적성이란 선천적으로 타고나거나 또는 장기간에 걸쳐서 발달되는 상대적으로 안정된 능력을 말하는 것으로, 제도적 교육이나 훈련 등을 통한 학습 기제에 의해 학습된 능력이나 지식을 지칭하는 수행과는 다른 개념이다. 적성과 지능은 명확히 구분되는 개념은 아니지만, 대체로 두 가지 측면에서 차이를 발견할 수 있다(이종승, 1989). 첫째는 일반성의 정도로, 지능은 종합적이고 일반적인 능력을 지칭하는 광의의 개념인데 비하여 적성은 구체적이고 특수한 능력을 지칭하는 협의의 개념이라는 것이고, 둘째는 역사적인 배경으로, 적성은 지능검사의 하위검사 점수에서 나타나는 개인 내 변산에 관한 관심이 커지면서 도입된 개념이라는 것이다.

직업적성은 특정 직업에서 요구하는 능력이나 특성과 개인의 적성이 얼마나 일치하는지를 의미한다. 이는 직업 선택이나 직무 수행에 중요한 영향을 미치며, 개인이 직업 환경에서 얼마나 성공적으로 적응하고 성장할 수 있는지를 결정짓는 중요한 요소다.

직업적성이 중요한 이유를 정리하면 다음과 같다.

① 적합한 직업 선택: 자신의 직업적성을 파악하면, 자신의 능력과 흥미에 맞는 직업을 선택하는 데 도움이 된다. 이는 직업 만족도와 직무 성과를 높이는 데 중요한 역할을 한다.

② 직업 성공 가능성 증가: 적성에 맞는 직업을 선택한 경우, 업무에 대한 스트레스가 적고 성과가 높아질 가능성이 크다.

③ 성장과 발전 기회: 직업적성이 맞는 분야에서 일할 때, 더 빠르고 효율적으로 발전할 수 있으며, 자기 계발의 동기도 증가한다.

④ 직무 만족도 향상: 적성에 맞는 직무를 수행하면 직무 만족도가 높아지고, 업무에 대한 열정과 헌신도 커진다.

직업적성의 장단점 중 장점을 제시하면 다음과 같다.

① 직업 성공 가능성 증가: 적성에 맞는 직무를 수행하면 높은 성과를 기대할 수 있으며, 성장과 발전 가능성이 커진다.

② 업무 스트레스 감소: 자신이 잘하는 일을 할 때 업무 스트레스가 줄어들고, 심리적 안정감이 생긴다.

③ 직무 만족도 향상: 적성에 맞는 일을 할 때, 더 큰 성취감을 느끼며 직무 만족도가 높아진다.

④ 자아실현: 적성에 맞는 직업을 선택하면 개인의 잠재력을 발휘할 수 있어 자아실현이 용이하다.

직업적성의 단점을 제시하면 다음과 같다.

① 적성의 제한성: 모든 사람이 자신에게 맞는 직업을 찾을 수 있는 것은 아니며, 적성에 맞는 직업이 반드시 자신의 흥미나 경제적 요구를 충족시키지 않을 수 있다.

② 환경 변화에 대한 유연성 부족: 적성에 지나치게 의존하면 새로운 직업이나 분야에서의 적응이 어려울 수 있다. 변화하는 직업 환경에서 유연성이 떨어질 수 있다.

③ 과도한 기대: 적성에 맞는 직업을 선택하더라도 현실적인 직업 환경이나 기대와의 차이로 인해 실망감을 느낄 수 있다.

④ 적성 파악의 어려움: 일부 사람들은 자신의 적성을 정확히 파악하지 못할 수 있으며, 적성을 잘못 이해하거나 평가할 경우 잘못된 직업 선택으로 이어질 수 있다.

4. 직업적성검사에 대한 이해

성인용 직업적성검사는 다양한 직업분야에서 자기가 맡은 직무를 성공적으로 수행하기 위하여 요구되는 중요한 적성요인의 측정을 목적으로 제작되었다. 이 검사를 통해 얻어진 자료는 학생 및 구직자의 적성이 어떤 직업분야에 적합한지를 파악하고, 본인의 적성과 본인이 희망하는 직업분야에서 요구되는 직무수행요건 및 중요 적성요인과의 차이를 비교함으로써, 개인의 능력과 적성에 적합한 직업의 선택과 지도에 활용하고자 개발되었다(한국고용정보원, 2013).

성인용 직업적성검사는 11개 적성요인 16개 하위검사로 구성되어 있다. 각 하위검사의 유형과 내용 및 각 하위검사를 통해 측정하고자 하는 내용은 다음과 같다.

〈표 9〉 직업적성 검사 구성요인

적성요인	각 적성요인에 대한 설명
1. 언어력	일상생활에서 사용되는 다양한 단어의 의미를 정확히 알고 글로 표현된 문장들의 내용을 올바르게 파악하는 능력
2. 수리력	사칙연산을 이용하여 수리적 문제들을 풀어내고 일상생활에서 접하는 통계적 자료(표와 그래프)들의 의미를 정확하게 해석하는 능력
3. 추리력	주어진 정보를 종합해서 이들 간의 관계를 논리적으로 추론해내는 능력
4. 공간지각력	물체를 회전시키거나 재배열했을 때 변화된 모습을 머릿속에 그릴 수 있으며, 공간 속에서 위치나 방향을 정확히 파악하는 능력

적성요인	각 적성요인에 대한 설명
5. 사물지각력	서로 다른 사물들 간의 유사점이나 차이점을 빠르고 정확하게 지각하는 능력
6. 상황판단력	실생활에서 자주 당면하는 문제나 갈등 상황에서 문제를 해결하기 위한 여러 가지 가능한 방법들 중, 보다 바람직한 대안을 판단하는 능력
7. 기계능력	기계의 작동원리나 사물의 운동원리를 정확히 이해하는 능력
8. 집중력	작업을 방해하는 자극이 존재함에도 불구하고 정신을 한 곳에 집중하여 지속적으로 문제를 해결할 수 있는 능력
9. 색채지각력	서로 다른 두 가지 색을 혼합하였을 때의 색을 유추할 수 있는 능력
10. 사고유창력	주어진 상황에서 짧은 시간 내에 서로 다른 많은 아이디어를 개발해내는 능력
11. 협응능력	눈과 손이 정확하게 협응하여 세밀한 작업을 빠른 시간 내에 정확하게 해내는 능력

직업적성요인별 관련 직업을 제시하면 다음과 같다.

① 언어력 : 교사, 기자, 작가, 통번역, 상담, 영업 등

② 수리력 : 자연과학연구원, 통계 및 경제학 연구원, 회계사, 공학기술자 등

③ 추리력 : 공학, 자연분야 등의 고도의 지적활동이 필요한 직업

④ 공간지각력 : 화가, 만화가, 사진, 촬영기사, 연출 및 감독, 건축 관련 직업 등

⑤ 사물지각력 : 연출 및 감독, 일반 제조원 등

⑥ 상황판단력 : 교사, 간호사, 공인중개사, 공무원, 상담원, 광고 조사 컨설팅 전문가 등

⑦ 기계능력 : 기계공학, 산업공학, 농학, 정비원, 해양수산관련 기술자, 항공기 조종사, 기계관련 연구 기술직

⑧ 집중력 : 간호관련 전문가, 소방관, 속기사, 성우, 아나운서 등

⑨ 색채지각력 : 미술분야 직업, 보석감정사, 화가, 색채전문가, 만화가, 디자이너 등

⑩ 사고유창력 : 작가, 디자이너, 연출 및 감독, 아이디어 기획, 광고, 홍보 등 창의성이 필요한 직업

⑪ 협응능력 : 기계, 운전, 사무직 등 도구를 다루는 분야의 직업들

〈표 10〉 직업적성 검사의 하위검사

적성요인	각 적성요인에 대한 설명
1. 어휘력 검사	동의어 찾기 : 문장 속에서 주어진 단어와 동일한 의미를 가진 동의어를 찾는 검사
	반의어 찾기 : 문장 속에서 주어진 단어와 반대의 의미를 가진 반의어를 찾는 검사
	단어의 뜻 찾기 : 소리는 같지만 문장의 맥락 상 뜻이 다른 단어들을 문장 속에서 제시하여 동일한 뜻으로 사용된 단어를 찾도록 하거나, 단어의 뜻을 풀어놓은 글을 보고 그러한 뜻을 지닌 단어를 찾도록 함으로써, 단어에 대한 지식만이 아닌 문맥 속에서 뜻을 파악하는 능력을 측정하고자 하는 검사

적성요인	각 적성요인에 대한 설명
2. 색혼합 검사	두 가지의 색을 혼합하였을 때 예상되는 새로운 색을 유추할 수 있는 능력을 측정하기 위한 검사
3. 지각속도검사	주어진 사물(숫자, 문자, 기호 등)을 빠르고 정확하게 지각하는 능력을 측정하기 위한 검사
4. 계산력 검사	정수, 분수, 소수, 백분율 등이 사칙연산을 이용한 단순한 계산적 형태로 제시되었을 때, 얼마나 빠르고 정확하게 계산하는가를 측정하고자 하는 검사
5. 조각맞추기검사	주어진 도형의 일부와 어떤 조각을 합쳤을 때, 완전한 도형이 되는지를 판단하도록 하는 검사
6. 상황판단력	자료해석력검사 다양한 형태로 제시되는 자료들을 얼마나 빠르고 정확하게 해석할 수 있는지를 측정하기 위한 검사
7. 그림맞추기검사	하나의 그림을 4(2×2)조각 또는 6(2×3)조각으로 자른 뒤 무선으로 제시하여, 올바른 그림이 되도록 그림 조각들을 배열하도록 하는 검사
8. 집중력	문장독해력검사 제시된 지문의 내용과 의미 및 저자의 의도를 얼마나 정확히 이해하는지를 알아보기 위한 검사
9. 색채지각력	집중력 검사 방해과제(글자)가 존재하는 상황 속에서 주어진 과제(색판단, 도형판단)을 빠르고 정확하게 수행하는 능력을 측정하기 위한 검사
10. 수열추리력1검사	심리학의 network망을 이용하여 두 갈래로 갈라진 일련의 숫자들 간의 관계성을 추론하여 빈 칸에 들어갈 숫자를 찾는 검사
11. 수열추리력2검사	일렬로 늘어선 일련의 숫자들 간의 관계성을 파악하여 빈 칸에 올 숫자가 적당한 숫자를 찾는 검사

적성요인	각 적성요인에 대한 설명
12. 상황판단력검사	일상생활이나 직장생활 속에서 접할 수 있는 다양한 상황들에서 어떻게 행동하는 것이 가장 바람직하고, 어떻게 행동하는 것이 가장 바람직하지 않은지를 판단함으로서, 개인의 실제적 지능(PI)을 측정하기 위한 검사
13. 도형추리력검사	2×2, 2×3, 3×3 칸에 제시된 동형들 간의 관계를 파악하여 나머지 빈 칸에 들어갈 도형을 찾는 검사
14. 기계능력검사	자연의 운동법칙과 물리학적 원리 및 기계의 작동원리 등에 대한 판단능력과 지식을 측정하기 위한 검사
15. 사고유창성검사	특정 사물의 명칭과 있을 수 없는 상황을 제시한 뒤 그 사물이 이용될 수 있는 모든 직업들과 그러한 상황에서 일어날 수 있는 사건들을 가능한 많이 산출해내도록 한 검사
16. 기호쓰기검사	특정의 기호를 주어진 시간 동안 얼마나 빠르게 적을 수 있는지를 알아보는 검사

제 2장. 자신과 직업의 세계 이해

III 채용동향 및 인재상의 이해

학습 개요	이 장에서는 채용동향과 인재상에 대해 이해하는 장으로서, 국내와 외국의 채용동향과 업종별 채용동향에 제시하고, 100대 기업 인재상에 대해 제시한다.
학습 목표	1. 국내의 채용동향에 대해 설명할 수 있다. 2. 외국의 채용동향에 대해 설명할 수 있다. 3. 업종별 채용동향에 대해 설명할 수 있다. 3. 100대 기업 인재상에 대해 설명할 수 있다.

1. 국내의 채용동향

최근 한국노동연구원에서 대기업 100곳을 표본조사해 "공채의 종말과 노동시장의 변화"라는 연구보고서를 발표하였다(이상준 외, 2023). 이 연구의 결론은 기업의공개 채용 방식은 감소하는 가운데, 수시 채용과 상시 채용 방식의 비중이 높아지는 것으로 나타났다는 것이다.

세부적으로 보면, 이는 비(非)제조업에서 두드러지게 포착되었다. 노동조합이 있는 사업장에서는 전체와 마찬가지로 공개 채용이 감소하지만, 비중은 여전히 높으며, 감소 경향 또한 낮은 것으로 나타났다. 공개 채용을 진행하는 빈도는 변화 없다는 사업체가 절반 정도 되지만, 나머지 절반 중 3분의 2 이상은 공개 채용 빈도를 감소시키고 있는 것으로 나타났다. 그리고 특정 부서나 직무와 관계없이 수시 채용을 통한 인력 채용이 이루어진다고 볼 수 있어, 수시 채용 확산은 일부에 국한된 것이 아니라 일반적인 현상이라고 볼 수 있다.

수시채용의 이유는 첫째, 기업들은 수시 채용을 통해 필요한 시기에 맞추어 인력을 채용할 수 있고 이러한 인력을 현업에서 바로 활용할 수 있다는 것을 강점으로 인식하고 있고, 둘째, 기업에서 신입직 근로자보다 경력직 근로자의 채용을 선호하는 경향이 높아지는 것으로 나타났으며, 이와 동시에 조직 경험을 몇 년 정도 가진 경력 신입(이른바 '중고 신입') 근로자 또한 선호하는 경향이 높아지는 것으로 나타났다. 셋째, 수시 채용을 행하는 경우 비공식적인 교육훈련이 주로 이루어지는 것으로 나타났다.

대기업 채용에서 공채가 차지하는 비율이 '19년 39.9%였는데, '23년에는 4%나 줄어든 35.8%를 차지하였다. 하지만, 공개채용이 아닌 수시채용의 비율은 45.6%에서 48.3%로 상승하였고, 상시채용은 14.6%에서 15.9%로 증가하였다.

〈표 11〉 연도별 채용방식 분포

년도	채용방식	전체수		
		사례수	평균	표준편차
2019	공개 채용	100	39.9	37.0
	수시 채용	100	45.6	34.6
	상시 채용	100	14.6	23.2

년도	채용방식	전체수		
		사례수	평균	표준편차
2022	공개 채용	100	37.9	35.1
	수시 채용	100	46.4	33.7
	상시 채용	100	15.7	23.8
2023	공개 채용	100	35.8	34.9
	수시 채용	100	48.3	34.2
	상시 채용	100	15.9	23.5

출처: 이상준, 노세리, 오진욱, 박지성, 노성철(2023). 공채의 종말과 노동시장의 변화. 한국노동연구원.

이 밖에 민간 채용전문가 윤영돈(2023)은 "채용트렌드 2024"를 통해 10개의 취업(채용) 동향 관련 키워드를 제시하였다.

첫째, 컬처핏이다. 직무적합성보다 문화 적합성으로 인재를 뽑는다는 것이다. '컬처핏'이란 말 그대로 지원자와 기업의 조직 문화가 부합하는 정도를 뜻한다. 지식은 가르칠 수 있지만, 가치관은 쉽게 바뀌지 않는다는 것이다. '컬처핏인터뷰(culture-fit interview)'는 지원자가 기업의 조직문화와 얼마나 잘 맞는지 알아보기 위함이고, 기업이 추구하는 방향성과 채용 대상자의 적합성을 살피는 방식으로 진행되고 채용이 조직문화를 만든다는 것이다.

둘째, 챗 GPT 자기소개서다. 챗 GPT로 자기소개서를 쓰고 교정하는데, 최근은 챗 GPT 열풍이라 할 정도로 대학교나 기업에서 보고서,

기획서, 글쓰기를 하는데 많이 활용된다. 단, 챗 GPT를 활용해서 자기소개서를 쓰는 경우가 많아지면 자기소개서 중요성이 낮아지게 된다는 점을 유념해야 한다. 기업들은 다음 단계인 인·적성검사나 면접에 더욱 비중을 높이기 때문이다.

셋째, MZ세대 면접관이다. 팀장 이상 면접관에서 MZ세대 면접관으로 팀장 이상이 아니라 실무자가 직접 현장에서 함께 일하고 싶은 인재를 뽑기 위해 'MZ세대 면접관'이 등장한다. 간부급 면접자는 지원자와 세대 차이가 많이 나서 신입 채용과 관련해 잘못된 판단을 할 가능성이 높다. 기업들이 20~30대 면접관을 채용면접에 투입하는 것은 직원을 채용하는 데 있어서 더 이상 과거의 잣대로는 인재를 평가하기 어렵다는 사실을 보여준다.

넷째, 다이렉트 소싱이다. 헤드헌터 대신 인재를 직접 찾고 채용한다. 기업이 자기 회사에 맞는 인재를 공개 모집하는 것이 아니라 적극적인 자세로 인재를 직접 찾아 채용하는 '다이렉트 소싱(Direct Sourcing)'이 주목받고 있다. 다이렉트 소싱은 시간이 지남에 따라 채용담당자가 최고의 인재와 관계를 구축할 수 있도록 지원자와 직접 커뮤니케이션하는 방법으로 이루어진다.

다섯째, 웰니스다. '육체'와 '정신적건강'의 조화를 통해 직원 만족도를 높인다. '웰니스(Wellness)'는 '웰빙(Well-being)'과 '행복(Happiness)', '건강(Fitness)'의 합성어로, 육체적, 정신적 건강을 조화시키고 주변의 환경적 요소까지 함께 관리해 최종적으로 삶의 만족도를 높이는 건강한 삶을 뜻한다. 펜데믹의 불확실성으로 인해 많은 이들이 신체적, 정신적 건강에 타격을 입었다. 이런 상황에서 임직원을 '일하는 기계가 아닌', '사람으로서 존중'하는 조직문화가 주목받고 있다. 아울러 일과 휴식의 균형을 추구하는 동시에 개인의 웰니스 활동을 실현하는 근무방식으로 '웰니스워케이션'이 떠오른다.

여섯째, 대체 불가능한 인재상이다. 다른 사람으로 '대체 불가능한 인재'가 뜬다. '대체 불가능한 인재(Irreplaceable people)'는 다른 사람보다 탁월하고 훌륭한 사람으로, 대체할 만한 인물이 없다는 뜻이다. 평균 수준의 인재보다는 탁월한 핵심인재에 주목하는 시대상을 반영한 것이다. 조직문화의 수준을 다른 차원으로 끌어올릴 인재 중의 인재가 되어야 한다. 기업은 인재 관련 리스크를 줄이기 위해 직원이 자신의 경력을 향상시킬 수 있도록 노력해야 한다.

일곱째, 직원 리텐션 전략이다. 퇴사가 보편화되면서 직원 유지가 중요해졌다. '직원 리텐션'은 직원을 계약 상태로 유지해 안정적으로 생산적인 인력 상황을 구축하는 조직의 능력이다.

대퇴직의 시대에 직원유지전략을 어떻게 운영하느냐에 회사의 미래가 달려 있다. 직원이직률을 줄이기 위한 정책과 프로그램을 마련해 퇴사자를 붙잡고 핵심인재를 유지해야 한다. 높은 직원 유지율을 달성하는데 성공한 회사는 비즈니스 목표달성과 신규채용 모두에서 유리하다. 직원 리텐션 전략은 채용시장에서 인재를 유지하는 능력을 판단하는데 중대한 영향을 미치기 때문이다.

여덟째, DEI채용이다. 다양성, 형평성, 포용성을 채용에도 확대한다. 채용시장에서도 다양성은 중요한 이슈다.

'DEI'란 'Diversity', 'Equity', 'Inclusion'의 앞 글자를 딴 용어로, '다양성, 형평성, 포용성'을 의미함. 〈포춘〉지에서도 500대기업의 80%이상이 '다양성, 형평성, 포용성'을 기치로 내걸고, 다양한 인력을 채용하고 일하기 좋은 직장을 만들기 위해 노력하고 있다. 경영환경이 좋아질 때를 기다리지 않고 선제적으로 다양성을 확대하고 포용하려는 노력을 기울이고 있는 것이다.

아홉째, 마이크로 코칭 확산이다. 세밀하고 유연한 '마이크로 코칭'이 확산된다. '마이크로 코칭'은 전통적인 코칭의 대안으로 작고 빈번한 질문, 지원, 피드백 등으로 정의한다. 예를 들면, 전통적인 코칭은 한 시간을 기본으로 한다면 마이크로 코칭은 5분간 대화, 채팅, 음성메모, 텍스트 기반 질문 등을 기본으로 한다.

열 번째, 욜드 세대다. 젊고 주체적인 삶을 지향하는 시니어들이 등장한다. '욜드(YOLD)란 '영(Young)'과 '올드(Old)'를 합친 말로, 은퇴 후에도 자신이 하고 싶은 일을 능동적으로 찾아 도전하며 삶의 질을 높이기 위해 노력하는 50~70대를 일컫는다.

경제적 여유를 기반으로 가족을 위해 희생하기보다는 자신에게 투자할 줄 알고, 나이에 연연하기보다는 삶을 주체적으로 살아가려는 가치관을 가진다. 이들은 젊은 이들처럼 디지털 환경에 익숙하며 다방면에서 활발히 활동하면서 사회·경제적으로 영향력을 끼치고 있다. 청춘의 열정과 어른의 지혜를 아우를 혜안이 필요하다.

〈표 12〉 2024년 10대 채용 동향 키워드

연번	키워드		내용
1	컬처핏 시대	직무 적합성 보다 문화 적합성으로 인재를 뽑는다	· '컬처핏'이란 말 그대로 지원자와 기업의 조직 문화가 부합하는 정도를 뜻함 · 지식은 가르칠 수 있지만, 가치관은 쉽게 바뀌지 않음 · '컬처핏인터뷰(culture-fit interview)'는 지원자가 기업의 조직문화와 얼마나 잘 맞는지 알아보기 위함 · 기업이 추구하는 방향성과 채용 대상자의 적합성을 살피는 방식으로 진행 · 채용이 조직문화를 만듦
2	챗 GPT 자기 소개서	챗 GPT로 자기 소개서를 쓰고 교정한다	· 챗 GPT 열풍이라 할 정도로 대학교나 기업에서 보고서, 기획서, 글쓰기를 하는데 많이 활용 · 단, 챗 GPT를 활용해서 자기소개서를 쓰는 경우가 많아지면 자기소개서 중요성이 낮아짐 · 기업들은 다음 단계인 인·적성검사나 면접에 더욱 비중을 높임
3	MZ 세대 면접관	팀장 이상 면접관에서 MZ세대 면접관으로	· 팀장 이상이 아니라 실무자가 직접 현장에서 함께 일하고 싶은 인재를 뽑기 위해 'MZ세대 면접관'이 등장함 · 간부급 면접자는 지원자와 세대 차이가 많이 나서 신입 채용과 관련해 잘못된 판단을 할 가능성이 높음 · 기업들이 20~30대 면접관을 채용면접에 투입하는 것은 직원을 채용하는데 있어서 더 이상 과거의 잣대로는 인재를 평가하기 어렵다는 사실을 보여줌

제 2장. 자신과 직업의 세계 이해

연번	키워드		내용
4	다이렉트 소싱	헤드헌터 대신 인재를 직접 찾고 채용한다	· 기업이 자기 회사에 맞는 인재를 공개 모집하는 것이 아니라 적극적인 자세로 인재를 직접 찾아 채용하는 '다이렉트 소싱(Direct Sourcing)'이 주목받고 있다. 다이렉트 소싱은 시간이 지남에 따라 채용담당자가 최고의 인재와 관계를 구축할 수 있도록 지원자와 직접 커뮤니케이션하는 방법으로 이루어짐
5	웰니스	'육체'와 '정신적 건강'의 조화를 통해 직원 만족도를 높인다	· '웰니스(Wellness)'는 '웰빙(Well-being)'과 '행복(Happiness)', '건강(Fitness)'의 합성어로, 육체적, 정신적 건강을 조화시키고 주변의 환경적 요소까지 함께 관리해 최종적으로 삶의 만족도를 높이는 건강한 삶을 뜻함 · 펜데믹의 불확실성으로 인해 많은 이들이 신체적, 정신적 건강에 타격을 입었음 · 이런 상황에서 임직원을 '일하는 기계'가 아닌 '사람으로서 존중'하는 조직문화가 주목받고 있음 · 아울러 일과 휴식의 균형을 추구하는 동시에 개인의 웰니스 활동을 실현하는 근무방식으로 '웰니스 워케이션'이 떠오르고 있음
6	대체 불가능한 인재상	다른 사람으로 '대체 불가능한 인재'가 뜬다	· '대체 불가능한 인재(Irreplaceable people)'는 다른 사람보다 탁월하고 훌륭한 사람으로, 대체할 만한 인물이 없다는 뜻임 · 평균 수준의 인재보다는 탁월한 핵심인재에 주목하는 시대상을 반영한 것임 · 조직문화의 수준을 다른 차원으로 끌어올릴 인재 중의 인재가 되어야 함 · 기업은 인재 관련 리스크를 줄이기 위해 직원이 자신의 경력을 향상시킬 수 있도록 노력해야 함

제 2장. 자신과 직업의 세계 이해

연번	키워드		내용
7	직원 리텐션 전략	퇴사가 보편화 되면서 직원 유지가 중요해 졌다	· '직원 리텐션'은 직원을 계약 상태로 유지해 안정적으로 생산적인 인력 상황을 구축하는 조직의 능력임 · 대퇴직의 시대에 직원유지전략을 어떻게 운영하느냐에 회사의 미래가 달려 있음 · 직원이직률을 줄이기 위한 정책과 프로그램을 마련해 퇴사자를 붙잡고 핵심인재를 유지해야 함 · 높은 직원 유지율을 달성하는데 성공한 회사는 비즈니스 목표달성과 신규채용 모두에서 유리함 · 직원 리텐션 전략은 채용시장에서 인재를 유지하는 능력을 판단하는데 중대한 영향을 미치기 때문임
8	DEI 채용	다양성, 형평성, 포용성을 채용에도 확대함	· 채용시장에서도 다양성은 중요한 이슈임 · 'DEI'란 'Diversity', 'Equity', 'Inclusion'의 앞 글자를 딴 용어로, '다양성, 형평성, 포용성'을 의미함 · 〈포춘〉500대기업의 80%이상이 '다양성, 형평성, 포용성'을 기치로 내걸고, 다양한 인력을 채용하고 일하기 좋은 직장을 만들기 위해 노력하고 있음 · 경영환경이 좋아질 때를 기다리지 않고 선제적으로 다양성을 확대하고 포용하려는 노력을 기울이고 있는 것임
9	마이크로 코칭 확산	세밀하고 유연한 '마이크로 코칭'이 확산된다	· '마이크로 코칭'은 전통적인 코칭의 대안으로 작고 빈번한 질문, 지원, 피드백 등으로 정의함 · 예를 들면, 전통적인 코칭은 한 시간을 기본으로 한다면 마이크로 코칭은 5분간 대화, 채팅, 음성메모, 텍스트 기반 질문 등을 기본으로 함

제 2장. 자신과 직업의 세계 이해

연번	키워드	내용
10	욜드 세대	젊고 주체적인 삶을 지향하는 시니어들이 등장함 • '욜드(YOLD)'란 '영(Young)'과 '올드(Old)'를 합친 말로, 은퇴 후에도 자신이 하고 싶은 일을 능동적으로 찾아 도전하며 삶의 질을 높이기 위해 노력하는 50~70대를 일컬음 • 경제적 여유를 기반으로 가족을 위해 희생하기보다는 자신에게 투자할 줄 알고, 나이에 연연하기보다는 삶을 주체적으로 살아가려는 가치관을 가짐 • 이들은 젊은 이들처럼 디지털 환경에 익숙하며 다방면에서 활발히 활동하면서 사회·경제적으로 영향력을 끼치고 있음 • 청춘의 열정과 어른의 지혜를 아우를 혜안이 필요함

출처: 윤영돈(2024). 채용트렌드 2024. 비전코리아.

이 밖에, 새롭게 제시된 2025년 채용트렌드는 다음과 같다.

모티베이션핏 시대에 필요한 2025 채용 트렌드 10대 키워드

모티베이션핏 시대
직무 만족도를 고려한
동기부여 적합성으로 인재를 뽑는다

데이터 기반 채용
개인의 촉에 의지하지 않는
'데이터 기반 채용'이 뜬다

제 2장. 자신과 직업의 세계 이해

03 롤플레이 인터뷰
지식을 묻는 면접에서
'롤플레이 인터뷰'로 바뀌고 있다

04 탤런트 애퀴지션
보편 인재가 아니라 개별 인재,
탤런트가 있는 인재 확보가 중요해진다

05 커리어 모빌리티
평생직장이 사라지고
인재 이동의 변화가 가속화된다

06 무경계형 인재
경계가 허물어지는 시대에
경계를 넘나드는 인재가 뜬다

07 페르소나 브랜딩
개인 홍보보다 자신의 정체성을 높이는
페르소나 브랜딩이 뜬다

08 TRM 확산
고객 관계를 중시하던 CRM에서
인재를 관리하는 TRM으로 확산된다

09 360도 레퍼런스 체크
형식적 추천에서
전방위 레퍼런스 체크가 뜬다

10 미닝풀라이프 시대
주체적인 삶을 지향하는
'미닝풀라이프 시대'가 온다

[그림 42] 2025년 채용트렌드
출처: 윤영돈(2025). 채용트렌드 2025. 경향미디어.

이 밖에 우리나라 취업(채용) 동향 중 중요한 것은 "공정"에 대한 관심이 커진다는 것이다. 존 롤스의 정의론에 따르면 "공정성의 핵심은 '운의 중립화'이다. 어디에서 태어났는지, 남자인지 여자인지, 부자인지 가난한지 등 우연하게 나타날 수 있는 사회적, 자연적 조건을 없애야 한다. 그래야만 공정한 사회를 만들 수 있다."라고 하였다.

특히, 채용의 공정성에 대한 사회적 요구가 증가되는 이유로 첫째, 누구나 실력만으로 경쟁할 수 있는 균등한 고용기회가 제공되어야 하나, 아직도 채용 과정의 공정성에 대한 불신이 존재하고 있고, 둘째, 채용상 차별금지에 대한 법적요건이 권고적 성격에서 처벌을 동반한 의무적 성격으로 점차 강화되는 추세이며, 셋째, 시민의식과 지원자의 권리의식 성숙으로 차별에 대한 법적 대응 가능성이 증가되고 있는 실정이다. 이에 공정채용이 매우 중요한 사회적 가치로 대두되고 있다. 공정채용이란 공정한 채용과정을 통해 적합한 인재를 채용하는 것으로서 전형단계에서 편견요소를 배제하고, 지원자의 직무능력을 평가하는 것이다.

기존 2019년 7월 17일에 개정된 「채용절차의 공정화에 관한 법률」에서는 구인자가 구직자에게 직무수행과 관련 없는 신체적 조건이나 출신지역, 혼인여부, 재산과 직계존비속 및 형제자매의 학력·직업·재산을 기초심사자료에 기재하도록 요구하거나 입증자료로 수집하는 것을 금지하고 있다.

좀 더 구체적으로 살펴보면, 첫째, 출신지역, 가족관계, 신체적 조건(키, 체중, 용모), 연령, 성별 등 편견이 개입될 수 있는 항목을 삭제하고, 둘째, 채용직무에 대한 설명자료를 통해 공정한 직무능력 평가를 실시하는 것이며, 셋째, 면접위원에게 응시자의 인적 정보제공과 인적사항 질문을 금지하는 것이다.

채용절차적 관점에서 살펴보면, 「채용공고」단계는 채용직무에 대한 정보를 사전에 공개해야 한다. 공고문에 명시한 내용이 향후 공정성 판단의 척도가 되는 매우 중요한 단계로 채용직무에 필요한 지식, 기술, 태도를 공고문에 포함해야 하고, 공고는 지원자가 미리 준비할 수 있도록 충분한 기간을 부여해야 하며, 직무수행과 무관한 이유로 불합리하게 지원자격에서 성별·학력·나이 등에 제한을 둘 수 없다.

「서류전형」단계에서는 출신지역·가족관계·신체조건·학력 등 편견을 유발할 수 있는 정보를 요구할 수 없고, 지원자가 제출한 개인정보, 학위 증빙 등의 자료는 평가위원(면접관)에게 제공될 수 없으며, 제척·기피대상인 사람인 위원을 위촉할 수 없다.

「필기전형」 단계는 업무에 필요한 직무능력을 평가할 수 있는 직업기초능력과 직무수행능력 등을 평가하게 되고, 「면접전형」단계에서는 체계화된 면접을 지원할 수 있도록 지원자마다 동일한 면접시간을 부여해야 하고, 구조화된 면접기법을 활용하여 질문에 따른 편차를 최소화하고 타당성 있는 평가를 진행해야 하며 면접위원 대상으로 사전 교육을 철저하게 해야 한다.

2. 외국의 채용동향

외국인 채용동향은 AI 기반 도구와 데이터 기반 전략 중심으로 자동화·디지털화되고 있으며, 구직자의 조직문화 중시 경향과 더불어 DEI 추구, 고용주 브랜딩이 주요 요인으로 강조된다는 것을 알 수 있었다. 특히, 구직자들에게 지원해야 하는 채용에 핵심 포인트 10가지를 보면 공정에 대한 관심과 탈락자에 대한 피드백에 대한 중요성을 강조하고 있었다.

〈표 13〉 지원자를 위한 취업 동향 Key Point

구분	내용
1	Candidate resentment on the rise around the world 전 세계적으로 증가하는 후보자 분노
2	Recruiting technologies drive communication and engagement 채용 기술 추진을 통한 소통과 참여
3	Company values tops candidated research 후보자 연구를 능가하는 기업가치
4	The application stage is a very limited experice for candidates 후보자에게 매우 제한된 지원단계 경험
5	Employers control the communication and engagement dials 커뮤니케이션 및 참여 다이얼을 제한하는 고용주
6	A higher level of positive perceiced fairness 더 높은 수준의 긍정적 인지된 공정성
7	Structured interviews, next steps giving feedback 체계적인 인터뷰, 다음 단계 및 피드백 제공
8	Asking for feedback I always better 좋은 피드백 요청

구분	내용
9	Onboarding activities can improve retention 조기 유지율을 향상시키는 온보딩 활동
10	The business impact of candidate experience referrals 지원자 경험의 비즈니스 영향

출처 : Talent Board(2022). 2022년 북미 지원자 경험 벤치마크 보고서 10가지 핵심내용.
한국산업인력공단(2024). 능력중심채용모델에서 재인용.

이 밖에 Gartner에서 다음 〔그림 1〕과 같이 미래의 9가지 취업(채용)동향을 발표하였다.

Gartner의 취업동향의 첫 번째 주제 1은 "노동 비용 위기의 한계점 도달"이다. 작업비 위기가 한계점에 이르렀다는 것이다. 고용주들은 원격 직원들에게 사무실 복귀를 의무화하고 있지만, 집에서 근무한 지 수년이 지난 지금, 이 직원들은 시간과 비용 측면에서 사무실로 들어오는 비용에 대해 더 정확하게 인식하고 있다. 누가 왜 업무 비용을 부담할 것인지에 대한 결정이 없다면, 공직에 복귀하는 것은 논쟁의 여지가 있을 것이다.

두 번째 주제 2는 "AI는 인력의 기회를 줄이지 않고 창출"한다는 것이다. AI는 인력 기회를 줄이는 것이 아니라 창출한다. AI가 인력 감축을 초래할 것이라는 우려에도 불구하고, 우리는 AI가 실제로 인력 기회를 향상시킬 것으로 예상한다. Gen을 구현할 뿐만 아니라 AI는 새로운 역할에 대한 필요성을 창출하지만 고용주가 새로운 기술과 전문화에 능숙해지는 시간을 단축하여 이러한 분야에서 이미 숙련된 인재를 고용할 필요성을 완화할 수 있다.

제 2장. 자신과 직업의 세계 이해

[그림 43] 9 Future of Work Trends for 2023

세 번째 주제 3은 "급진주의에서 일상주의로 전환하는 주4일 근무"다. 인재 부족으로 인해 직원들을 유치하고 유지하는 것이 더욱 어려워지고 있으며, 조직에서는 집중 근무제로 전환하는 것이 조직의 목표뿐만 아니라 유연성에 대한 직원들의 증가하는 기대를 충족시킬 수 있을지 여부를 평가하고 있다. 실제로 후보자의 63%가 '주4일 근무제'를 일자리로 끌어들일 일자리 제공의 최우선 미래로 평가했다.

네 번째 주제 4는 "직원 갈등 해결은 관리자에게 꼭 필요한 기술"이다. 직원 갈등 해결은 관리자가 갖춰야 할 기술이다. 다가오는 선거, 지정학적 위기, 노동 파업, 기후 변화와 DEI의 노력으로 인해 환경은 의견 차이가 생길 수 있는 성숙기에 접어들었다. 직원들 간의 대인관계 갈등을 침묵이 아닌 관리하는 관리자는 조직에 막대한 긍정적인 영향을 미칠 것이다.

다섯 번째 주제 5는 "Gen AI 실험은 힘든 교훈과 고통스러운 비용 산출"이다. GenAI 실험은 적어도 충분한 위험 관리 없이는 힘든 교훈과 고통스러운 비용을 초래할 것이다. GenAI 출력은 오류가 거의 없기 때문에 데이터 거버넌스, 품질 관리 및 직원의 판단이 필요하다. 평판, 규제 및 법적 문제를 방지하기 위해 팀이 정보의 유효성뿐만 아니라 Gen을 사용하는 방법 및 시기에 대한 판단력을 개발할 수 있는 교육에 액세스할 수 있도록 보장한다.

여섯 번째 주제 6은 "종이 천장이 무너지면서 학위를 추월하는 스킬"이다. "종이 천장"이 무너지면서 기술이 학위를 추월한다. 대학 학위는 이제 직업설명 최소 요구 사항이다. 빡빡한 노동 시장과 학부 졸업률 하락에 대응하여, 조직들은 "종이 천장"을 갈기갈기 찢고 대체 자격증을 가진 근로자들을 환영하고 있다.

일곱 번째 주제 7은 "기후 변화 보호가 새로운 주문형 직원혜택"이다. 기후 변화 보호는 새로운 필수 직원 혜택이 된다. 심각한 기후 변화 관련 행사가 더욱 광범위하고 지속됨에 따라 조직은 대응 및 직원 지원 계획을 보다 명확하고 투명하게 만들 기회를 잡을 것이다.

여덟 번째 주제 8은 "DEI는 사라지지 않고 우리가 일하는 방식"이다. DEI(다양성, 형평성, 포용성)는 사라지지 않고 우리가 일하는 방식이 된다. 2020년 기업의 관심이 쇄도한 이후 DEI의 노력에 대한 환멸감이 커지고 있다. 이러한 프로그램과 이니셔티브에 대한 리더십을 고려할 때, 기업은 사일로에만 존재하는 DEI에서 조직 전체에 DEI를 내장하는 방향으로 전환하기 시작할 것이다.

아홉 번째 주제 9는 "노동력 변화에 따른 직업 고정관념의 붕괴"다. 직업 고정관념은 노동력 변화에 직면하여 무너지고 있다. 전형적인 진로는 정년 연장, 중간 경력 단절, 산업 전반에 걸친 교대 근무, 비상근 및 기타 비전통적인 고용 모델을 수용하면서 주류를 이루고 있다. 이러한 점에 비추어 볼 때, 많은 조직의 인재 관리 전략을 뒷받침하는 가정과 휴리스틱은 점점 더 많은 인수 및 유지 장벽을 입증할 것이다.

3. 업종별 채용업동향

23년도 하반기 주요 업종 일자리 전망(한국고용정보원, 한국산업기술진흥원, 2023)에 따르면, 기계, 조선, 전자, 섬유, 철강, 반도체, 자동차, 디스플레이 등 국내 8개 주력 제조 업종과 건설업, 금융 및 보험업에 대한 일자리 증감에 대해 전망하고 있다(고용보험 피보험자 자료, 직종별사업체노동력조사, 경제활동인구조사 기준).

22년 하반기 대비 기계·조선·철강·반도체·자동차 업종 일자리는 증가하며 건설 업종 일자리는 감소할 것으로 예상된다. 전자·섬유·디스플레이·금융 및 보험 업종은 전년 동기 고용 수준을 유지할 것으로 전망된다. 일자리 증가 업종에서 증가율로 보면 조선(6.4%), 철강(2.9%), 반도체(2.8%), 자동차(2.7%), 기계(2.4%) 순서로 증가하였다.

〈표 14〉 주요 업종 2023년 하반기 일자리 전망

기계	조선	전자	섬유	철강	반도체	자동차	디스플레이	건설	금융보험
증가	증가	유지	유지	증가	증가	증가	유지	감소	유지

주) 전년 동기 대비 고용 증가율을 기준으로 1.5% 이상이면 '증가', -1.5% 이상 1.5% 미만이면 '유지', -1.5% 미만이면 '감소'

먼저, 기계 업종은 주요국 인프라 투자와 에너지 및 친환경 인프라 투자 증가로 수출과 내수가 동반 증가하여 기계 업종 고용은 전년 동기 수준으로 전망된다. 주요국 인프라 투자 확대로 대미, 대유럽 수출이 하반기에도 양호한 증가세를 이어나가고 이차전지 등 수요 산업의 해외 생산공장 증설 등으로 생산 장비 발주가 확대되어 '23년 하반기 기계 업종의 수출을 증가시키는 요인으로 작용할 것으로, '23년 하반기 고용 규모는 전년 동기 대비 2.4%(19천 명) 증가할 것으로 예상된다.

둘째, 조선 업종은 전 세계 선박 발주량 축소에도 친환경 선박 수요가 증가와 수출 증가로 국내 조선업 고용은 전년 동기 대비 증가 예상된다. 국내 조선 업종은 '23년에도 IMO의 탄소배출 저감 규제강화로 인한 친환경 연료 추진 선박의 수요 증가의 수혜를 얻을 것으로 예상되며 우크라이나-러시아 전쟁 이후 해양플랜트 발주 역시 국내 조선 업종 생산에 긍정적으로 작용할 것으로 '23년 하반기 고용 규모는 전년 동기 대비 6.4%(6천 명) 증가할 것으로 예상된다.

셋째, 전자 업종은 글로벌 경기 회복 지연, 우크라이나-러시아 전쟁 장기화, 금융시장 불안정성 확산 우려 등으로 전자 업종 고용은 전년 동기 수준을 유지할 것으로 전망된다. 경기 회복 지연, 대내외 여건의 불확실성 확대의 영향에도 '24년 회복에 대한 기대로 '22년 하반기 대비 전자 업종 고용 증가율은 유지할 것으로 전망될 것으로, '23년 하반기 고용 규모는 전년 동기 대비 0.6%(5천 명) 증가할 것으로 예상된다.

넷째 섬유 업종은 하반기 소비심리 위축으로 내수는 소폭 감소하고 미국 민간소비 감소 등 주요 시장의 섬유 수요가 위축되면서 수출과 생산이 감소하지만 전년 대비 기저효과로 섬유 업종 고용은 전년 동기 수준을 유지할 것으로 전망된다. 최대 섬유패션 수요국인 미국의 민간소비 감소가 예상되고 하반기 소비심리 개선이 미약하여 섬유 수요가 감소할 것으로 예상되나, K-패션 선호현상에 따른 대중국 의류 수출 회복에 대한 기대로 국내 섬유 생산은 소폭 감소할 것으로 전망된다. '23년 하반기 고용 규모는 전년 동기 대비 0.1% 감소할 것으로 예상된다.

다섯째, 철강 업종은 공급 차질 정상화와 조선업 수요 증가로 철강 업종 고용은 전년 동기 대비 증가세를 유지할 것으로 전망된다. 하반기 글로벌 철강경기 불확실성이 지속되지만 수출은 기저효과로 전년 동기 대비 4.5% 증가할 것으로 예상되나, 고금리, 정부의 SOC 예산 감축의 영향으로 건설 관련 내수는 부진할 것으로 예상된다. 수출과 내수가 증가하면서 철강 생산은 증가할 것으로 예상되어 철강업종 고용은 증가할 것으로 전망된다. '23년 하반기 고용 규모는 전년 동기 대비 2.9%(3천 명) 증가할 것으로 예상된다.

여섯째, 반도체 업종은 국내 설비 투자 증가로 전년 동기 대비 고용 증가세가 지속될 것으로 전망된다. '23년 전 세계 반도체 설비 투자는 감소하지만 고용량 제품과 첨단 공정 제품에 대한 업계 수요가 지속적으로 증가함에 따라 국내 반도체 설비투자는 증가할 것으로 전망된다. '23년 고용 규모는 전년 동기 대비 2.8%(4천 명) 증가할 것으로 예상된다.

일곱째, 자동차 업종은 생산이 소폭 증가함에 따라 고용 증가세가 지속될 것으로 예상된다. 차량 대기수요 및 부품 공급망 불확실성이 해소되고 친환경차 수요가 증가하여 생산이 증가할 것으로 전망되고, 글로벌 경기 회복 지연과 고금리에 따른 소비심리 약화로 생산은 소폭 증가에 머물 것으로 보인다. '23년 하반기 고용 규모는 전년 동기 대비 2.7%(10천 명) 증가할 것으로 예상된다.

여덟째, 디스플레이 업종은 LCD 생산 축소에도 OLED 등 고부가가치 제품 생산이 늘어나면서 디스플레이 업종 고용은 전년 동기 수준 유지될 것으로 전망된다. 전 세계 디스플레이 시장은 LCD 수요 위축 및 가격 하락으로 생산이 축소되지만 모바일, IT 제품, 자동차 등에서 프리미엄 제품 생산 확대로 OLED에 대한 수요가 더욱 커질 것으로 예상된다. '23년 하반기 고용 규모는 전년 동기 대비 0.1% 증가할 것 예상된다.

아홉째, 건설 업종은 건설비 상승, 건설 투자 감소로 건설 수요가 위축되면서 건설 업종 고용은 전년 동기 대비 감소할 것으로 예상된다. '23년 하반기에도 고금리 유지, 정부의 SOC 예산 축소, 부동산 PF 부실 우려 등의 영향으로 민간 주거용 건축 투자도 전년 동기 대비 감소할 것으로 예상된다. 건설산업 수요가 감소하고 건설 투자도 감소하여 '23년 하반기 건설 업종 고용은 전년 동기 대비 감소할 것으로 전망되어, 하반기 고용 규모는 전년 동기 대비 1.8%(38천 명) 감소할 것으로 예상된다.

열 번 째, 금융 및 보험 업종은 금리 상승이 유지되면서 수익성은 개선되지만 성장세가 약화되어 금융 및 보험업의 고용은 전년 동기와 비슷한 수준을 유지할 것으로 전망된다. 고령화·저출산 등 인구구조 변화로 생명보험 산업은 신규 판매가 감소하고 보장성 보험에 대한 수요도 축소되면서 성장세가 위축될 것으로 예상된다. 손해보험 산업은 경제규모 증가에 따라 성장세가 이어지지만 경기둔화로 인해 성장폭은 제한적일 것으로 전망한다. 신용카드 산업은 금리 상승, 조달 비용 상승의 영향으로 수익성이 하락할 것으로 예상되지만, 증권 산업은 증권 시장이 회복되면서 수익성이 개선될 것으로 전망한다. 금융 및 보험업은 수익성이 개선되지만 성장세가 약화되면서 전년 동기와 비슷한 고용 수준을 유지할 것으로 예상된다. '23년 하반기 고용 규모는 전년 동기 대비 0.3%(2천 명) 증가할 것으로 예상된다.

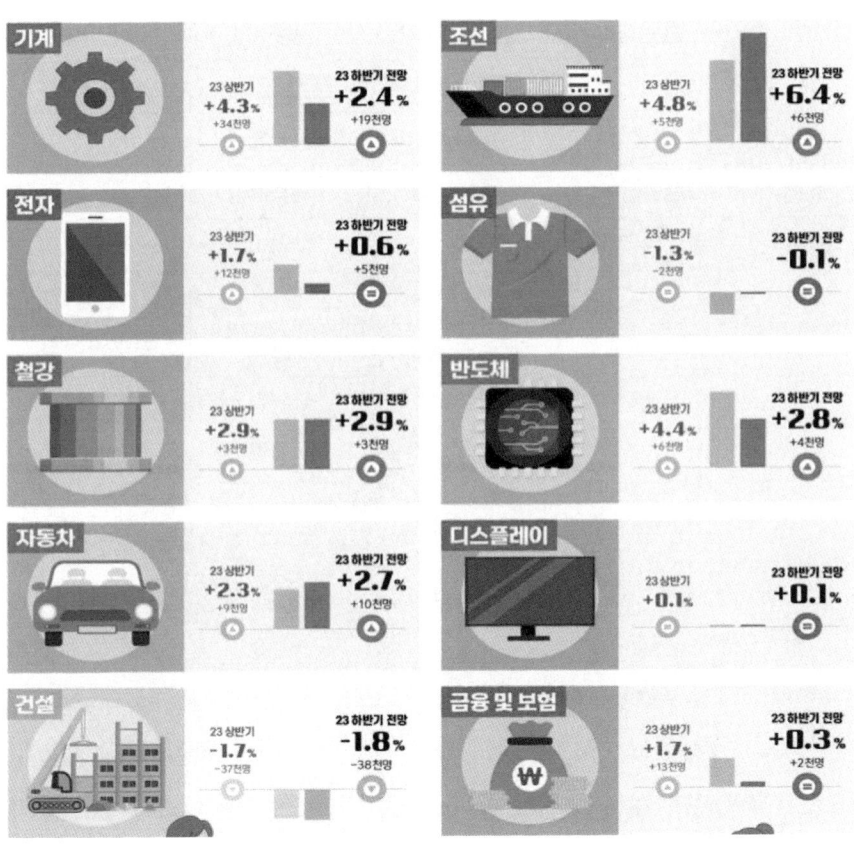

[그림 44] 2023년 하반기 10대 업종별 일자리 전망 종합

4. 100대 기업의 인재상

대한상공회의소에서 100개 기업이 원하는 인재상을 조사하여 발표한 내용을 살펴보면 다음과 같다.

〈표 15〉 100대 기업의 인재상

구분	2008년	2013년	2018년	2023년
1위	창의성	도전정신	소통, 협력	책임의식
2위	전문성	책임의식	전문성	도전정신
3위	도전정신	전문성	원칙, 신뢰	소통, 협력
4위	원칙, 신뢰	창의성	도전정신	창의성
5위	소통, 협력	원칙, 신뢰	책임의식	원칙, 신뢰
6위	글로벌역량	열정	창의성	전문성
7위	열정	소통, 협력	열정	열정
8위	책임의식	글로벌역량	글로벌역량	글로벌역량
9위	실행력	실행력	실행력	실행력
10위	-	-	-	사회공헌

출처 : 대한상공회의소(2023). 100대 기업의 인재상. 대한상공회의소

① 2008년에서 2023년까지의 변화

2008년에는 1위로 창의성이 강조되었으며, 도전정신, 전문성이 높은 순위를 차지했고, 2013년에는 도전정신이 1위로 올라왔고, 책임의식과 전문성이 상위에 올랐으며, 2018년에는 소통과 협력이 1위를 차지하면서 팀워크나 협업 능력이 강조되었고, 책임의식도 높은 순위에 있다. 2023년에는 책임의식이 1위로 가장 중요하게 평가되었으며, 도

전정신, 소통과 협력이 계속해서 중요한 역량으로 남아 있다.

② 책임의식과 전문성

책임의식은 시간이 지남에 따라 중요성이 증가하여 2023년에는 1위를 차지하게 되었다. 이는 현대 직장에서 책임감을 가지고 일을 수행하는 것이 중요한 역량으로 평가됨을 나타낸다. 전문성은 2008년부터 지속적으로 상위권에 있으며, 2023년에는 6위로 다소 순위가 내려갔지만 여전히 중요한 요소로 평가되고 있다.

③ 글로벌 역량

글로벌 역량이 2008년에는 5위에 있었지만, 시간이 지나면서 하위권으로 내려갔다. 이는 직장에서의 국제적인 역량 요구가 시대의 흐름에 따라 변화하고 있음을 보여준다.

④ 창의성과 도전정신

창의성과 도전정신은 각 연도에 따라 상위권을 차지하고 있으며, 특히 창의성은 2023년에도 4위를 기록해 지속적으로 중요한 직업 역량으로 자리하고 있다.

⑤ 실행력

실행력은 모든 해에서 하위권에 있지만 꾸준히 순위에 남아 있다. 이는 실제로 업무를 수행하고 문제를 해결하는 실행 능력도 중요하게 평가됨을 나타낸다.

⑥ 새로운 역량 등장

2023년에는 사회공헌이 10위로 새롭게 등장했는데, 이는 사회적 책임과 공헌이 현대 직장에서 중요하게 다루어지고 있음을 의미한다. 즉, 100대 기업에서는 시대에 따라 직업에서 요구되는 역량이 변화하고 있었고, 최근에는 책임의식, 소통 및 협력, 사회적 책임 등의 가치가 더욱 중시된다는 점을 강조하고 있다.

제 2장. 자신과 직업의 세계 이해

Ⅳ 직업 및 직무에 대한 이해

학습 개요	이 장에서는 직업과 직무를 이해하는 장으로서, 직업과 직무가 무엇인지, 어떠한 관계가 있는지, 어디에서 찾을 수 있는지 알아보고, 실제 분야별 직업과 직무의 예시를 제시한다.
학습 목표	1. 직업과 직무에 대해 설명할 수 있다. 2. 직업 및 직무 탐색 사이트에 대해서 설명할 수 있다. 3. 분야별 직업 탐색 예시를 제시할 수 있다. 4. 분야별 직무 탐색 예시를 제시할 수 있다.

1. 직업과 직무에 대한 이해

직업은 생계유지를 목적으로 지속적으로 종사하는 경제적 활동을 하는 사람으로, 그 분야에서 전문적인 지식이나 기술을 필요로 하며, 사회적 역할이나 소득을 창출한다. 예를 들어, 의사, 교사, 프로그래머, 마케팅 전문가 등이다. 반면에, 직무는 특정 직업 내에서 개인이 수행하는 구체적인 업무로, 직업이 사람 관점에서 이야기를 한다면, 직무는 그 사람이 하는 일련의 활동이나 역할을 나타낸다. 예를 들어, 의사는 직업이고 의사의 직무는 환자 진료와 치료, 교사의 직무는 수업 준비와 평가 등이다.

직업과 직무를 이해해야 하는 이유를 제시하면 다음과 같다.

① 적합한 직업 선택

직업과 직무를 정확히 이해하면 자신의 적성과 흥미에 맞는 직업을 선택할 수 있다. 단순히 직업의 이름만 보고 선택하는 것이 아니라, 실제로 어떤 직무를 수행해야 하는지를 알면 더 현명한 진로 결정을 내릴 수 있다.

② 직무 만족도 향상

자신의 직무가 무엇을 요구하는지 이해하면, 직무에서 느끼는 스트레스가 줄어들고 만족도가 높아진다. 잘 맞는 직무를 수행하는 사람은 더 나은 성과를 낼 수 있으며, 지속적으로 발전할 가능성이 크다.

③ 커리어 개발과 성장

직무를 이해하면 필요한 기술과 역량을 사전에 준비하고, 이를 통해 경력을 개발해 나갈 수 있다. 직업 세계에서 자신이 맡을 직무가 어떤 능력을 필요로 하는지 파악하면 효과적으로 커리어를 쌓을 수 있다.

④ 적응력 향상

직업과 직무의 본질을 이해하면 변화하는 직업 환경에도 유연하게 대처할 수 있다. 기술 발전과 사회적 요구에 따라 직업의 특성과 직무가 변하는데, 이를 이해하면 더 잘 적응할 수 있다.

직업과 직무를 이해하는 것은 자신의 커리어를 효과적으로 관리하고 발전시키는 데 필수적인 요소다. 직업 세계의 변화에 민첩하게 대응하고, 자신에게 맞는 직무를 선택하며, 그에 맞는 능력을 개발함으로써 개인의 성취감을 높일 수 있다. 그러나 너무 직무나 직업에 고정된 사고를 가질 경우 변화에 적응하기 어려워질 수 있기 때문에 유연성을 유지하는 것도 중요하다.

한국직업사전은 한국고용정보원에서 발간하는 직업 관련 종합 정보 자료로, 한국 내 다양한 직업에 대한 구체적인 정보를 제공하는 중요한 자료다. 이 사전은 직업에 대한 체계적이고 상세한 설명을 포함하며, 직업을 선택하려는 사람들에게 직업에 대한 이해를 돕고, 진로 계획을 수립하는 데 유용한 정보를 제공한다.

한국직업사전의 주요 내용을 정리하면 다음과 같다.

① 직업 정의: 각 직업에 대한 정의와 설명이 제공된다. 직업의 주요 목적과 사회적 역할이 명확히 기술되어 있어 해당 직업이 어떤 분야에서 어떤 역할을 수행하는지 알 수 있다.

② 직무 내용: 직업 내에서 수행하는 구체적인 직무와 관련된 활동이 상세히 설명된다. 어떤 일을 해야 하는지, 직무의 세부적 과정은 무엇인지에 대한 정보가 포함된다.

③ 필요한 지식과 기술: 각 직업을 수행하기 위해 필요한 지식, 기술, 능력에 대한 설명이 제공된다. 이를 통해 해당 직업을 준비하는 사람들이 어떤 역량을 키워야 할지 알 수 있다.

④ 직업 환경: 직무를 수행할 때의 작업 환경이나 업무 조건에 대한 설명도 포함되어 있다. 예를 들어, 작업 장소, 물리적 환경, 작업 도구

등이 설명되어 있어 해당 직업의 실제 업무 환경을 이해하는 데 도움이 된다.

⑤ 교육 및 자격: 해당 직업을 수행하기 위해 요구되는 교육 수준이나 필요 자격증에 대한 정보가 포함된다. 직업을 준비하는 데 필요한 학습 과정이나 관련 자격증에 대해 파악할 수 있다.

⑥ 진로 전망: 각 직업의 현재와 미래의 전망에 대한 설명이 제공된다. 이는 고용 기회, 산업 변화, 기술 발전 등의 요소를 고려하여 작성되며, 해당 직업이 앞으로 얼마나 유망한지에 대한 정보를 제공한다.

직업과 직무를 연계하기 위해서 직업을 분류한 한국고용직업분류(KECO)와 직무를 분류한 국가직무능력표준(NCS) 연계표를 국가직무능력표준(NCS) 홈페이지 자료실에 제시되어 있다.

붙임 3 NCS-KECO 연계표

NCS					KECO	
대분류(24)	중분류(81)	소분류(279)	세분류(1,114)	코드	세분류	
01. 사업관리	01. 사업관리	01. 프로젝트관리	01. 공적개발원조사업관리	0210	정부·공공행정 전문가	
01. 사업관리	01. 사업관리	01. 프로젝트관리	01. 공적개발원조사업관리	0254	국가·지방행정 사무원	
01. 사업관리	01. 사업관리	01. 프로젝트관리	01. 공적개발원조사업관리	0255	공공행정 사무원	
01. 사업관리	01. 사업관리	01. 프로젝트관리	02. 프로젝트관리	0261	기획·마케팅 사무원	
01. 사업관리	01. 사업관리	01. 프로젝트관리	03. 산학협력관리	0263	총무 사무원 및 대학 행정조교	
01. 사업관리	01. 사업관리	02. 해외관리	01. 해외법인설립관리	0261	기획·마케팅 사무원	
01. 사업관리	01. 사업관리	02. 해외관리	02. 해외취업관리	2314	직업상담사	
02. 경영·회계·사무	01. 기획사무	01. 경영기획	01. 경영기획	0210	정부·공공행정 전문가	
02. 경영·회계·사무	01. 기획사무	01. 경영기획	01. 경영기획	0221	경영·진단 전문가	
02. 경영·회계·사무	01. 기획사무	01. 경영기획	01. 경영기획	0254	국가·지방행정 사무원	

[그림 45] 직업과 직무 연계/직무와 직업 연계(NCS-KECO) 연계

출처: 국가직무능력표준(NCS) 홈페이지(2024). -NCS와 KECO 연계. NCS통합-자료실

2. 직업 및 직무 탐색 사이트

먼저 직업을 검색하기 위해서는 [고용 24(https://www.work.go.kr/)]에서 [취업지원-취업가이드-직업정보]를 클릭해서 탐색할 수 있다.

[그림 46] 고용24에서 직업 탐색하기

출처 : 고용 24 홈페이지(2024). 취업지원-취업가이드-직업정보

구체적으로 직업심리검사, 직업정보 및 학과정보로 메뉴가 구성되어 있다.

① 직업심리검사 : 직업심리검사 소개, 청소년 심리검사 실시, 성인용 심리검사 실시, 검사결과 보기, 검사결과 상담, 검사결과 상담 FAQ

② 직업정보 : 한국직업정보, 직무기반 직업추천, 한국직업사전, 직업인 인터뷰, 다양한 직업세계, 신직업·미래직업, Beyond the

제 2장. 자신과 직업의 세계 이해

Work(웹진), 직업 동영상·VR

③ 학과정보 : 학과 검색, 전공 진로가이드, 학과정보 FAQ, 학과정보 동영상

직업 정보 이외에 직무 정보는 국가직무능력표준(NCS)에서 찾아볼 수 있다.

[그림 47] 국가직무능력표준에서 직무 탐색하기

출처 : 국가직무능력표준 홈페이지(2024). NCS학습모듈 검색

우리나라에서 직무를 탐색하기 위해서는 국가직무능력표준(NCS)을 찾아볼 수 있다. 국가직무능력표준(NCS, National Competency Standards)은 산업현장에서 직무를 수행하는 데 필요한 지식, 기술, 태도 등의 능력을 체계적으로 정리한 기준이다. 이는 직업 교육, 훈련, 자격 평가 등에서 활용되며, 산업 현장과 교육기관 간의 직무 기준을 통일하기 위해 만들어졌다. NCS는 각 산업별, 직무별로 필요한 능력

을 표준화하여 직무 수행에 필요한 역량을 정확히 정의하고, 이를 기반으로 다양한 교육과정을 설계할 수 있도록 한다.

NCS에서 말하는 직무란 산업현장에서 특정한 목적을 달성하기 위해 수행해야 하는 업무와 활동을 말한다. 직무는 한 개인이나 조직이 맡아서 처리해야 할 작업이나 책임을 포함하며, NCS는 이러한 직무를 성공적으로 수행하기 위해 필요한 핵심적인 지식, 기술, 태도 등을 정의한다. 직무는 단순한 업무를 넘어 실질적으로 요구되는 역량과 성과를 반영한 작업을 포함한다. NCS의 중요성을 제시하면 다음과 같다.

① 산업과 교육의 연계 강화: NCS는 교육기관에서 제공하는 교육과정과 산업현장에서 실제 요구되는 역량을 연결시켜 준다. 이를 통해 교육과정이 실질적인 직무능력을 기를 수 있도록 도와준다.

② 효율적인 인재 양성: NCS를 통해 체계적으로 직무능력을 개발하면, 산업현장에서 즉시 활용 가능한 인재를 양성할 수 있다. 이는 기업의 생산성 향상과 개인의 직업 능력 강화를 돕는다.

③ 자격 인증: NCS를 기반으로 한 자격 제도를 통해 직무에 대한 공신력 있는 평가와 인증이 가능하다. 이를 통해 자격증 취득자는 그들이 해당 직무에서 요구되는 능력을 갖췄음을 입증할 수 있다.

④ 직무능력 표준화: 다양한 산업에서 동일 직무에 대해 공통된 기준을 제공함으로써, 기업 간, 산업 간 직무의 이동성을 높이고, 직무 수행에 대한 일관된 기준을 마련한다.

NCS는 교육과 산업 간의 격차를 해소하고, 체계적인 능력개발이 가능하며, 직업교육과 훈련의 질적 양상을 도모할 수 있다. 또한, NCS를 통해 취업 준비자나 이직 희망자가 명확한 목표를 설정하고 준비할 수 있으며, 자격을 취득함으로써 경쟁력을 높일 수 있다. 즉, NCS는 직무를 체계적으로 표준화하고, 산업과 교육을 연결하여 직무능력 개발이 보다 효율적이고 효과적으로 이루어지며, 개인과 기업 모두에게 도움이 되는 체계적인 시스템이다. 이를 보다 잘 활용하기 위해서는 산업 변화 및 기업의 상황에 적절하고 유연하게 활용할 필요가 있다.

　　직업 및 직무 나아가 기업을 탐색하는 사이트를 정리하면 다음과 같다.

〈표 16〉 직업, 직무 및 기업 탐색 사이트

구분	내용	온라인 사이트
직업 정보	고용24 (취업지원-취업가이드-직업정보)	https://www.work24.go.kr/
	2017 한국직업전망 2017 직종별 직업사전	http://www.keis.or.kr
직무 정보	국가직무능력표준 (NCS 학습모듈검색)	http://www.ncs.go.kr
	잡이룸 (직무사전)	http://www.joberum.com
	금융감독원 전자공시시스템 (기업, 산업 정보)	http://dart.fss.or.kr
	잡 알리오 (공공기관 정보)	http://job.alio.go.kr
	사이버국가고시센터	http://gosi.kr
	민간기업체 직무검색 구직정보 제공	www.jobkorea.co.kr
	민간기업체 직무검색 구직정보 제공	www.saramin.co.kr

구분	내용	온라인 사이트
기업 및 자격 정보	대한민국공무원되기 (공무원 채용 정보)	http://injae.go.kr
	고용노동부 지원 훈련종목 및 기관	http://www.hrd.go.kr
	국가자격, 민간자격, 외국자격 정보 검색	http://www.q-net.or.kr
	해외 취업, 창업, 인턴, 봉사 등	http://worldjob.or.kr
	각 기업별 채용 홈페이지	각 기업별 채용 홈페이지
	대기업, 중견기업, 중소기업 등 167개 업체의 기업 정보 제공	www.work.go.kr
	금융감독원 상장기업별 전자공시시스템	dart.fss.or.kr
	기획재정부 공공기관 경영정보 공시시스템	www.alio.go.kr
	산업부, 산업통상자원부 시스템 공공기관 경영정보 공시시스템	kind.krox.co.kr
	산업통상자원부, 산업부 공시시스템 공공기관 경영정보 공시시스템	www.istans.or.kr
	한국중견기업연합회 중견기업 연합회와 중견기업 경영 정보 제공	www.fomek.or.kr
	중소기업청 정보시스템 중소기업 정보와 경영지원 서비스 제공	sminfo.mss.go.kr
	벤처기업 경영정보 벤처기업 경영 지원 및 정보 제공	www.venturein.or.kr
	해외 취업, 창업 정보 제공 해외 인턴쉽 및 창업 관련 정보 제공	www.worldjob.or.kr

3. 분야별 직업 탐색 예시

제 1장에서 제시한 [경상계열;금융분야]분야의 직업을 탐색해보자.

[그림 48] 고용24 직업정보에서 [금융]분야 직업 탐색

출처 : 고용 24 홈페이지(2024). 취업지원-취업가이드-직업정보

[금융]을 검색하면, ①직업정보 찾기(15건), ② 한국직업사전(130건), ③테마별 찾기(12건), ④ 이색직업 찾기 (6건), ⑤대상별 찾기 (3건), ⑥신직업・창직 찾기 (26건)이 검색된다. 먼저 첫 번째 직업정보 찾기(15건) 결과는 다음과 같다.

• **금융상품개발자**	• 경제학연구원	• 증권사무원
• 금융관리자	• 회계사증권・외환딜러	• 출납창구사무원신
• 은행사무원	• 자산운용가	용추심원보험인
• 신용분석가	• 보험상품개발자	• 수심사원
• 투자분석가	• 보험보상사무원	(언더라이터)

제 2장. 자신과 직업의 세계 이해

위에서 [금융상품개발자]를 클릭하면 [하는 일], [교육/자격/훈련], [임금/만족도/전망], [능력/지식/환경], [성격/흥미/가치관], [업무활동], [전직가능직업] 정보가 제시된다.

금융상품개발자가 되기 위해서는 일반적으로 대학에서 경제학, 경영학, 보험학, 금융학 등을 전공한 후 금융회사의 상품개발부서에서 근무한다. 금융상품개발을 위해서는 국내외 경제흐름에 대한 이해를 바탕으로 대상별, 목적별 상품개발을 위한 전략이 필요하다. 최근에는 핀테크가 활성화되면서 인터넷이나 모바일전용 금융상품의 개발과 출시가 늘어나고 있고, 대학생, 중장년, 자영업자 등 다양한 대상의 라이프스타일을 고려한 상품이 세분화되고 있어서 고객특성을 파악하여 차별화된 상품을 개발할 수 있는 역량이 필요해지고 있다. 또한 데이터에 기반하여 객관적이고 맞춤형 상품개발에 대한 필요성이 커지면서 데이터분석능력을 갖추고 있다면 업무에 도움이 된다.

〈표 17〉 [금융상품개발자]의 정보

항목	내용
하는 일	금리변동률, 영업비용과 회사이익, 사회변화에 따른 금융상품에 대한 일반인의 수요를 고려하여 금융상품을 개발한다.
관련학과	경영학과, 수학과, 통계학과
관련자격	보험계리사 CFP, 보험계리사(국가전문)
훈련정보	보험 금융상품 개발자
임금	하위(25%): 4,869만원, 평균: 6,004만원, 상위(25%): 7,000만원

항목	내용
직업만족도	74.1%
전망	감소(10%), 활생성(60%), 증가(30%)
업무수행능력	재정(92), 수학적 추론(90), 글쓰기(87), 판단과 의사결정(85)
지식	경제와 회계(100), 수학(100), 영업과 마케팅(94), 법(88)
환경	자동화 정도(93), 공문, 문서 주고받기(93), 앉아서 근무(88), 이메일 이용하기(88, 이미지/평판/재정에 미치는 강도(84)
성격	혁신(96), 협조(95), 사회성(93), 분석적 사고(89), 타인에 대한 배려(86)
흥미	진취형(Enterprising)(86), 관습형(Conventional)(77)
가치관	신체활동(90), 경제적 보상(80), 심신의 안녕(77), 성취(73), 다양성(63)
업무활동 중요도	정보 수집(93), 컴퓨터 업무(84), 정보의 의미 해석(82), 사람들에게 조언, 상담(81), 정보 처리(81)
업무활동 수준	사람들에게 조언, 상담(87), 컴퓨터 업무(87), 정보 수집(85), 행정, 관리 업무(85), 정보의 의미 해석(84)
일자리 현황	금융상품개발자
관련직업	투자분석가, 신용분석가, 자산운용가, 보험상품개발자, 증권·외환딜러, 손해사정사

출차 : 고용 24 홈페이지(2024). 취업지원-취업가이드-직업정보-금융상품개발자

4. 분야별 직무 탐색 예시

이와 같은 방법으로 관련 분야 직업을 검색할 수 있다. 이어서 국가직무능력표준홈페이지에서 [금융]분야의 직무능력을 검색할 수 있다.

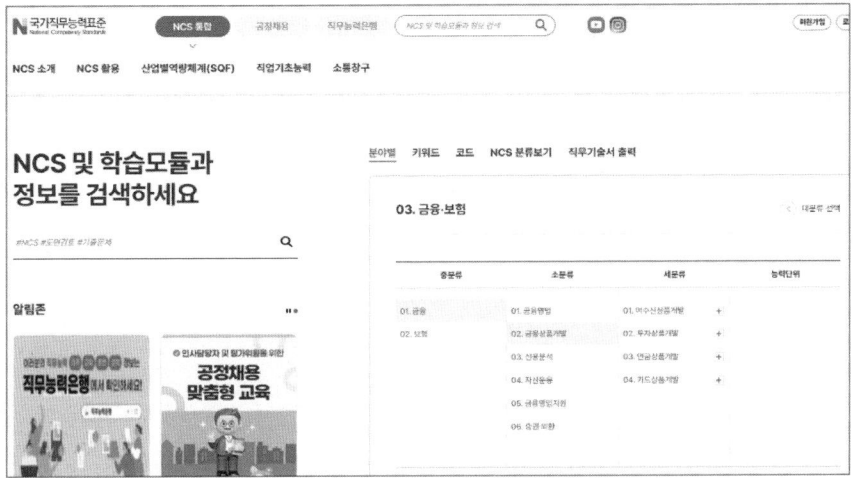

[그림 49] 국가직무능력표준 직무정보에서 [금융]분야 직무능력 탐색

출처 : 국가직무능력표준 홈페이지(2024). NCS학습모듈 검색

[금융분야]직무 트렌드를 분석하면, 최근 급격한 금리 인상으로 예금상품 관련 문의가 증가하고 있다. 창구에서 가입하는 상품의 예금금리보다 비대면으로 가입하는 상품의 예금금리가 더 높은데, 젊은 층의 고객들은 주로 비대면 상품을 가입하지만 고령층 고객의 경우 디지털화가 익숙하지 않기 때문에 창구에 내점하시는 경우가 대부분이다.

비대면 거래는 고객이 가입이나 거래 절차를 직접 진행하게끔 만들어 놓은 서비스인데, 고령층 고객들은 디지털 기기를 활용하여 직접

거래하는 것에 매우 불편함을 느끼고 어려워하시기 때문에 지점에 방문하여 거래하시는 분들이 대다수다. 따라서 고령층 고객의 눈높이에 맞춰 상품에 대한 안내와 서비스를 제공할 수 있는 능력이 더욱 요구되고 있으며, 고령층 고객뿐 아니라 지점에 방문한 고객이 무엇을 원하는지(니즈 파악), 어떠한 유형의 고객인지 신속하게 파악하고 이에 맞추어 적절한 대응을 할 수 있는 능력, 친절을 바탕으로 신뢰를 줄 수 있는 능력이 매우 중요하다.

이에 현장에서는 고객에게 신속 정확하고 친절한 응대에 적합한 인재에 대한 요구가 크며 그와 더불어 직원들과도 조화로울 수 있는 인재를 요구한다. 취업 준비 시 너무 딱딱한 모습보다는 밝고 긍정적인 모습을 준비한다면 취업에 도움이 될 것으로 생각된다. 참고로 금융업 또는 은행업이라는 관점에서 본다면 ESG 경영이나 디지털 전환, Z세대 금융(자이낸스) 등과 같은 키워드를 주요 이슈 및 트렌드로 손꼽을 수 있으나 지점에서 일반 고객을 대상으로 근무하는 창구 사무의 경우 은행 지점에 방문하는 고객층의 특성상, 직무 자체의 특성상 이러한 트렌드를 체감하지는 못한다. 더군다나 디지털 전환에 따라 오프라인 창구와 인력을 점점 줄여 나가는 추세다.

관련 직업기초능력을 살펴보면, 의사소통능력(경청, 기초외국어, 문서이해, 문서작성, 의사표현), 수리능력(기초연산, 기초통계, 도표분석, 도표작성), 대인관계능력(갈등관리, 고객서비스, 리더십, 팀워크, 협상), 정보능력(정보처리, 컴퓨터활용), 직업윤리(공동체윤리, 근로윤리)가 있다.

제 2장. 자신과 직업의 세계 이해

직무수행능력은 NCS 능력단위에서 살펴보면, 능력단위란 특정 직무에서 업무를 성공적으로 수행하기 위하여 요구되는 능력을 교육훈련 및 평가가 가능한 기능 단위로 개발한 것으로, 인사 직무의 능력단위와 정의는 다음과 같다.

〈표 18〉 [금융분야] 직무수행능력의 수준 및 정의

직무수행능력	수준	정의
예금상품 세일즈 (0301010102_14v1)	3	예금상품 세일즈란 고객의 목돈마련과 여유자금 운용을 위해 실명확인 절차와 적합한 금융상품 추천을 거쳐 예금신규를 처리하는 능력이다
제신고 처리 (0301010103_14v1)	3	제신고 처리란 은행거래 관련 고객정보의 변경, 증서의 재발행 또는 각종 증명서를 발행하기 위해 본인확인 절차와 근거서류를 징구하여 고객의 제신고 요청사항을 처리하는 능력이다
출납관리 (0301010104_14v1)	2	출납관리란 창구업무에 필요한 시재, 중요증서 관리를 위해 일일대사를 거쳐 텔러 보유시재와 금고시재의 일치여부를 확인하는 능력이다
외국환거래 (0301010105_14v1)	3	외국환거래란 고객의 외국환 거래를 위해 외국환 관련 규정과 실명확인 절차에 따라 환전, 외화예금, 해외송금을 처리하는 능력이다
전자금융 서비스 (0301010106_14v1)	2	전자금융 서비스란 고객이 은행방문 없이 전자금융 서비스를 이용하도록 하기 위해 본인확인과 전자금융 이용방법을 설명하여 인터넷·모바일·텔레뱅킹을 등록, 제신고, 해지하는 능력이다
개인대출 세일즈 (0301010107_16v2)	3	개인대출 세일즈란 고객의 필요자금 지원을 위해 적절한 대출 상품을 안내하고 필요한 서류를 징구하여 대출을 실행, 사후 관리하는 능력이다

제 2장. 자신과 직업의 세계 이해

직무수행능력	수준	정의
펀드 세일즈 (0301010108_14v1)	4	펀드 세일즈란 고객의 목돈마련과 여유자금 투자를 위해 고객 투자성향을 파악하여 적합한 펀드상품을 판매하고 추가매수 또는 환매업무를 수행하는 능력이다
방카슈랑스 세일즈 (0301010109_14v1)	4	방카슈랑스 세일즈란 고객의 장기저축과 위험보장을 위해 고객니즈를 파악하여 적합한 보험상품 판매와 서비스를 제공하는 능력이다
신용카드 세일즈 (0301010110_14v1)	3	신용카드 세일즈란 고객의 편리한 지급결제 수단 제공과 신용공여를 위해 고객니즈를 파악하여 적합한 신용카드 발급과 관련 서비스를 제공하는 능력이다
부수업무 처리 (0301010111_16v2)	2	부수업무 처리란 고객의 금융관련 부수업무 처리를 위해 관련 법규와 내부처리 절차에 따라 주금납입, 공과금, 대여금고 업무를 처리하는 능력이다
'금융소비자 보호 (0301010112_14v1)	3	금융소비자보호란 고객의 안전한 금융거래를 위해 업무처리 관련 법규와 감독기준에 따라 고객정보를 관리하며 민원 발생을 사전에 예방하고 고객요청 업무를 처리하는 능력이다
입지급 거래 (0301010113_16v2)	2	입지급 거래란 고객의 자금 예치와 인출 요구를 처리하며, 자기앞수표를 발행 지급하는 능력이다
예금 관리 (0301010114_16v2)	2	예금 관리란 금융실명제를 이해하여, 실명확인을 통해 예금을 신규하고, 본인확인을 통해 예금을 해지하는 능력이다

출처 : 한국산업인력공단(2022). NCS홈페이지-NCS학습모듈 검색(금융분야 능력단위).

[금융분야] 직무에 필요한 지식(K), 기술(S), 태도(A) 를 제시하면 다음과 같다.

제 2장. 자신과 직업의 세계 이해

〈표 19〉 [금융분야] 직무에 필요한 지식(K), 기술(S), 태도(A)

지식(K)	기술(S)	태도(A)
▫ 금융실명거래 및 비밀보장에 관한 법률 ▫ 예금거래 기본약관 ▫ 입출 자유예금 약관 ▫ 입출식 예금상품 지식 ▫ 원천징수제도 ▫ 적립식 예금 약관 ▫ 거치식 예금 약관 ▫ 변경업무 내용과 절차 ▫ 유형별 금융신고사례 ▫ 고객별 재발행 수수료 체계 ▫ 재발행 사유별 업무처리 절차 ▫ 본인확인 방법 ▫ 고객별 증명서 발급 수수료체계 ▫ 증명서의 항목별 작성기준 ▫ 금고출입 및 시건 절차 ▫ 영업점별 시재보유한도액 ▫ 현수송 업무절차 ▫ 국가별 사용통화 종류 ▫ 자동화기기 이용한도 ▫ 자동화기기 이용수수료 ▫ 외국환 거래규정 ▫ 환율 정보 ▫ 외환포지션ㆍ외환매매이익 ▫ 국가별 환전가능 통화 ▫ 외국환거래법 ▫ 외국환 사후관리 방법 ▫ 외화예금거래 기본약관 ▫ 인터넷뱅킹 서비스 종류 ▫ 모바일뱅킹 이용절차 ▫ 개인대출 상품유형 ▫ 개인대출 상담 필요서류 항목	▫ 단말기 조작능력 ▫ 부가서비스 설명능력 ▫ 상품특징 설명능력 ▫ 세제혜택 고려한 적용능력 ▫ 분할인출 중도해지 처리능력 ▫ 정당 권리자 판단능력 ▫ 고객요청사항 파악능력 ▫ 징구서류 확인능력 ▫ 수수료 발생여부 설명능력 ▫ 정당 권리자 판단 능력 ▫ 증명서의 항목별 작성기준 ▫ 용도적합 증명서 발급능력 ▫ 증명서 위변조 방지능력 ▫ 시재 대사능력 ▫ 텔러(Teller) 간 자금수수 능력 ▫ 실물대사 능력 ▫ 자동화기기 조작능력 ▫ 자동화기기 불능 시 조치능력 ▫ 적정량 보관능력 ▫ 사용시한 경과 중요증서 폐기능력 ▫ 위폐감별 능력 ▫ 외화ㆍ수표 구분능력 ▫ 외환실무 영어구사 능력 ▫ 위폐처리능력 ▫ 개인 당/타발 송금 처리능력 ▫ 외국인급여 송금능력 ▫ 재외국민국내재산반출 송금능력 ▫ 외화예금 입금가능 통화 구분 능력	▫ 고객의 자금 운용 계획과 니즈에 적합한 상품을 추천하려는 태도 ▫ 입출식예금 세일즈를 적극적으로 완수하려는 자세 ▫ 변경업무 처리 시 고객을 친절하게 응대하는 태도 ▫ 필요 서류 미비나 대리인 취급불가시 고객에 정중하게 거절하는 태도 ▫ 고객의 재발행 요청사항을 정확하게 처리하려는 태도 ▫ 재발행업무 처리 시 고객을 친절하게 응대하는 태도 ▫ 고객의 증명서 발급 요청을 정확하게 처리하려는 태도 ▫ 증명서 발급 시 고객을 친절하게 응대하는 태도 ▫ 시재를 정확하게 관리하는 태도 ▫ 시재관리를 정직하게 수행하는 태도 ▫ 적법한 출납절차를 준수하는 자세 ▫ 자동화기기 장애발생 시 신속하게 처리하려는 태도

출처 : 한국산업인력공단(2022). NCS홈페이지-NCS학습모듈 검색(금융분야 능력단위).

제 3장

커리어 로드맵 개발 및 취업준비 가이드

Ⅰ. 진로결정수준 및 자기 이해하기
Ⅱ. 커리어 로드맵 작성해보기
Ⅲ. 직무능력 중심의 취업준비
Ⅳ. 실제 진로 상담 사례

진로결정수단 및 자기이해하기

학습 개요	이 장에서는 자신의 진로결정수준과 자신의 흥미, 성격 및 가치관 등을 이해하는 장으로서, 진로결정수준, 행동 및 진로효능감을 진단해보고 진단결과를 중심으로 자신의 진로결정수준을 해석해보고, 다양한 검사(흥미, 성격, 가치관 등) 중 하나를 선택해서 검사해보고, 자신의 검사결과를 해석해본다.
학습 목표	1. 진로결정수준, 행동 및 효능감을 진단할 수 있다. 2. 자신의 진로결정수준 결과를 해석할 수 있다. 3. 검사를 통해 자기를 이해할 수 있다. 4. 자신의 검사결과를 해석할 수 있다.

1. 진로결정수단 진단하기

진로를 설계하기 위해서는 우선적으로 진로결정수단, 진로준비행동 및 진로결정자기효능감을 진단한다. 이유는 개인이 진로를 결정하고 준비하는 과정에서 겪을 수 있는 어려움이나 부족한 부분을 파악하여 적절한 지원과 지도를 제공하기 위해서다. 진로결정수준이 낮거나 진로결정자기효능감이 부족한 경우, 적절한 상담과 훈련을 통해 개선할 수 있으며, 이는 더 나은 진로 준비 행동을 촉진하고 궁극적으로 성공적인 경력개발을 가능하게 한다.

구체적으로 진로결정수준은 개인이 자신의 진로에 대해 얼마나 명확하게 결정했는지를 나타내는 개념으로 구체적인 진로 목표를 세우고, 그 목표에 도달하기 위한 계획을 수립하는 정도를 평가한다. 진로준비행동은 개인이 자신의 진로 목표를 달성하기 위해 실제로 취하는 행동을 의미하는 것으로, 예를 들어, 관련 교육을 받거나, 자격증을 취득하거나, 직무 경험을 쌓는 등의 구체적인 활동들이 진로준비행동에 해당된다. 진로결정자기효능감은 자신이 진로 결정을 내리고 그 결정을 실행할 수 있다는 자신감의 정도를 나타낸다. 이는 자신의 능력에 대한 믿음과 관련이 깊으며, 진로 선택과 그 이후의 경력개발에 중요한 영향을 미친다.

① 진로결정수준

[아래에 제시된 문항들은 현재 여러분의 진로가 어느 정도 결정이 되어 있는지를 알아보기 위한 것입니다. 각 문항을 읽고 자신에게 가장 적합하다고 생각되는 번호에 표해 주시기 바랍니다.]

〈표 20〉 진로결정수준에 대한 진단

번호	문항내용	전혀 그렇지 않다	그렇지 않은 편이다	다소 그렇다	아주 그렇다
1	나는 장래 직업을 결정하였으며 그 결정에 대해 편안함을 느낀다.	1	2	3	4
2	나는 현재의 내 직업에 편안함을 느낀다.	1	2	3	4
3	나에게 재능이 있고 기회도 주어진다면 나는 ( )이/가 될 수 있다고 믿지만, 실제로 그것은 불가능한 일이다. 그렇다고 나는 다른 어떤 대안을 생각해본 적이 없다.	4	3	2	1
4	나는 뚜렷이 호감이 가는 직업들 중에서 하나를 결정하느라고 애를 먹고 있다.	4	3	2	1
5	결국 직업을 가져야 하지만 내가 아는 어떤 직업에도 호감을 느끼지 못한다.	4	3	2	1
6	나는 ( )이/가 되고 싶지만 가족이나 친구들의 생각과 다르기 때문에 그들을 설득하지 않으면 내 자신의 그들이 생각하는 직업지도를 결정하고 싶다.	4	3	2	1

번호	문항내용	전혀 그렇지 않다	그렇지 않은 편이다	다소 그렇다	아주 그렇다
7	나는 나에게 필요한 모든 당장 직업결정을 할 정도의 충분한 정보가 없기 때문에 심각하게 결정하려고 하지 않는다.	4	3	2	1
8	나는 내가 어떤 직업을 원하는지 모르므로 좋지 않은 상황에서 다른 직업으로 전환할 가능성은 생각할 수 없지만 직업에 대한 상담이 필요한 상황이다.	4	3	2	1
9	나는 나의 진로에 대해 구체적으로 생각하고 있지 않으며, 나의 진로를 어디에서 할지, 심각하게 생각하지 않는다.	4	3	2	1
10	나는 나의 진로성공을 위하여 남들처럼 편견이 없다면 어떤 직업도 맡기고 싶어 한다. 하지만 여러 진로 탐색을 해야 하며 결정을 내려야 한다.	4	3	2	1
11	나는 내가 직업에 대한 만족도를 결정할 수 있는지 잘 모른다.	4	3	2	1
12	나는 나의 직업능력 수준을 잘 모르기 때문에 진로 결정은 당장 할 수 없다.	4	3	2	1
13	나는 나의 진로와 관련하여 어떤 것인지 잘 모른다, 흥미를 끄는 분야가 몇 가지 있지만 그것을 직업으로 삼을지 여부는 결정을 내리지 못했다.	4	3	2	1
14	나는 나의 진로와 관련하여 나에게 필요한 준비가 무엇인지 모르겠다.	4	3	2	1
15	진로결정을 하기 위해서 여러 가지 직업들에 대해 더 많은 정보가 필요하다.	4	3	2	1
16	나는 진로를 선택해왔지만 직업으로 결정을 내리기 위해서는 더 많은 정보가 필요하다.	4	3	2	1

출처 : 전남대학교(2020). 『진로설계와 자기이해』 교과목 가이드북.
　　　 융합인재교육원 대학일자리센터.

② 진로준비행동

[아래에 제시된 문항들은 현재 여러분의 진로준비행동에 대한 정보를 알아보기 위한 것입니다. 각 문항들을 잘 읽고 자신과 가장 가깝다고 생각되는 번호에 표해 주시기 바랍니다.]

〈표 21〉 진로준비행동에 대한 진단

번호	문항내용	전혀 그렇지 않다	그렇지 않은 편이다	다소 그렇다	아주 그렇다
1	나는 지난 몇 주 동안 친구들과 나의 적성 및 앞으로의 진로(취업)등에 대해서 이야기를 나눈 적이 있다	1	2	3	4
2	지난 몇 주 동안 나는 부모님과 나의 적성 및 앞으로의 진로(취업)등에 대해서 이야기를 나눈 적이 있다.	1	2	3	4
3	지난 몇 개월 동안 나는 교수님과 나의 적성 및 앞으로의 진로(취업) 등에 대해서 이야기를 나눈 적이 있다.	1	2	3	4
4	지난 몇 주 동안 나는 내가 관심을 가지고 있는 직업이나 진로와 관련된 책이나 팜플렛 등을 구입하거나 혹은 읽어보았다.	1	2	3	4
5	몇 주 동안 나는 내가 관심을 가지고 있는 직업이나 진로와 관련된 교육관이나 혹은 교육훈련 프로그램 등에 대한 안내 책자나 팜플렛 등을 구입하거나 읽어보았다.	1	2	3	4
6	지난 몇 개월 동안 나는 내가 관심을 가지고 있는 직업이나 진로에 관련된 기관을 직접 방문해보았거나 혹은 그 같은 방문계획을 세운적이 있다.	1	2	3	4
7	지난 몇 개월 동안 나는 내가 관심을 가지고 있는 직업이나 진로에 관련된 TV프로그램, 전시회, 설명회 등을 시청하거나 참관한 적이 있다.	1	2	3	4
8	진로와 관련된 자료를 인터넷을 통해 탐색해 보았다.	1	2	3	4

제3장. 커리어 로드맵 개발 및 취업준비 가이드

번호	문항내용	전혀 그렇지 않다	그렇지 않은 편이다	다소 그렇다	아주 그렇다
9	지난 몇 개월 동안 나는 내가 관심을 가지고 있는 직업이나 진로 분야 로 진출하기 위한 자격 요건이 무엇인지 구체적으로 알아본 적이 있다.	1	2	3	4
10	지난 몇 개월 동안 나는 내가 관심을 가지고 있는 직업이나 진로와 관련된 전문가들과 이야기를 나누어 본적이 있다.	1	2	3	4
11	지난 몇 개월 동안 나는 내가 관심을 가지고 내가 관심을 가지고 있는직업이나 진로분야에 직접 종사하고 있는 사람들과 이야기를 나누어 본적이 있다.	1	2	3	4
12	지난 몇 개월 동안 나는 진로문제를 상담하기 위하여 진로지원실 또는카운슬링 & 리더십센터 등의 상담기관을 방문한 적이 있다.	1	2	3	4
13	지난 몇 개월 동안 나는 나의 적성과 흥미, 성격 등을 정확히 알아 보기 위해서 검사를 받아본 적이 있다.	1	2	3	4
14	나는 앞으로 내가 관심을 가지고 있는 직업(진학)에 입문하기 위해서 그 준비에 필요한 교재, 또는 참고서적, 또는 기타 필요한 기자재 등을 구입하였다.	1	2	3	4
15	나는 앞으로 내가 관심을 가지고 있는 직업(진학)에 입문하기 위해서 이미 구입한 교재, 또는 참고서적, 또는 기타 필요한 기자재 등을 가지고 진로 준비를 하고 있다.	1	2	3	4
16	나는 앞으로 내가 관심을 가지고 있는 직업(진학)에 입문하기 위해서 학원 등에 다니면서 그 준비를 하고 있다.	1	2	3	4
17	나는 내가 깊이 관심을 가지고 있는 업체에 대한 여러 가지 정보(취업방법, 보수, 승진제도, 전망)를 수집하였거나 혹은 그 같은 계획을 세우고 있다.	1	2	3	4
18	나는 내가 설정한 진로목표(취업 혹은 진학)를 달성하기 위해 수행한 일들을 항상 체크하고 있으며, 앞으로 할일들에 대해서도 구체적으로 계획을 세우고 있다.	1	2	3	4

출처 : 전남대학교(2020). 『진로설계와 자기이해』 교과목 가이드북.
융합인재교육원 대학일자리센터.

③ 진로결정자기효능감

[아래에 제시된 문항들은 현재 여러분이 자신의 진로를 결정하기 위해서 다음과 같은 일들을 수행할 때 얼마나 자신감을 느끼는지 그 정도에 따라 번호에 표 하여주시기 바랍니다.]

〈표 22〉 진로결정자기효능감에 대한 진단

번호	문항내용	전혀 그렇지 않다	그렇지 않은 편이다	다소 그렇다	아주 그렇다
1	내가 관심을 가지고 있는 직업에 대한 정보를 도서관에서 찾을 수 있다.	1	2	3	4
2	나는 선택 가능한 전공들 중에서 원하는 전공을 택할 수 있다.	1	2	3	4
3	나의 진로목표에 대해서 향후 5년간의 계획을 세울 수 있다.	1	2	3	4
4	내가 선택한 전공과 관련해서 학업적인 어려움이 있을 경우, 그 문제를 해결 할 수 있다.	1	2	3	4
5	나는 나의 능력을 정확히 알 수 있다.	1	2	3	4
6	나는 마음에 두고 있는 직업들 가운데 한 가지 직업을 선택 할 수 있다.	1	2	3	4
7	내가 선택한 전공을 성공적으로 완수하기 위해 필요한 방법들을 계획 할 수 있다.	1	2	3	4
8	나는 힘든 상황 에서도 좌절하지 않고 목표하는 전공이나 진로를 위해서 끝까지 노력 할 수 있다.	1	2	3	4
9	나는 나에게 어떤 직업이 잘 맞는지 알 수 있다.	1	2	3	4
10	나는 내가 관심 있는 직업의 향후 10년간의 고용 동향을 알아 낼 수 있다.	1	2	3	4
11	나는 내가 원하는 라이프 스타일에 맞는 진로를 결정 할 수 있다.	1	2	3	4

번호	문항내용	전혀 그렇지 않다	그렇지 않은 편이다	다소 그렇다	아주 그렇다
12	나는 이력서를 잘 준비 할 수 있다.	1	2	3	4
13	나는 처음에 선택한 전공이 만족스럽지 않다면 전공을 바꿀 수 있다.	1	2	3	4
14	나는 내가 직업선택에 있어서 가장 중요하게 여기는 것이 무엇인지 알 수 있다.	1	2	3	4
15	나는 내가 원하는 직업에 종사하는 사람들의 평균연봉을 알아낼 수 있다.	1	2	3	4
16	나는 진로를 결정 한 후 그것이 잘한 것인지 못한 것인지에 대해 염려하지 않을 수 있다.	1	2	3	4
17	나는 선택한 직업이 만족스럽지 않으면 다른 직업으로 바꿀 수 있다.	1	2	3	4
18	진로목표를 달성하기 위해 내가 어떤 것은 희생할 수 있고 어떤 것은 희생 할 수 없는지 구분하여 알 수 있다.	1	2	3	4
19	나는 내가 관심 있는 직업에 대해서 알아보기 위해 그 분야에 종사하고 있는 사람들과 이야기 해볼 수 있다.				
20	나의 흥미와 적성에 맞는 전공이나 진로를 선택할 수 있다.	1	2	3	4
21	나는 내가 원하는 직업과 관련 있는 고용주나 회사, 혹은 기관을 찾아 낼 수 있다.	1	2	3	4
22	나는 내가 원하는 라이프스타일이 무엇인지 정확히 알 수 있다.	1	2	3	4
23	나는 대학원이나 전문 교육기관에 대한 정보를 찾을 수 있다.	1	2	3	4
24	나는 취업을 위한 면접을 성공적으로 준비 할 수 있다.	1	2	3	4
25	나는 처음의 선택이 불가능할경우를 대비해 합리적인 대안이나 다른 진로를 알아 낼 수 있다.	1	2	3	4

출처 : 전남대학교(2020). 『진로설계와 자기이해』 교과목 가이드북.
　　　 융합인재교육원 대학일자리센터.

2. 자신의 진로결정수준 결과 해석

각 문항에 체크한 점수를 모두 더해 점수를 기입하고 아래 그림을 참조하여 자신의 유형을 찾는다.

① 진로결정수준 점수 : (   ) 점

② 진로준비행동 점수 : (   ) 점

③ 진로결정자기효능감 : (   ) 점

진로결정수준의 경우 최저 18에서 최고 72점 사이의 중간점인 45점 기준이고, 진로준비행동의 경우 최저 16점에서 최고 64점의 중간점인 40점 기준이다.

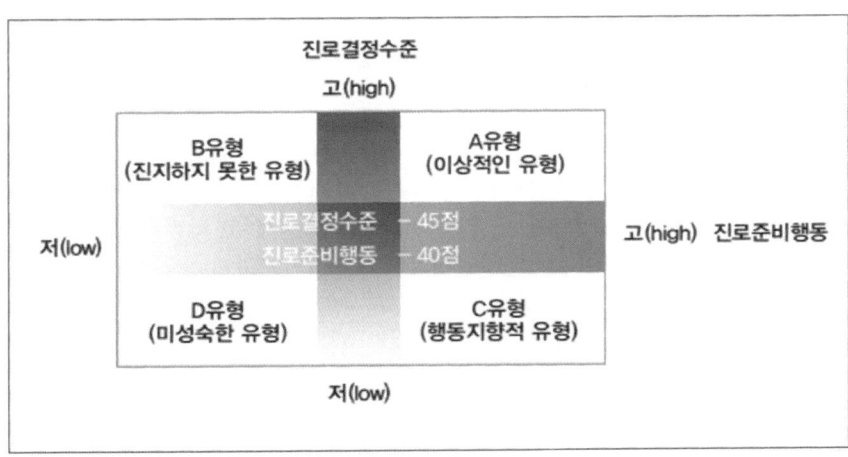

[그림 50] 진로결정수준, 진로준비행동 진단 결과에 따른 진로유형

출처 : 김봉환(1997) 대학생의 진로결정수준과 진로준비행동의 발달 및 이차원적 유형화.
서울대학교 박사학위 논문

진로결정 자기효능감은 개인이 진로와 관련된 의사결정에서 필요한 과업을 성공적으로 수행할 수 있으리라는 믿음, 다시 말해 진로관련 의사결정에 대한 준비도라 할 수 있다.

검사는 목표선택, 직업정보, 문제해결 미래계획의 하위 요인으로 구성된다. 진로결정 자기효능감 점수가 높을수록 진로의사결정에 별 문제를 느끼지 않으며 선택 상황에서 현명한 결정을 내릴 수 있는 자신감이 있음을 의미한다.

검사결과, 진로결정자기효능감의 경우 최저 25점에서 최고 125점

〈표 23〉 진로결정자기효능감 검사 결과

구분	점수	설명
A	25~40	진로결정자기효능감이 매우 낮은편으로, 진로에 대한 목표를 선택하는데 어려움을 느끼고 진로와 직업과 관련된 정보를 자주 탐색하지 않는 편이며 진로준비가 미흡한 편임.
B	41~74	진로결정 자기효능감이 다소 낮은편으로, 진로와 관련된 의사결정을 쉽게 내리지 못하고 뚜렷한 목표선택과 미래 본인의 진로에 대해 막연하게 생각하고 있는 편임.
C	75~99	진로결정 자기효능감이 보통 이상으로 진로와 관련된 과업을 어느정도 수행하고 있고, 직업에 대한 정보를 탐색하며 자신의 진로를 결정하는데 준비도가 높은 편임.
D	100~125	진로결정 자기효능감이 매우 높은편으로, 진로선택과 관련된 정보를 많이 탐색하며, 진로를 위한 과제 또는 준비를 자신있게 하는 편임.

진로 유형 해석 방법은 다음과 같다.

① A유형 : 진로결정수준과 진로탐색행동수준 점수가 모두 높은 집단으로 진로성숙도와 진로정체감이 높으며 합리적인 의사결정 유형을 소유하고 특성 불안의 수준이 낮음

② B유형 : 진로결정수준점수는 높으나 진로탐색행동점수는 낮은 집단으로, 진로성숙도 및 진로정체감이 높으며 합리적인 의사결정 유형을 소유하고 특성불안의 수준이 낮지만 단지 진로행동이 부족하다는 것만이 A유형과 다른 점

③ C유형 : 진로결정수준 점수는 낮으나 진로탐색행동 점수는 높은 집단으로, 진로성숙도 및 진로정체감이 낮을 뿐 아니라 의존적인 의사결정 성향이 강하고 특성불안 수준도 매우 높음

④ D유형 : 진로결정수준 점수와 진로탐색행동 점수 모두 낮은 집단으로 진로성숙도와 진로정체감도 낮은 반면, 합리적인 의사결정성향이 강하고 특성불안의 수준이 높음

3. 검사를 통해 자기를 이해

진로를 설계하기 위해서는 자기를 먼저 이해해야 하는데, 이 때 표준화된 검사가 자기를 이해하는 데 중요한 이유는 여러 가지가 있다.

① 객관성: 표준화된 검사는 일관된 절차와 규칙에 따라 개발되고 시행되기 때문에, 결과가 주관적인 판단에 의존하지 않고 객관적이다. 이는 자신을 이해하는 데 있어 더 신뢰할 수 있는 정보를 제공한다. 표준화되지 않은 방법보다 정확하게 자신의 성향, 능력, 흥미 등을 평가할 수 있다.

② 신뢰성과 타당성: 표준화된 검사는 신뢰성과 타당성을 검증받은 도구다. 신뢰성은 반복적인 검사에서도 일관된 결과를 도출할 수 있다는 의미이고, 타당성은 그 검사가 실제로 측정하려는 것을 제대로 측정하는지를 나타낸다. 이러한 특성 덕분에 자기 이해에 있어 더 높은 신뢰를 가질 수 있다.

③ 자기 이해의 기초 자료 제공: 표준화된 검사는 개인이 자신의 성격, 적성, 가치, 흥미, 능력 등을 객관적으로 파악할 수 있도록 돕는다. 이러한 자기 이해는 직업 선택, 경력개발, 대인 관계 등 여러 면에서 중요한 결정에 필요한 기초 자료가 된다.

④ 자기발전과 목표 설정: 자기 이해를 바탕으로 자신의 강점과 약점을 명확히 파악할 수 있다. 이를 통해 앞으로 발전시키고 싶은 부분을 설정하거나, 목표를 구체화할 수 있다. 예를 들어, 적성 검사에서 특정 분야에 강점이 있는 것으로 나타난다면 그 분야에서 경력을 쌓는 것이 합리적인 선택이 될 수 있다.

⑤ 편향된 자기 평가 방지: 사람들은 종종 자기 자신에 대해 편향된 인식을 가질 수 있다. 표준화된 검사는 이러한 편향을 최소화하여 자신에 대한 보다 객관적이고 정확한 평가를 제공해 준다. 이를 통해 자신의 실제 능력이나 성향과 괴리된 선택을 방지할 수 있다.

⑥ 다양한 사람들과의 비교 가능: 표준화된 검사는 같은 도구로 여러 사람을 평가하기 때문에, 자신이 속한 그룹 내에서 어떤 위치에 있는지, 다른 사람들과 비교했을 때 자신의 강점과 약점이 무엇인지를 알 수 있다. 이를 통해 자기 자신을 보다 넓은 맥락에서 이해할 수 있게 된다.

따라서, 표준화된 검사는 개인의 성격, 능력, 흥미 등을 과학적으로 평가하고, 이를 통해 자기 자신을 보다 명확하게 이해하는 데 중요한 도구가 된다. 이는 더 나은 자기 개발과 의사 결정에 필수적인 역할을 한다. 우리나라 표준화된 검사 중 적성검사, 흥미검사, 성격검사, 가치관검사 등 다양하다. 일부는 유료이므로 잘 확인해서 검사할 수 있다.

〈표 24〉 자기이해를 위한 표준화된 검사

	검사명	경로	소요시간
적성검사	직업적성검사	커리어넷 www.career.go.kr ▶ 진로심리검사 ▶ 대학생·일반검사 ▶ 직업심리검사 실시	20분
	성인용 직업적성검사	워크넷 www.work.go.kr ▶ 진로심리검사 ▶ 성인대상 심리검사 실시	90분

	검사명	경로	소요 시간
흥미 검사	직업흥미 검사	커리어넷 www.career.go.kr ▶ 진로심리검사 ▶ 대학생 · 일반검사 ▶ 직업흥미검사 실시	30분
	직업성호도검사 L/S형	워크넷 www.work.go.kr ▶ 진로심리검사 ▶ 성인대상 심리검사 실시	60분 / 25분
	Holland 직업탐색검사	한국가이던스 www.guidance.co.kr ▶ 성인검사 ▶ 심리검사 ▶ Holland 적성검사	50분
	Strong 직업탐색검사	KPTI검사 및 심리검사센터 www.career4u.net ▶ 심리검사 ▶ Strong 검사 실시	60분
가치 관검사	직업가치 검사	워크넷 www.work.go.kr ▶ 진로심리검사 ▶ 성인대상 심리검사 실시	20분
	직업가치 검사	커리어넷 www.career.go.kr ▶ 진로심리검사 ▶ 대학생 · 일반검사 ▶ 직업가치검사 실시	10분
진로 발달 검사	대학생 진로준비도검사	워크넷 www.work.go.kr ▶ 진로심리검사 ▶ 대학생 · 일반검사 ▶ 진로발달검사 실시	20분
	직업개발 준비도검사	커리어넷 www.career.go.kr ▶진로심리검사 ▶ 대학생 · 일반검사 ▶ 직업심리검사 실시	25분
성격 검사	EPDI 애니어그램 심리역동검사	한국가이던스 www.guidance.co.kr ▶ 상품소개 ▶ 심리검사 ▶ 성격유형검사 ▶진로심리검사 ▶ 대학생 · 일반검사 ▶ 직업심리검사 실시	45분
	MBTI 성격유형검사	KPTI온라인 심리검사센터 www.career4u.net	60분
	에니어그램 성격유형검사	한국에니어그램 교육연구소 ww.kenneagram.com ▶ 에니어그램 ▶ 한국형에니어그램성격검사	30분

	검사명	경로	소요시간
역량검사	영업직무 기본역량검사	워크넷 www.work.go.kr ▶직업정보 · 심리검사 ▶ 직업심리검사 ▶ 성인대상 심리검사	20분
	IT직무 기본역량 검사	워크넷 www.work.go.kr ▶직업정보 · 심리검사 ▶ 직업심리검사 ▶ 성인대상 심리검사	20분
	이공계 전공적합도 검사	커리어넷 www.career.go.kr ▶진로심리검사 ▶ 대학생 · 일반검사 ▶ 직업심리검사 실시	20분
	주요능력 효능감 검사	커리어넷 www.career.go.kr ▶진로심리검사 ▶ 대학생 · 일반검사 ▶ 직업심리검사 실시	20분

* 워크넷은 고용24로 통합되었음
출처 : 전남대학교(2020). 『진로설계와 자기이해』 교과목 가이드북. 융합인재교육원 대학일자리센터.

이 중에서 직업선호도검사(S)형을 해보자. 이 검사는 개인의 직업흥미를 알아보기 위한 검사로서, 다양한 활동, 직업 분야 등에 관한 다양한 내용으로 구성되어 있다. 다음 문항들은 옳거나 틀린 대답은 없다. 너무 오래 생각하지 말고 떠오르는 대로 좋아하는 활동, 관심 없는 활동, 싫어하는 활동에 맞게 체크한다.

〈표 25〉 직업선호도 검사 S형 검사지

	감시문항	좋아하는 활동	관심 있는 활동	싫어하는 활동
1~10	1 갈등을 겪고 있는 사람들이 화합하도록 돕는다 2 디자인 과정을 이수한다 3 바다에서 고기를 잡는다 4 예술, 문화, 음악 관련 글을 읽는다 5 연구소에서 화학 실험을 한다 6 공급 물품의 목록을 정리한다 7 프로젝트나 집단의 리더가 된다 8 학생들을 가르치거나 선도한다 9 성인이나 아동을 교육시킨다 10 다른 사람에게 해야 할 일을 지시한다			
11~20	11 통신케이블을 설치한다 12 예술 작품을 감상한다 13 회사의 중역이나 대표들을 만난다 14 자동차를 정비한다 15 작품 사진을 찍는다 16 사회과학 분야를 연구한다 17 사람들이 자신의 문제를 해결하도록 돕는다 18 사무실에서 일한다 19 우주 생성에 관하여 공부한다 20 다른 사람들에게 영향력을 행사한다			

제3장. 커리어 로드맵 개발 및 취업준비 가이드

	감시문항	좋아하는 활동	관심있는 활동	싫어하는 활동
21~30	21 기상의 흐름을 분석한다			
	22 다른 사람의 고민을 듣고 충고해준다			
	23 중장비를 운전한다			
	24 사람들이 자신의 적성에 맞는 직업을 찾도록 돕는다.			
	25 시스템 소프트웨어를 개발한다			
	26 문서를 확인하고 교정한다			
	27 집단의 중요한 결정을 내린다			
	28 회사규칙을 중시한다			
	29 컴퓨터를 조립한다			
	30 자연과학 분야를 연구한다			
31~40	31 회의를 진행한다			
	32 연극이나 뮤지컬을 관람한다			
	33 보고서나 공문을 작성한다			
	34 사물의 화학구조를 분석한다			
	35 자동화 공정에서 기계 장치를 조작한다			
	36 사무실에서 문서를 정리한다			
	37 회계처리를 한다			
	38 물품을 운송한다			
	39 대중 앞에서 연설한다			
	40 무대공연을 연출한다			
41~42	41 타인의 활동을 지원한다			
	42 화음에 맞추어 합창한다			

출처 : 고용24(2024). 직업심리검사-직업선호검사S형.

4. 자신의 검사결과의 해석

　직업선호도검사(S)형은 개인이 좋아하는 활동, 관심있는 직업, 선호하는 분야를 탐색하여 적합한 직업을 안내하는 검사로서, 개인의 현재 보유능력이나 학력, 전공, 자격, 가치관 등은 반영하지 않고 오로지 흥미에 관련한 정보만을 제공하므로 직업이나 진로를 결정하고자 할 때에는 직업선호도검사(S형) 결과에 반영되지 않은 자신의 능력, 자격, 적성, 가치관 등을 함께 고려해야 한다.

　이 검사의 결과는 개인이 직업이나 직무를 선택할 때 참조 자료로 활용할 수 있으며, 또한 자기소개서 작성이나 면접 준비 시 자신을 객관적이고 구체적으로 소개하기 위한 기초자료로 활용할 수 있다.

　직업선호도검사(S형) 검사 결과가 나오면 Holland 6가지 흥미 유형의 특성에 따라 해석할 수 있다. 현실형(R), 탐구형(I), 예술형(A), 사회형(S), 진취형(E), 관습형(C)의 특징을 이해한다.

제 3장. 커리어 로드맵 개발 및 취업준비 가이드

• 직업 흥미 유형별 점수

구분	당신의 흥미코드 : ES (진취형/사회형)					
	현실형(R)	탐구형(I)	예술형(A)	사회형(S)	진취형(E)	관습형(C)
원점수	9	5	3	23	30	15
표준점수	45	45	41	63	74	54

• 원점수
원점수는 스스로가 좋아하거나 싫어한다고 주관적으로 여기는 흥미 정도입니다.

• 표준점수
표준점수는 타인과 비교하였을 때의 흥미 수준을 말하며 보조적으로 활용할 수 있습니다.

• 흥미의 육각형 모형

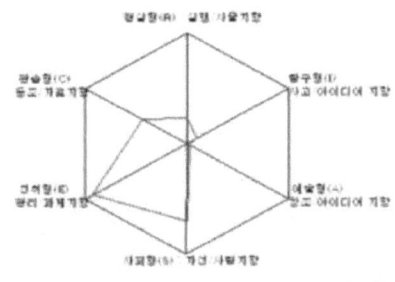

[그림 51] 직업선호도 검사S형의 검사 결과 예시

❚ 커리어 로드맵 작성해보기

학습 개요	이 장에서는 커리어 로드맵을 작서해보는 장으로서 전공별 커리어를 탐색해 보고, 학년별 경력관리를 계획하며, 커리어 로드맵을 작성하고 커리어 네트워크를 구축해본다.
학습 목표	1. 전공별 커리어 탐색할 수 있다. 2. 학년별 경력관리를 계획할 수 있다. 3. 커리어 로드맵을 작성할 수 있다. 4. 커리어 네트워크를 구축할 수 있다.

1. 전공별 커리어 탐색

고용24의 [전공별 진로가이드]는 특정 전공을 선택한 학생들이나 무전공자들이 해당 전공과 관련된 직무역량을 이해하고, 자신의 경력 개발을 체계적으로 계획할 수 있도록 돕는 가이드이다. 이 가이드는 각 전공에 맞는 직무역량, 해당 직무에 요구되는 기술과 자격, 그리고 경력개발을 위한 로드맵을 제시하여 학생들이 취업과 진로 선택에 필요한 방향성을 제공한다. 전공별 진로가이드의 활용방법을 정리하면 다음과 같다.

① 자신의 직무역량 이해: 전공별 가이드를 통해 해당 전공에서 요구하는 직무역량과 기술을 파악하여 현재 자신의 역량과 비교해 볼 수 있다.

② 경력개발 로드맵 설정: 직무역량을 기초로 경력개발 로드맵을

세워서, 어떤 교육이나 훈련이 필요한지, 어떤 경험을 쌓아야 하는지 명확히 알 수 있다.

③ 취업 전략 수립: 가이드에 제시된 직무 설명과 관련 역량을 바탕으로 자신이 원하는 직업군에 맞는 이력서와 포트폴리오를 준비할 수 있다.

④ 무전공자도 활용 가능: 전공이 아닌 분야에 진출하고자 하는 무전공자도 이 가이드를 활용해 그 분야에서 필요한 직무역량을 파악하고, 이를 강화할 수 있는 방법을 찾을 수 있다.

이러한 가이드는 학생들이 전공이나 경력에 대한 선택을 할 때 유용한 정보를 제공하며, 보다 체계적이고 목표 지향적인 경력개발을 가능하게 한다. 찾는 방법은 [고용24]의 취업지원-취업가이드-직업정보-학과정보-전공 진로가이드에서 찾아볼 수 있다.

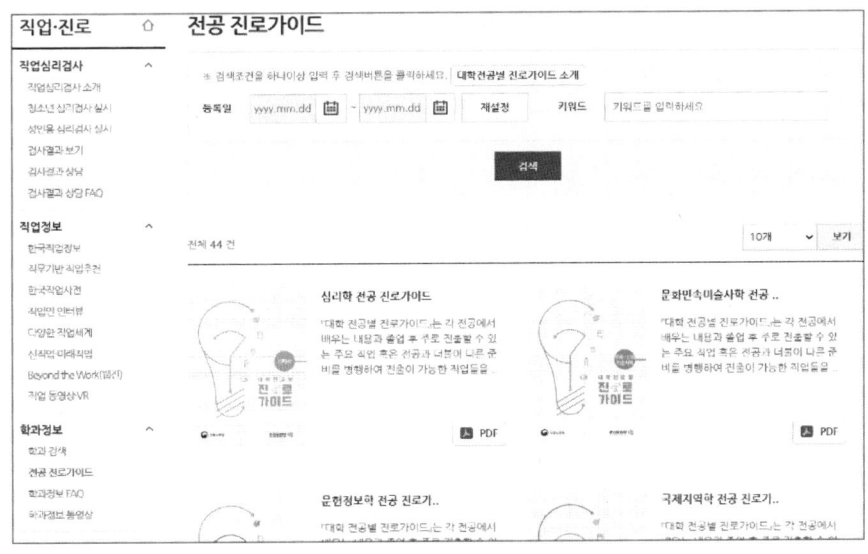

[그림 52] 전공 진로가이드(고용24)

이 밖에 대학 계열별, 학과별로 전공별로 커리어 로드맵을 제공하는 경우가 많이 있다. 다음은 숙명여대 한국어문학부 진로설계 로드맵의 시각적으로 표현한 예시로, 학생들이 학업 전, 재학 중, 그리고 졸업 후에 어떻게 진로를 계획하고 준비할 수 있는지를 단계별로 안내하고 있다. 각 단계별로 필요한 활동과 목표를 제시하여 체계적인 진로 개발을 돕고 있다.

① 입학 전: 학과 선택에 적합한 학생을 위한 가이드다. 이 단계에서는 자신의 관심사와 강점, 흥미를 파악하고, 학과와 관련된 정보를 충분히 수집하는 것이 중요하다고 강조하고 있다. 또한, 입학 전에 관련 활동을 통해 해당 분야에 대한 이해를 높이는 것이 좋다.

② 입학 후 (재학 중): 재학 중에는 전공 과정을 깊이 있게 학습하고, 다양한 경험을 통해 실무 역량을 키우는 것을 목표로 하고 있다. 전공 과목 이외에도 실무와 연관된 인턴십, 프로젝트, 동아리 활동 등을 통해 실력을 쌓고 네트워킹을 형성하는 것이 권장된다.

- 전공과정: 인문학적 소양과 학문적 사고를 깊이 있게 학습하며, 전공 관련 필수 과목과 선택 과목을 이수하여 지식과 기술을 쌓는다.

- 세부전공: 학과에서 제공하는 심화 교육이나 세부 전공 과정에 참여하여 전문성을 높인다.

③ 졸업 후: 졸업 후에는 전공을 살려 다양한 분야에서 진로를 선택할 수 있도록, 각 분야별 경로를 제시하고 있다. 교육계, 문화계, 방송계 등 다양한 선택지가 있으며, 자신의 관심 분야에 맞

는 취업 전략을 수립하는 것이 중요하다.
- 교육계: 교육 관련 직종으로, 교수나 교사와 같은 직업군이 포함된다.
- 문화계: 미디어나 연예, 문화 관련 산업에서의 경력개발이 가능하다.
- 출판계: 기자, 작가, 편집자 등 글을 다루는 직업군에서 활동할 수 있다.

이 로드맵은 학생들이 학업과 경력을 연계하여 체계적으로 준비하고, 목표를 설정하여 진로를 계획하는 데 도움을 주기 위한 도구로 활용된다.

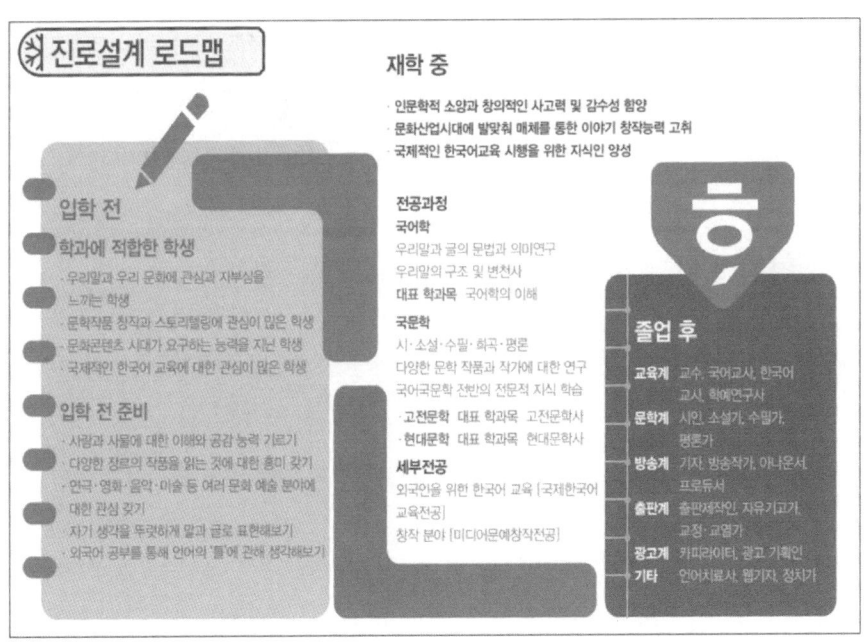

[그림 53] 대학의 전공설계 로드맵(숙명여대 한국어문학학부 예시)

출처 : 숙명여자대학교(2024). 진로진학을 위한 학과탐색 가이드.

2. 학년별 경력관리 계획

학년별 진로 탐색과 준비를 위한 단계적 계획을 안내하는 진로 설계 체크리스트를 중심으로 학생들은 자신의 진로를 체계적으로 준비할 수 있도록 한다.

① 1학년: '나'를 찾는 시간

- 학교 오리엔테이션 참석: 전공과 학교 생활에 대한 기본 정보를 습득한다.
- 진로 교육 참석: 자신의 흥미와 강점을 발견하는 데 도움을 주는 진로 교육 프로그램에 참여한다.
- 진로 탐색 검사 받기: 자신의 성향을 파악하기 위해 진로 관련 검사를 받는다.
- 학교 프로그램 적극 활용: 학업 및 진로 개발을 위한 학교 프로그램에 참여한다.
- 자기 관리하기: 시간 관리, 계획 수립 등을 통해 자기 주도적 학습 능력을 기른다.
- 외국어 공부: 꾸준한 어학 공부로 외국어 능력을 키워나간다.
- 봉사활동, 여행: 다양한 경험을 쌓기 위해 봉사활동이나 여행을 계획한다.

② 2학년: '나는 무엇을 해야 할까?'

- 대외활동·공모전 도전: 다양한 대외활동이나 공모전에 도전하며 경험을 쌓는다.
- 진로 탐색 검사: 진로 선택을 위한 심화 진로 검사를 받는다.
- 진로 멘토링 프로그램 참여: 멘토링을 통해 진로에 대해 깊이 고민하고 조언을 받는다.
- 적성에 맞는 직무 탐색: 자신의 적성과 흥미에 맞는 직무를 구체적으로 탐색한다.
- 인턴십 및 아르바이트 경험: 관련된 직무에서 실무 경험을 쌓는다.
- 봉사활동, 여행: 지속적으로 사회적 경험을 넓히기 위해 봉사나 여행에 참여한다.

③ 3학년: '나'에게 맞는 직무 경험하기

- 취업 준비 특강 수강: 취업과 관련된 특강을 통해 구체적인 준비를 시작한다.
- 직무 탐색: 관심 있는 직무나 분야에 대해 탐구한다.
- 직무 관련 자격증 취득: 해당 직무에 필요한 자격증을 준비하고 취득한다.
- 인턴십 및 아르바이트: 직무 경험을 쌓을 수 있는 인턴십과 아르바이트에 참여한다.
- 봉사활동, 여행: 지속적인 사회적 경험을 통해 자신을 성장시킨다.

④ 4학년: 사회에 도전하는 준비하기

- 직무 및 진로 정보 탐색: 취업하고자 하는 직무와 진로에 대한 정보를 적극적으로 탐색한다.
- 필요한 자격증 취득: 직무에 필요한 자격증을 완전히 준비하고 취득한다.
- 취업 준비: 이력서 작성, 면접 준비 등 구체적인 취업 준비를 완료한다.
- 취업 프로그램 활용: 학교나 기관에서 제공하는 취업 프로그램을 활용한다.

다음은 대학 학년별 학기별 분석 사례이다.

제3장. 커리어 로드맵 개발 및 취업준비 가이드

〈표 26〉 대학 학년별 학기별 분석 사례

1학년		
1학기 (동아리 등 다양한 경험을 쌓고 어학 공부부터 시작하자!)		**2학기** (전공 기초 다지며 적성과 진로를 탐색하자!)
• 신입생 새내기들은 대부분 학부생이기 때문에 전문성을 쌓는 노력도 중요하지만 먼저 다양한경험을 쌓는 데 중점을 두어야 한다. • 신입생환영회, MT 등 각종 모임은 넓은 인맥을 구축할 수 있는 기회가 되므로 적극적으로 참여하는 것이 좋다. • 특히, 3~4월경에는 동아리에 가입해 폭 넓은 활동을 하는 것이 향후진로를 선택하거나 취업을 하는 데 있어서 도움이 될 수 있다. 또한 이 시기는 꾸준히 어학공부를 하는 습관을 기를 수 있는 좋은 기회이다.	여름방학	• 1학기 때 다양한 활동으로 경험을 쌓았다면, 2학기는 보다 본격적으로 미래를 대비한 구체적인 초석을 다져야 한다. • 주력할 점은 전공에 대한 학습계획을 세우고 기초를 다지는 것이다. 밖으로는 폭 넓은 시야를 가지면서도 안으로는 내실 있는 학교생활을 해야 한다. • 방학이 되면 아르바이트나 농촌 봉사활동, 배낭여행 등 캠퍼스 안팎에서 다양한 경험을 해보고 자신의 적성과 진로를 탐색하는 것이 좋다.

| | 겨울방학 |

2학년		
1학기 (학점 적극 관리, 적성에 맞는 직무분야를 고르자!)		**2학기** (다양한 활동경험으로 인적 네트워크를 넓히자!)
• 2학년이 되면 진로 계획을 구체적으로 세우고 부족한 점을 보충해야 한다. 일부 대학생들은 공모전 준비나 어학공부에 중점을 두는 반면에 학점관리를 소홀히 하는 경향이 있는데, 이런 경우 취업 시 낮은 학점 때문에 서류전형에서 실패할 확률이 높을 수 있다. • 그러므로 적극적인 학점관리와 꾸준한 외국어 학습을 시작해야 한다. 자신의 적성에 맞는 직무분야를 결정하고 그것과 관련하여 중장기적인 준비를 시작해야 한다.	여름방학	• 1학기 때 적성에 따른 직무분야를 선택했다면, 2학기는 그 분야와 관련한 다양한 활동 및 경험을 쌓는 것이 좋다. • 동아리나 봉사활동을 하고 방학을 활용하여 자격증을 획득하고 공모전에 참여하는 등 모든 활동에 적극적으로 도전해 보는 것이 필요하다. 이러한 노력의 과정은 진출하고자 하는 분야에 대한 자신의 의지와 가능성을 확인하는 기회가 된다. • 그리고 이 때 관심 분야가 동기나 선배 등의 만남과 정보교류를 통해 간접 경험도 축적해 나간다면 자신이 세운 목표에 다가설 수 있게 될 것이다.

| | 겨울방학 |

제 3장. 커리어 로드맵 개발 및 취업준비 가이드

3학년		
1학기 (목표 점검과 직무능력 배양에도 힘쓰자!)		**2학기** (핵심역량을 개발하고 적극적으로 인턴십에 참여하자!)
• 1, 2학년 시기에 자신의 적성과 진로에 대한 열정적인 탐색이 있었다면, 이제는 보다 주의 깊은 점검과 정비가 필요할 때이다. • 직무 관련한 활동 경험을 바탕으로 자신이 세운 진로 방향과 목표를 점검했을 때, 그 목표가 선명하게 그려지고 긍정적인 확신을 할 수 있어야만 계획대로 추진이 가능할 것이다. • 그렇지 않다면 전문가의 조언을 받아 자신을 재조명하고 목표를 명확히 하는 데 도움을 받는 것이 필요하다. • 그리고 이와 동시에 학점과 영어 점수를 꾸준히 하고, 컴퓨터 등의 직무능력 배양에 노력을 기울여야 한다.	여름방학	• 목표가 확고하다면, 다음은 실행에 옮기는 시기라고 할 수 있다. • 이때는 취업을 희망하는 기업과 직무에 속한 자신의 모습을 구체적으로 상상하며 필요한 핵심역량을 강화하기 위해 노력하고 기업과 관련된 정보를 수집함으로써 경쟁력을 강화해야 한다. • 또한 직무와 관련한 아르바이트나 배낭여행, 인턴십 등은 취업 경력에 도움이 된다. • 특히 최근에는 여러 기업과 기관, 단체 등에서 인턴십 제도를 활발히 진행하고 있는데 이를 통해 신입사원을 선발하기도 한다. • 이러한 인턴십은 자신의 희망직종과 실무에 대해 직접 경험함으로써 현장감각을 익힐뿐 아니라, 실제 문제 상황도 부딪혀봄으로써 문제해결능력을 향상시킬 수 있다.
4학년		
1학기 (취업정보에 늘 관심 갖고, 취업행사에 적극적으로 참여하자!)		**2학기** (취업캠프, 모의면접 등을 통해 실전을 대비하자!)
• 본격적인 취업활동을 시작하는 4학년 1학기가 되면 학내의 취업센터를 적극적으로 활용하는 것이 지혜로운 방법이다. 또 취업박람회나 기업 채용설명회에도 적극적으로 참여한다면 기업들의 채용 • 패턴을 한 눈에 볼 수 있는 좋은 기회가 될 것이다.	여름방학	• 이제 과녁을 향해 집중을 할 때이다. 입사 지원할 기업이 원하는 인재는 어떤 사람인지 찾아 화살을 겨눠야 하는 것이다. • 먼저는 대기업, 중소기업 구분 없이 동시 다발적으로 채용이 이루어지는 만큼 가능한 한 많은 기업의 정보에 밝아야 하고, 그에 대한 대응 전략을 세워 체계적인 준비를 해야한다. • 이를 위해 기업의 문화와 인재상을 파악하고, 특징적 채용전형에 입각해 맞춤 지원을 해야 한다. 그리고 선배 또는 취업캠프와 취업클리닉의 도움을 받아 모의면접과 리허설도 해보고 피드백을 받아보면 자신의 경쟁력을 향상시킬 수 있다.

출처 : 전남대학교(2020). 『진로설계와 자기이해』 교과목 가이드북. 융합인재교육원 대학일자리센

3. 커리어 로드맵 작성하기

자신의 대학별 경력계획을 기반으로 커리어 로드맵을 작성해보자. 커리어 로드맵을 그리기 위해서는 먼저 교과목 로드맵을 그린 후에 커리어 로드맵을 작성한다. 다음은 경영학부 학생의 교과목별 로드맵이다.

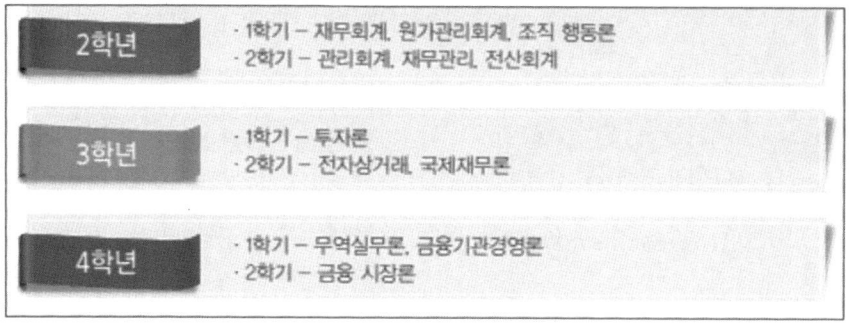

[그림 54] 교과목 로드맵(경영학부 예시)

먼저, 2학년 1학기에는 재무회계, 원가관리회계, 조직 행동론 등의 과목을 통해 회계 및 조직에 대한 기초 지식을 쌓고, 2학년 2학기에는 관리회계, 재무관리, 전산회계와 같은 과목을 통해 관리와 재무 관련 능력을 강화한다.

3학년 1학기에는 투자론을 통해 금융 및 투자에 관한 심화된 지식을 학습하고, 3학년 2학기에는 전자상거래와 국제재무론을 통해 국제경제 및 전자상거래와 관련된 실무적 지식을 쌓는다.

4학년 1학기에는 무역실무론, 금융기관경영론과 같은 과목을 통해 무역과 금융기관 경영에 관한 실무적 이해를 넓히고, 4학년 2학기에는 금융 시장론을 통해 금융 시장의 원리와 구조에 대해 심도 있는 학습을 진행한다.

이 로드맵은 학년과 학기에 따라 주요 전공 과목을 제시하여 학생들이 각 학기마다 어떤 과목을 수강해야 하는지에 대한 방향을 제공하고 있다. 이를 통해 학습 계획을 체계적으로 세우고, 진로와 관련된 핵심 역량을 개발할 수 있도록 돕는다.

다음으로 커리어 로드맵을 작성한다. 경영학부 교과목 로드맵을 그린 후에 4년간의 학업 및 진로 개발 로드맵을 작성한다. 각 학년별로 집중해야 할 목표와 활동들이 단계별로 나열되어 있으며, 목표 달성을 위해 해야 할 구체적인 활동들을 제시한다. 이 로드맵은 금융 관련 학과 학생들이 1학년부터 4학년까지 학업과 실무 능력을 체계적으로 쌓고, 취업 준비를 단계별로 할 수 있도록 안내하는 역할을 한다.

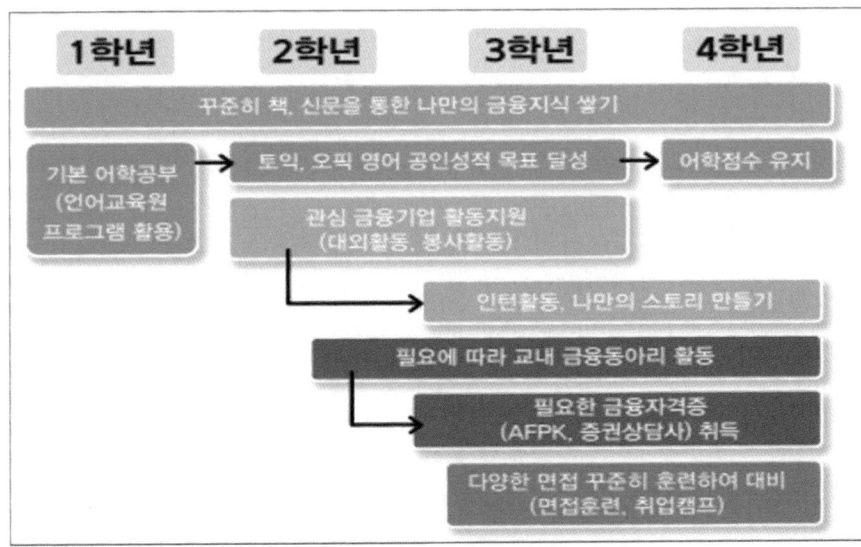

[그림 55] 커리어 로드맵(경영학부 예시)

① 1학년 : 1학년에는 언어 능력을 기르기 위해 기본적인 어학 공부에 집중하는 것을 목표로 삼고, 학교에서 제공하는 언어교육원 프로그램 등을 활용하여 기초를 다진다. 또한 꾸준히 책과 신문을 통해 금융에 대한 기본적인 지식을 쌓아 나가는 것이 중요하다.

② 2학년: 토익이나 공인 영어 성적을 달성하는 등 어학 능력을 더욱 강화하는 해로, 이는 후속 학년에서의 취업 준비와 금융 관련 자격증 취득에도 필수적이다. 대외활동이나 봉사활동을 통해 자신이 관심 있는 금융기관과 관련된 경험을 쌓고 네트워킹을 형성한다.

③ 3학년: 인턴십을 통해 실제 금융 현장에서 경험을 쌓고, 본인만의 스토리를 만들어 나가는 시기다. 이를 통해 자기소개서나 면접에서 어필할 수 있는 강점을 키운다. 필요에 따라 교내 금융동아리에 참여하여 실무 능력과 이론적 지식을 동시에 쌓는 것을 목표로 한다.

④ 4학년: 졸업 전까지 어학 성적을 유지하며 취업 준비를 이어가고, 필요한 금융 자격증(예: AFPK, 증권상담사)을 취득하여 실무 역량을 높인다. 다양한 면접 준비와 취업 캠프에 참여하여 꾸준히 훈련하면서 취업에 대비하는 시기다. 면접 준비, 취업 관련 스킬을 꾸준히 연습하여 원하는 금융권에 취업할 수 있도록 준비한다.

4. 커리어 네트워크 구축하기

자신의 전공 분야에서 커리어 네트워크를 구축하기 위해서는 목표를 설정한 체계적인 전략이 필요하다. 다음은 커리어 네트워크를 구축하기 위한 체크리스트로서 학생들은 다음을 고려하여 커리어 네트워크를 구축할 필요가 있다.

① 전공과 관련된 활동에 적극 참여

- 학내 활동: 전공 관련 동아리, 학술 모임, 세미나 및 학회에 적극 참여하여 같은 관심사를 가진 친구들과 교류한다. 이런 활동을 통해 전공에 대한 심도 있는 논의를 할 수 있고, 네트워크의 기초를 다질 수 있다.
- 학교 프로그램 활용: 학교에서 제공하는 취업 설명회, 직무 특강, 멘토링 프로그램에 참여하여 다양한 전문가들과 연결을 맺는다.
- 인턴십 및 현장 실습: 학교에서 제공하는 인턴십 프로그램이나 현장 실습 기회를 활용해 실제 산업 현장에서 일하며 전문가들과 관계를 쌓을 수 있다.

② 온라인 네트워킹

- LinkedIn 등 전문 네트워크 플랫폼 활용: LinkedIn 같은 플랫폼에 자신의 프로필을 업데이트하고, 전공 관련 전문가나 교수님, 동문들과 연결을 맺는다. 적극적으로 전문가의 글을 읽고 의견을 나누며 관계를 확장한다.
- 전공 관련 온라인 커뮤니티 참여: 전공과 관련된 온라인 포럼, 세미나, 웹사이트에서 활동하며 정보를 공유하고 전문가들과의 접점을 늘린다.

③ 졸업생과의 네트워크 형성

- 졸업생 인터뷰 및 멘토링: 자신의 전공 분야에서 성공적으로 커리어를 쌓은 졸업생들에게 직접 연락하여 인터뷰를 요청한다. 이 과정에서 졸업생의 경험담을 듣고, 취업 준비나 경력 관리에 대한 조언을 얻을 수 있다. 많은 졸업생들이 후배들에게 도움을 주려는 의지가 있기 때문에 긍정적인 반응을 얻을 가능성이 크다.
- 학교 동문회: 학교 동문회나 졸업생 네트워크 모임에 참여해 전공 선배들과 관계를 맺고, 인턴십이나 취업 기회를 알게 될 수 있다. 졸업생들은 종종 회사 내에서 후배를 추천하는 역할을 하기 때문에, 실질적인 취업 기회로 이어질 수 있다.

④ 교수님 및 전문가와의 관계 형성

- 교수님과의 적극적인 상담: 전공 수업을 담당하는 교수님들과 꾸준히 상담하며 자신의 진로에 대한 조언을 구한다. 교수님들은 산업 내 전문가들과도 연결되어 있기 때문에 좋은 기회를 제공할 수 있다.
- 전공 관련 세미나 및 컨퍼런스 참석: 전공 관련 세미나, 컨퍼런스에 참석해 직접 전문가들과 인사를 나누고 네트워크를 확장한다. 질문을 통해 적극적으로 자신의 존재를 알리고 관심 있는 분야에서 자신을 어필할 수 있다.

⑤ 졸업생 인터뷰 내용 예시

- 인터뷰 대상: 3년 전에 경제학과를 졸업한 박지민 씨 (현재 대형 금융기관에서 근무 중)
- 질문 예시:
- 학교를 졸업한 후 어떻게 지금의 직장에 입사하게 되었나요?

- 학교에서 배운 내용 중 실무에 가장 많이 도움이 되었던 것은 무엇인가요?
- 취업 과정에서 특히 도움이 되었던 네트워크나 인턴십 경험이 있나요?
- 후배들이 금융권에 진출하기 위해 어떤 준비를 해야 할까요?
- 커리어를 시작할 때 가장 중요하게 생각해야 할 것은 무엇인가요?
- 인터뷰 결과 요약: 박지민 씨는 대학 시절 동아리 활동과 금융 관련 공모전 참가가 많은 도움이 되었으며, 인턴십을 통해 회사 내 인맥을 쌓은 것이 취업에 중요한 역할을 했다고 강조했다.
- 또한 졸업 후에도 교수님과 지속적으로 연락을 유지하며, 현업에서 도움을 많이 받았다고 말했다. 후배들에게는 대학 시절 네트워킹을 게을리하지 말고, 적극적으로 인턴십 기회를 찾으라는 조언을 주었다.

⑥ 장기적 네트워크 유지

- 정기적 연락: 졸업생이나 현업에 있는 전문가들과 지속적으로 소통을 유지하고, 감사 메시지나 경조사에 참여하여 관계를 유지한다.
- 업데이트된 정보 공유: 자신의 학업이나 프로젝트 진행 상황을 정기적으로 업데이트하여 자신의 발전을 알리고, 관련 분야에 대한 관심을 지속적으로 표현한다.

커리어 네트워크 구축은 학내 활동, 졸업생과의 연결, 전문가들과의 지속적인 소통을 통해 가능하다. 이를 통해 취업 기회를 넓히고, 실무에서 필요한 조언을 얻으며, 장기적인 커리어 성장을 도모할 수 있다.

Ⅲ 직무능력 중심의 취업준비

학습 개요	이 장에서는 직무능력 중심의 취업을 준비하는 전략을 제시하는 장으로서, 직무 및 기업을 분석하고, 직무능력 중심 자기소개서를 작성해보고, 직무능력 중심의 필기를 준비하는 방법과 면접을 준비하는 전략을 제시한다.
학습 목표	1. 직무 및 기업을 분석할 수 있다. 2. 직무능력 중심 자기소개서를 작성할 수 있다. 3. 직무능력 중심 필기를 준비할 수 있다. 4. 직무능력 중심 면접을 준비할 수 있다.

1. 직무 및 기업 분석

직무능력 중심의 취업을 이해하기 위해서는 취업하고자 하는 기업이 어떤 일을 하는지 이해해야 한다. 앞에서 직업 및 직무에 대해서는 설명하였으므로, 여기서는 산업에 대해서 설명한다. 한국표준산업분류(KSIC)을 통해서 기업 또는 조직이 어떠한 산업 분야에 속해 있는지 확인한다. 기업이 주로 수행하는 활동, 예를 들어 제조업, 서비스업, 금융업 등과 같은 경제 활동을 기준으로 분류한다. 그 이후는 회사 사이트에 안내된 직무 내용을 확인한다.

① 기업 홈페이지의 직무 이해 : 기업의 공식 홈페이지에 나와 있는 직무 설명을 읽고, 해당 직무에서 요구하는 기술, 역량, 그리고 업무 내용을 파악한다. 이를 통해 해당 직무에 적합한 지원자가 되기 위한 준비를 할 수 있다.

제 3장. 커리어 로드맵 개발 및 취업준비 가이드

국내영업/마케팅

국내 영업/마케팅 업무는 크게 B2C와 B2B로 나눌 수 있습니다.

국내 영업/마케팅 업무는 크게 B2C와 B2B로 나눌 수 있습니다.

① B2C 판매 업무는 LG전문점과 양판점, 할인점에서의 매출 향상을 위한 관리로 고객관리/상권관리/판매관리/인사/경영관리에서 경쟁력을 확보하는 활동입니다. 고객관리는 LG전문점의 고객유치 및 유지를 하며, 상권관리는 상권분석을 통해 유통채널간의 상권중복으로 인한 갈등을 최소화하고 상권 내 경쟁 승리를 위한 STP 작업을 하는 활동입니다. 또한, 판매관리를 통해 LG전자는 재고회전율을 관리하고 제품 진열 등에 영향을 줍니다. 인사, 경영관리는 판매점의 인사 시스템 개선을 유도하고 손익분석을 통해 판매점에 Sales 개선을 지도합니다.

② B2B 판매 업무는 크게 고객관리와 판매역량관리, 경영관리로 나눌 수 있습니다. 고객관리 활동은 고객을 분석하여 최적의 제품 솔루션을 제공합니다. 판매역량관리는 기업간 직거래를 담당하는 영업사원의 판매 역량을 측정 및 관리해주며, B2B 전문유통업의 대표자 및 판매사원의 교육을 지원해주는 활동입니다. 경영관리는 전문점의 수익구조를 분석하고, 전문점이 소속 직원들의 HR을 관리하는 데 도움을 주는 활동입니다.

- 유관전공

전공무관

- 필요역량

B2C 판매활동은 기본적으로 시장과 고객/경영/인사 등에 대한 지식이 필요하기 때문에 상경계열 및 소비자 관련 전공 지식이 필요합니다. 그리고 거래선 대표자 및 판매사원을 대상으로 Presentation Skill 등이 중요합니다. B2B 판매활동은 상경계열 전공 뿐 아니라 판매 제품에 대한 지식이 있는 기계공학, 전자공학 계열 전공이 업무에 도움이 됩니다. B2B 영업 특성상 구매 의사결정자 및 고객과의 대면이 많아 대인관계가 좋고 적극적이며 설득력이 있는 사람을 선호합니다.

[그림 56] LG전자의 직무소개 영업/마케팅 예시

② 회사 홈페이지 조직도의 주요 업무 내용 분석: 회사의 조직도나 부서 소개를 통해 각 부서의 역할과 주요 업무를 분석한다. 이를 통해 자신이 지원하고자 하는 부서의 위치와 그 부서가 회사 전체에서 맡고 있는 역할을 이해할 수 있다.

③ 기업체 담당자 및 지인 인터뷰: 기업에 근무하고 있는 담당자나 그 기업에 대해 잘 알고 있는 지인들과 인터뷰를 통해 더 구체적

인 정보를 얻는다. 이 방법을 통해 실무에 대한 현실적인 조언을 받을 수 있으며, 직무와 관련된 실제적인 경험을 들을 수 있다.

④ 기업설명회, 박람회 참여 등으로 직무 정보 수집: 기업설명회나 취업박람회에 참여하여 기업이 제공하는 직무 정보와 채용 정보를 직접 수집한다. 채용 담당자와 대면할 기회를 얻을 수 있으며, 궁금한 점을 직접 질문하고 답변을 얻을 수 있는 좋은 기회가 된다.

⑤ ChatGPT 활용: ChatGPT와 같은 AI 도구를 활용하여 직무 분석, 자기소개서 작성, 면접 준비 등에 도움을 받을 수 있다. 이 도구를 사용해 지원할 기업에 대해 보다 깊이 있는 정보와 분석을 빠르게 얻을 수 있으며, 예측 질문에 대한 답변 연습도 가능하다.

⑥ 회사 연혁, 대표이사, 법인 및 사업장 수, 직원 규모, 주 사업 분야, 경영이념, 비전, 경영 목표, 경영 성과, 인재상, 기업 문화, 기업 행보, 산업분석, 트랜드 등을 분석할 수 있다.

- 회사연혁, 대표이사, 법인 및 사업장 수, 직원규모
- 주 사업분야, 경영이념, 비전, 경영목표
- 경영성과
- 인재상
- 기업문화
- 기업행보
- 산업분석
- 트랜드 등

[그림 57] 회사의 구체적인 정보 이해

⑦ 직무기술서 활용: 직무기술서(직무 설명서)는 해당 직무에 대한 구체적인 요구 사항과 역량을 명확히 제시하는 문서이다. 이를 활용하여 지원할 직무가 요구하는 역량을 분석하고, 자신의 역량과 비교하여 부족한 부분을 보완할 수 있다.

[금융분야] 직무기술서를 살펴보기 위해, 한국산업은행에서 [금융영업], [신용분석], [금융영업지원]과 [증권·영업]분야 채용시 제시한 직무기술서 예시를 제시하면 다음과 같다.

제 3장. 커리어 로드맵 개발 및 취업준비 가이드

채용직군	KDB산업은행			
	은행일반			
NCS 분류체계	대분류	중분류	소분류	세분류
	03. 금융·보험	01. 금융	01. 금융영업	01. 창구사무
				03. PB영업
			03. 신용분석	01. 개인신용분석
			05. 금융영업지원	01. 결제
			06. 증권·외환	06. 무역·금융 업무
기관 주요사업	○ 산업의 개발·육성, 사회기반시설의 확충 및 지역개발, 금융시장 안정 및 그 밖에 지속가능한 성장 촉진 등에 필요한 자금의 공급 및 관리 ○ 국내 대표 정책금융기관으로서, 혁신성장 및 4차 산업혁명 선도, 금융선진화 선도, 시장안전판 기능 강화, 통일시대 준비, 지속가능한 정책금융기능 확충을 통해 대한민국 금융산업과 국민경제 발전에 기여하는 역할 수행			
기관 직무수행 내용	○ (텔러) 수신(신탁, 퇴직연금 포함) 고객관리, 수신 상품판매(산금채, 카드, 펀드, 뱅카 등) 등과 관련된 텔러 및 콜센터 상담원의 직무 ○ (외환) 수출금융, 수입금융, 외환영업지원(외화예금, EDI 등) 등 외국환 직무 ○ (기업외여신) 상공인대출을 제외한 기업외여신(집단대출 및 개별대출) 사후관리 등과 관련된 직무 ○ (영업지원) 영업점의 자금조달, 자금관리, 자산운용에 따른 결재, 대사, 확인, 평가, 사후관리 등과 관련된 직무 ○ (비서) 비서, 임원지원 등과 관련된 직무 ○ (업무지원) 예산, 복지, 관재, 보안, 업무지원 등과 관련된 직무			
직업기초 능력	○ 의사소통능력, 문제해결능력, 수리능력, 정보능력			
NCS기반 직무수행요건 (하단 내용)				
금융	세분류	○ 창구사무 ○ PB영업 ○ 개인신용분석 ○ 결제 ○ 무역·금융 업무		
	필요지식	○ 회계원리, 상업경제, 금융일반 등 기본 상경계열 직무지식 ○ 자본시장 및 금융상품에 대한 이해		
	필요기술	○ 오피스 프로그램(워드, 스프레드시트, 프레젠테이션) 활용 기술 ○ 수신, 외국환, 대출, 결제 관련 소프트웨어 활용 기술 ○ 업무 관련 법령 해석 및 적용 기술		
	직무수행 태도	○ 원만한 대인관계를 위한 긍정적인 자세와 커뮤니케이션 능력 ○ 새로운 지식 습득 능력, 정보수집 및 분석, 위기대처 능력 ○ 객관적·종합적인 분석태도 및 외부 요구사항에 대한 명확한 판단력 ○ 투명하고 공정한 업무수행 태도 ○ 고객중심적인 사고 및 다양한 기술적 대안을 탐구하는 의지		
참고 사이트	○ www.ncs.go.kr → NCS 학습모듈 검색 → 능력단위 정보 확인			

[그림 58] [금융분야] 한국산업은행 직무기술서(예시)

출처 : 한국산업인력공단(2022). [금융분야] 직무 멘토링.

2. 직무능력 중심 자기소개서 작성

직무능력 중심의 자기소개서를 작성하기 위해서는 자기소개서 문항을 지원동기, 직무경험과 문제해결 중심으로 제시한다.

① 지원동기 : 우리 회사와 해당 직무 분야를 지원한 동기가 무엇인가요?

지원동기를 작성하는 원칙은 첫째, 회사 지원 동기는 간단하게 사업 내용에 대한 이해, 하고 싶은 일, 자신이 생각하는 비전을 중심으로 간단하게 작성한다.

둘째, 희망직무의 선택 이유에서 직무의 부합도와 적성을 강조한다.

셋째, 입사 후 포부 등을 직무 노력을 기반으로 확장성 있게 작성한다.

넷째, 직무 관련 전공 지식 및 지원 기업의 비전, 핵심가치 등에 대한 이해를 표현한다.

다섯째, 직무와 밀접하게 관련되는 능력단위, 직업기초능력 등을 활용하여 직무에 대한 이해도를 강조한다.

<[금융분야] 직무 지원자의 "지원동기" 작성한 예시>

OO은행의 서비스에 만족했던 고객이었던 제가 이제는 직원으로 제가 느꼈던 만족감을 고객에게 다시 제공하고 싶어 지원하였습니다. 실제로 OO은행 서비스가 '대단하다'라고 느꼈던 경험이 있습니다. 영업시간이 끝난 후 ATM기기로 현금을 인출하고 시간 내에 카드를 빼지 않아 카드가 ATM기기 안으로 들어가 버린 사건이 있었습니다. 영업시간도 끝났고 이 카드를 당장 써야하는데 하며 당황하고 있을 때 직원분께서 이런 저를 안심시켜 주시며 저와 함께 지점 안으로 들어가 카드를 건네 주셨습니다. 영업시간이 지났음에도 고객에게 최선을 다하는 모습을 보며 큰 감동을 받았습니다.

저는 고객 지향적인 마인드와 금융 지식을 갖춘 준비된 인재입니다. 카페와 서빙 등 서비스직 아르바이트를 지속적으로 하며 고객과 소통하는 방법 및 고객가치의 중요성을 배웠습니다. 또한 금융 및 경제학에 관심이 많아 관련 뉴스들을 스크랩하며 세계 경제의 흐름을 익히려고 노력하였습니다. 그리고 국제 금융시장론, 외환론, 미시경제학, 거시경제학을 수강했으며 우수한 성적을 받았습니다.

[그림 59] [금융분야] 직무 지원자의 "지원동기" 작성한 예시

출처 : 한국산업인력공단(2022). [금융분야] 직무 멘토링.

② 직무경험 : 동아리, 학과, 회사 등에서 지원 직무와 관련된 경험이 있다면 기술해주세요.

먼저, 직무경험을 작성하는 원칙은 첫째, 동아리, 학과, 회사에서의 직무 관련 경험을 탐색한다.

둘째, 해당 업무(경험)에서 본인이 담당했던 일이 지원한 직무와 어떤 연관성이 있는지 나타나도록 기술한다.

셋째, 해당 업무(경험)를 통해 느낀 점을 구체적으로 기술한다.

넷째, 지원 직무와 관련 경험을 구체적으로 제시하고 해당 경험이 직무 수행 시 어떻게 발휘될 수 있는지를 중심으로 기술한다.

다섯째, 직무와 밀접하게 관련되는 능력단위, 직업기초능력 등을 활용하여 직무에 대한 이해도를 강조한다.

〈[금융분야 직무 지원자의 "직무경험" 작성한 예시〉

타 은행에서 인턴으로 근무하며 영업점 개인 금융 창구에서 고객들을 응대하고 신규 통장 발급과 통장 정리, 체크카드 발급 등 간단한 수신 업무를 주로 수행하였습니다.
그 외에도 영업점 업무 시간 이후 각 창구별 전표와 BPR 발송 서류를 전산망에 등록하고 행낭을 통해 발송하는 업무를 수행하였습니다.
해당 경험을 통해 은행의 수신 업무 절차에 대해 깊이 이해할 수 있었고 직접 고객 업무를 수행하며 수신 분야에서 실무 역량을 갖출 수 있었습니다.

[그림 60] [금융분야] 직무 지원자의 "직무경험" 작성한 예시

출처 : 한국산업인력공단(2022). [금융분야] 직무 멘토링.

③ 문제해결 : 해결하기 어려웠던 문제를 해결한 경험이 있다면 기술해주세요.

문제해결을 작성하는 원칙은 첫째, 당면했던 문제가 무엇인지 구체적인 상황과 함께 기술한다.

둘째, 왜 그것이 문제라고 생각했는지에 대해서도 기술(원인분석)한다.

셋째, 원인분석→대안제시→원인규명을 위한 구체적 노력이나 행동 순으로 기술한다.

넷째, 결과와 배운 점 등을 중심으로 기술한다.

다섯째, 자신의 장점을 부각시킬 수 있는 문제상황을 선택하고, 장점을 살려 문제를 극복한 경험을 중심으로 기술한다.

여섯째, 직무와 밀접하게 관련되는 능력단위, 직업기초능력 등을 활용하여 직무에 대한 이해도를 강조한다.

〈[금융분야] 직무 지원자의 "문제해결" 작성한 예시〉

OO은행에서 인턴 사원으로 근무한 경험이 있습니다. 저는 인턴이었기 때문에 실적에 대한 압박은 없었지만, 인턴으로 근무하는 동안 성과를 내는 모습을 보여드리고 싶었습니다. 문제는 제가 인턴 사원이기 때문에 고객님들께서 저를 신뢰하기 어려워 하시고 상품 가입을 맡기지 않는 것이었습니다.

그래서 상품을 판매하기 전에 저를 신뢰하게 만들어야겠다는 생각이 들었습니다. 저는 한눈에 들어오는 크기의 자기소개용 명함을 자체 제작해서 고객님에게 상담 시 드리며 업무 시간 이후에도 궁금하신 점은 언제든 상담을 해드리겠다고 말씀드렸습니다. 시간이 지나자 제 명함을 받은 고객님이 점차 늘었고 상세한 상품설명을 통해 꾸준히 제 창구를 찾아주는 고객님들이 생겼습니다. 인턴 사원인 저를 믿고 상품을 계약하실 수 있게 저를 먼저 셀링했던 것이 성과가 있었다고 생각합니다.

[그림 61] [금융분야] 직무 지원자의 "문제해결" 작성한 예시

출처 : 한국산업인력공단(2022). [금융분야] 직무 멘토링

3. 직무능력 중심 필기 준비

자기소개서를 작성한 후에는 채용공고문에서 시험형태, 평가영역, 문항 수를 확인해야 한다. 채용공고문에는 직업기초능력 평가영역, 직무수행능력 평가 과목, 시험유형(객관식, 주관식, 논술), 문항 수, 시험 시간, 배점 등이 제시된다.

직군	모집분야	시험과목
사무	경영/경제	경영학, 경제학, 회계학
	법/행정	법학, 행정학
기술	기계	열역학, 재료역학, 유체역학
	전기/전자	전기기기, 회로이론, 전력공학
	화공/환경	열역학, 공업화학, 연소공학
	전산	데이터베이스, 데이터통신
	건축	건축계획, 건축시공, 건축구조, 건축설비, 건축관계 법규

[그림 62] 직무수행능력 평가 시험과목 예시

① 기본 직무 지식 학습: 지원하는 직무와 관련된 기본적인 이론과 기술을 먼저 학습해야 한다. 해당 직무에 대한 기술, 트렌드, 산업 전반의 이해가 필요하다. NCS(국가직무능력표준) 자료를 활용하여 직무별로 요구되는 지식을 파악하고 공부할 수 있다.

제 3장. 커리어 로드맵 개발 및 취업준비 가이드

[그림 63] NCS 학습모듈에서 필기시험 참고하기

② 문제 유형 분석: 기업별 필기 시험은 출제 유형이 다를 수 있으므로, 미리 기업의 필기 시험 문제 유형을 조사하고 과거 기출문제를 풀어본다. 기술적인 부분에서 주로 어떤 문제들이 나오는지 파악하고 그에 맞게 준비해야 한다.

③ 실전 문제 풀이: 직무와 관련된 문제를 많이 풀어보는 것이 중요합니다. 특히, 프로그래밍 직무라면 코딩 테스트를 실전처럼 연

습하거나, 특정 직무 관련 시험을 준비할 때는 모의고사를 통해 시간 관리 능력을 기르는 것이 좋다.

④ 직업기초능력 강화: 논리적 사고력, 수리 능력, 문제 해결 능력 등 직무능력 외에 기본적인 역량을 요구하는 시험일 경우 이를 보완하는 준비가 필요하다.

4. 직무능력 중심 면접 준비

직무역량 관점에서 본인의 강점을 명확하게 어필하기 위해서는 우선적으로 직무를 이해하고 있어야 하고, 직무 관련 경험을 쌓아야 하며, 경력개발 Plan을 구성해야 한다.

⟨1. 직무 이해하기⟩
- ▶ 고용24 홈페이지 및 기타 민간 채용 사이트에서 직무 정보를 파악한다.
- ▶ (공공기관) 직무기술서를 파악한다.
- ▶ 지원 기업 설명회 탐색(구글 알리미)
- ▶ 산업별인적자원개발위원회(ISC홈페이지)에서 산업인력수급 동향을 파악한다.
- ▶ NCS 홈페이지를 활용한다.
- ▶ dart.fss.or.kr 사업보고서 활용하기(산업이해)

⟨2. 직무 이해하기⟩
- ▶ 해당 직무에 지원하기 위해 어떤 노력을 하였는가?
- ▶ 자격증/인턴/프로젝트/학습내용

⟨3. 경력개발 Plan 구성하기⟩
- ▶ 단기적(3년 이내) 계획은 업무력 향상 관점으로
- ▶ 중·장기적 커리어 플랜 설정

[그림 64] 직무역량 관점에서 본인의 강점 어필 전략

기업의 핵심역량 관점에서 본인의 강점을 명확하게 어필하기 위해서는 기업에서 평가하는 핵심역량을 찾아보고, 경험사례를 정리하고, 차별성을 고민한다.

⟨1. 기업에서 평가하는 핵심역량 찾아보기⟩
▶ 팀워크
▶ 갈등관리
▶ 문제해결력
▶ 성취지향성
▶ 자원관리능력
▶ 분석적 사고력 등

⟨2. 경험사례 정리하기⟩
▶ 핵심역량을 보여줄 수 있는 경험 사례 정리하기
▶ 스토리가 있는 문제해결사례 정리하기

⟨3. 차별성 고민하기⟩
▶ 자신만의 이야기를 실제 경험 중심으로 고민하기
▶ 목표성절-과정중 어려움-어려움 극복사례 등 정리하기

[그림 65] 핵심역량 관점에서 본인의 강점 어필 전략

또한 면접질문자의 의도를 파악하고 답변을 해야 한다. 즉 해당 직무 분야의 NCS 능력단위의 내용을 미리 파악하고 면접을 준비하는 것도 도움이 된다.

예를 들어, [면접관이 고객이라고 가정하고 금융상품을 판매한다면 어떤 방식으로 권유하겠습니까? 예를 들어 설명해주십시오]라는 질문 의도를 파악한다.

질문 의도는 첫째, 금융 직무의 능력단위 중 예금상품 세일즈에 대

해 이해하고 있는지 확인하는 것이고, 둘째, 고객의 상황과 니즈를 고려한 상품 추천의 중요성에 대해 이해하고 있는지 확인하는 것이다.

> **〈[금융분야] 직무 지원자의 "NCS 기반 면접 질문" 답변한 예시〉**
>
> 고객님에 대한 니즈파악을 우선해야 합니다. 고객님께서 가입하고자 하는 상품이 예·적금인지 다른 금융상품인지에 따라 권유하는 방식이 달라질 수 있습니다. 더불어 고객님의 자금 상황에 대해서도 파악이 필요합니다.
> 예를 들어 여유자금(목돈)이 있으신 분들은 최근 금리 인상에 따른 예금상품 방향으로 권유드리겠습니다. 하지만 고객님이 특정 목표를 설정한 상태라면 목표 금액에 맞는 적금의 형태로 권유하는 것이 효과적이라고 생각합니다. 따라서 고객님의 니즈와 자금 상황을 고려한 금융상품 추천이 필요합니다.

[그림 66] [금융분야] 직무 지원자의 "NCS 기반 면접 질문" 답변한 예시

출처 : 한국산업인력공단(2022). [금융분야] 직무 멘토링

이 밖에, [면접관이 공정한 평가란 무엇이라고 생각하십니까? 조직 구성원의 공정한 인사평가를 위해 가장 중요한 것은 무엇입니까?]라는 질문을 하였다면 질문 의도를 파악한다. 질문 의도는 첫째, 인사 직무의 능력단위 중 인사평가에 대해 이해하고 있는지 확인하는 것이고, 둘째, 공정성을 확립하기 위한 방안을 계획할 수 있는지 확인하는 것이다.

〈[인사분야] 직무 지원자의 "NCS 기반 면접 질문" 답변한 예시〉

공정한 평가는 공정한 보상과, 인재 육성의 기초라는 점에서 매우 중요합니다. 그럼에도 직원들이 느끼는 사내 인사평가에 대한 신뢰도는 극히 저조하다고 합니다.

평가의 공정성을 높이기 위해 가장 중요한 것은 객관적인 평가 기준을 사전에 설정하고 이를 투명하게 공개해야 한다는 것입니다. 아울러 개인의 평가항목은 적정한 목표설정과 이에 대한 상호 합의로 확정되어야 합니다.

이를 실현하기 위한 방법으로 평가등급 폐지, 또는 절대평가의 도입이 검토될 필요가 있습니다. 아울러 지속적인 평가 면담과 평가결과에 대한 실질적인 이의제기 장치가 마련되어야 하겠습니다

[그림 67] [인사분야] 직무 지원자의 NCS 기반 면접 질문" 답변한 예시

출처 : 한국산업인력공단(2022). [인사분야] 직무 멘토링.

Ⅳ 실제 진로 상담 사례

학습 개요	이 장에서는 실제 진로 상담 사례를 제시하는 장으로서, 무전공자의 직무능력 개발 성공사례, 이력서와 자기소개서 작성 사례, 면접 준비와 성공 전략, 무전공자를 위한 맞춤형 취업 팁을 제시한다.
학습 목표	1. 무전공자의 직무능력 개발 성공사례를 설명할 수 있다. 2. 이력서와 자기소개서 작성 사례를 설명할 수 있다. 3. 면접 준비와 성공 전략을 설명할 수 있다. 4. 무전공자를 위한 맞춤형 취업 팁을 설명할 수 있다.

1. 무전공자의 직무능력 개발 성공사례

① SNS 마케팅과 콘텐츠 기획 전문가 – 진○○ 사례

SNS 마케팅과 콘텐츠 기획을 통해 세상에 긍정적인 영향을 미치고자 하는 마케터 진○○이다. 경기IT새일센터의 SNS 마케팅 기획 프로젝트 과정을 통해 이론과 실무를 겸비한 마케팅 역량을 쌓았다. 이 과정에서 팀장을 맡아 생활용품 브랜드 '참라이프'와 협업하며 SNS 채널 리브랜딩, 숏폼 콘텐츠 기획, 메타 광고 운영을 성공적으로 수행했다. 이를 통해 7일간의 메타 광고 집행에서 CPC 327원, 도달 수 42,318회를 달성하며 실질적인 성과를 입증하였다.

또한, 영유아 교사협회 공식 계정을 1년 9개월간 운영하며 팔로워를 약 2.7만 명 이상 증가시켰고, 공감형 콘텐츠와 교육 자료 배포 이벤트

를 통해 SNS 플랫폼 내에서 높은 참여율을 이끌어냈다. 특히 유치원 교사와 보육교사 간 경력 인정 시스템 개선과 같은 교육계 이슈를 카드뉴스로 제작하여 교육감 후보로부터 직접 피드백을 받는 성과를 이루었다.

개인적으로는 블로그와 유튜브, 사운드클라우드에서 음악 관련 콘텐츠를 제작하며 조회수와 사용자 반응 데이터를 분석해 콘텐츠 개선에 활용하였다. 특히, 블로그에서는 멜론 EQ 서비스 관련 게시물을 통해 약 14,700회의 조회수를 기록하며 상위 노출에 성공하였다.

이와 같은 다양한 경험을 통해 데이터 분석, 콘텐츠 기획 및 제작, 광고 캠페인 운영 등 디지털 마케팅 분야에서 뛰어난 전문성을 보유하게 되었다. 앞으로도 창의적이고 실질적인 성과를 내는 마케터로서 성장해 나가겠다.

SNS 운영 경력	자격증
1년 9개월 SNS 채널 (인스타그램 등) [영유아교사에관하여 | 영유아교사협회] 1기 서포터즈 및 6기 운영진	**마케팅** 검색광고마케터 1급 **그래픽** GTQi 1급 | GTQ 1급 **컴퓨터** 컴퓨터활용능력 2급 **외국어** OPIc IM2 P W X Ps Ai Sony Vegas Pro / CapCut / VLLO / iMovie 등 프로그램 사용 경험 O
5개월 네이버 개인 블로그 [NO MUSIC NO LIFE - JINIRA]	
1년 개인 유튜브 & 사운드클라우드 [진이라 JINIRA]	**공모전** 2023 개나리 전국 창작동요 공모전 2018 [수상] 교양 교과목 아이디어 공모전 ▶ 음악 관련 교양 [자작곡 크리에이터 기초] 교내 정식 과목 개설 & 본인 강의 수강
마케팅 실무 프로젝트	
2개월 SNS 마케팅 기획 프로젝트 과정 [경기IT새일센터 | 경기도일자리재단] ▶ 기업 [찹라이프] 생활용품 SNS 채널 운영 및 메타 광고 집행	**경험사항** **교내활동** 유학생 한국어 교육 지원 **자원봉사** 프랑스 니스 카니발 한국팀 공연 자원봉사 **아르바이트** 피자헛 (9개월) | GS25 (4개월)

[그림 68] 무전공자의 직무능력 개발 성공사례 : SNS 마케팅과 콘텐츠 기획 전문가 사례

② 제안의 핵심을 찾아 해결하는 전략적 마케터 : 추○○ 사례

추○○는 지속적인 자기계발과 창의적 접근을 통해 다양한 프로젝트와 경험을 쌓아왔다. 이는 블로그에서 관련된 활동과 성과를 확인할 수 있다.

- 업무 경험 및 성과 공유 블로그 포스팅 : 이 글에서는 업무 중 직면했던 도전 과제와 이를 해결하기 위해 적용했던 전략을 공유이다. 특히, 문제 해결 과정에서의 창의적인 접근 방식이 돋보이는 내용이다.

- 협업 프로젝트 블로그 포스팅: 협업을 통한 프로젝트 성공 사례를 기록했다. 팀 내 소통과 역할 분담의 중요성을 강조하며, 프로젝트를 효과적으로 관리했던 경험을 다룬다.

- 전문 역량 개발 블로그 포스팅 : 이 포스팅에서는 전문성을 강화하기 위해 노력했던 과정을 다룬다. 특히 새로운 기술 습득과 이를 업무에 적용한 사례를 중심으로 작성되었다.

- 개인 성장 스토리 블로그 포스팅 : 개인적 성장을 위해 꾸준히 노력했던 과정을 공유한다. 자기계발과 목표 설정의 중요성을 바탕으로, 성장 마인드셋을 유지하며 성취했던 내용들이다.

제 3장. 커리어 로드맵 개발 및 취업준비 가이드

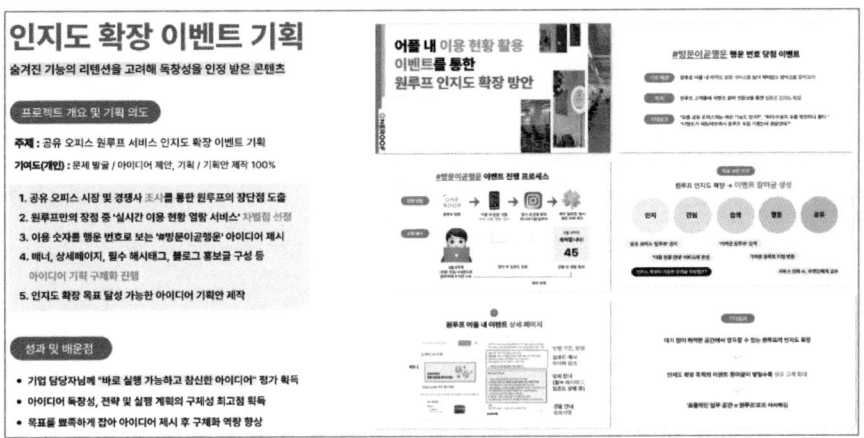

[그림 69] 무전공자의 직무능력 개발 성공사례 : 전략적 마케터 사례

③ 변화를 주도하는 인재 : 김○○ 사례

김○○ 님은 변화에 유연하게 대처하며 창의적이고 실질적인 성과를 만들어내는 인재다. 대학 재학 중 멘토멘티 프로그램 대상, 해커톤 경진대회 대상, PBL 경진대회 동상, ○○대 홍보동영상 공모전 동상 등 다수의 수상 경력을 통해 뛰어난 문제 해결 능력과 기획력을 인정받았다. 또한, 성적우수 장학금, 학업장려금, 교수추천장학금 등 다양한 장학금을 수혜하며 꾸준히 학업과 대외활동을 병행해왔다. 김○○님은 '천안천지' 어플 기획 및 제작, 'EZ TRIP' 웹 콘텐츠 제작, '폴리곤아트 달력' 디자인, '궁금한 이야기 D' 영상 프로젝트 등 다수의 개인 및 팀 프로젝트를 성공적으로 수행하며 콘텐츠 기획, 디자인, 영상 편집 등 다양한 분야에서 전문성을 발휘했다. 특히, 천안 지역 탐방 어플과 장애인 및 노인을 위한 제주 여행 웹 콘텐츠를 통해 지역사회와 모든 사람을 위한 접근 가능한 서비스를 기획하는 데 중점을 두었다.

대외활동으로는 유튜버 '베가의 머니쇼' 편집자 활동과 이십생활 3기 콘텐츠 기획 및 운영을 통해 콘텐츠 제작 역량을 강화하였으며, 교내에서는 관광학부 학생회 홍보국장, 창업동아리 BITS 등 다양한 리더십과 협업 경험을 쌓았다.

김○○님은 PowerPoint, Illustrator, Excel 등 다양한 소프트웨어와 HTML, JavaScript 같은 프로그래밍 도구를 능숙하게 다룰 수 있으며, 뛰어난 기획력과 창의력으로 변화하는 환경에 맞춘 새로운 아이디어를 제안할 준비가 되어 있다. 앞으로도 김○○님은 자신의 역량을 바탕으로 사회에 긍정적인 영향을 미칠 수 있는 다양한 도전을 이어갈 것이다.

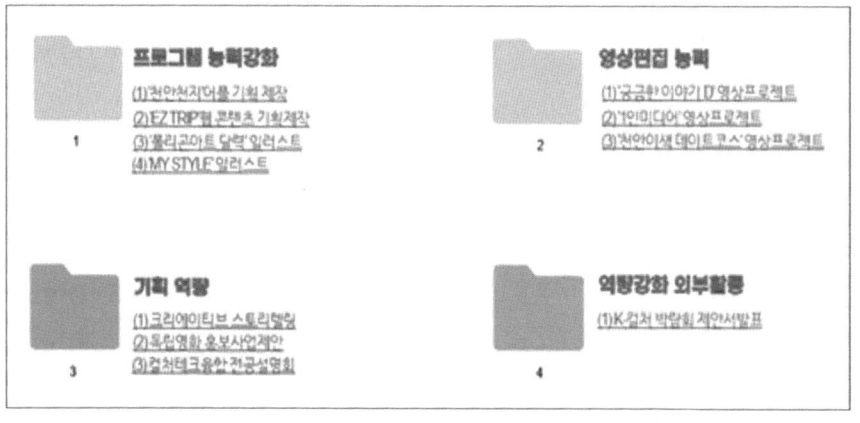

[그림 70] 무전공자의 직무능력 개발 성공사례 : 변화를 주도하는 인재 사례

제 3장. 커리어 로드맵 개발 및 취업준비 가이드

2. 이력서와 자기소개서 작성 사례

(1) 이력서

이력서란 사전적 의미로 보자면 지금까지 거쳐온 학업, 직업, 경험 등의 내력을 적은 문서이다. 한자를 풀어보면 이(履)는 신발이나 발걸음을 의미하고 역(歷)은 지나온 자리를 뜻한다. 신발을 신고 지나온 자리라고 볼 수 있다.

이력서의 양식은 기업마다 다르다. 대기업이나 공공기관의 경우는 온라인 입사지원을 이용하는 경우가 많으며 중견이나 중소기업은 자사 양식 또는 자유양식을 이용하기도 한다.

① 온라인 리크루트 홈페이지를 통한 입사지원

| 문의 | 채용 홈페이지 > 채용정보 > 채용문의 > 채용Q&A |

KOREAN AIR

[그림 71] 온라인 리크루트 홈페이지를 통한 입사지원-대한항공 사례

이와 같이 대기업은 리크루트 홈페이지가 따로 있으며, 채용공고를 클릭해서 들어가면 바로 지원서를 작성하게끔 되어있다. 기업에서 원하는 항목을 작성 후 최종제출 버튼을 누르면 지원이 완료된다.

② 자사양식 지원

회사에서 원하는 항목으로 구성하여 채용공고 시 첨부파일을 올려 지원자들이 다운로드 받을 수 있도록 하는 방식이다. 지원자는 양식이 맞춰 작성하여 메일로 전송한다.

제 3장. 커리어 로드맵 개발 및 취업준비 가이드

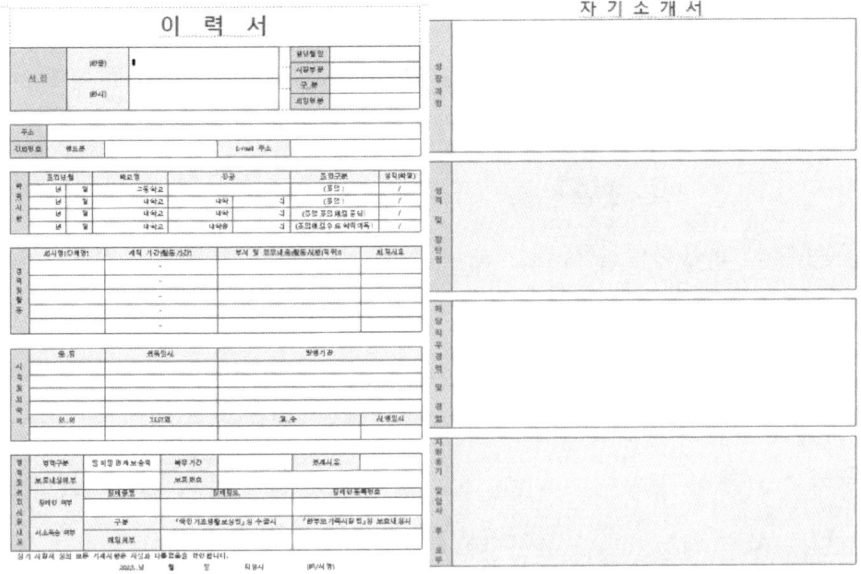

[그림 72] 온종합병원 자사 이력서 및 자기소개서 양식

③ 자유양식 지원

인적사항 및 학력사항, 자격, 어학능력 등을 작성하며 자유양식은 정답이 있는 양식이 아니기 때문에 본인의 강점이 잘 드러날 수 있도록 수정이 가능하다. 연락처는 본인과 연락이 닿지 않을 경우를 대비하여 비상연락망을 적도록 한다. 이메일은 기존에 쓰던 메일을 이용할 경우 스팸 등 다른 메일들과 구분하기 불편할 수 있으므로 취업용 계정을 따로 만들기를 권유한다. 자격과 대내외 활동에서는 지원하는 직무와 가까운 경험부터 강조하여 작성한다.

기재사항은 사실과 다름없음을 기재한 후 지원자 이름과 싸인이나 도장을 찍게 되어 있는데 온라인으로 입사지원 할 경우가 많으므로 본인의 도장이나 싸인은 스캔하여 이용하면 깔끔하게 작성이 가능하다.

④ 공정채용 양식

공공기관에서 사용하는 양식으로 사진을 부착하지 않고, 학교명 또한 기재하지 않는다. 편견을 일으킬만한 요소들은 제외하겠다는 양식이며, 최대한 직무에 초점을 맞추어 항목이 구분되어 있다. 학교명을 묻는 대신 교육사항을 통해 지원한 직무와 관련된 전공 교과목을 기술하게끔 되어 있으며, 학교교육 외에도 직업교육이나 기타교육도 함께 적을 수 있다. 직무능력과 관련 자격사항을 기재하는 항목은 국가자격증 외에도 민간자격도 함께 기입이 가능하다. 경력과 경험의 차이점은 금전적 보수의 유무로 나뉜다. 금전적 보수를 받았다면 경력이라하고 그렇지 않은 재능기부나 봉사활동은 경험으로 작성할 수 있다.

표준 이력서(안) 및 자기소개서

<필수항목>

지원자 성명	한글		
	영문		
주소 (우편번호) (현거주지)			
연락처	전화번호	전화	휴대전화
	전자우편		
주요 경력사항	회사명	담당 업무(직무내용)	근무기간(년, 월)
			년 월 - 년 월
			년 월 - 년 월
자격증 및 특기사항	관련 자격증		(년 월 취득)
			(년 월 취득)
자기소개 등 활동사항			

취업지원 대상자 여부	보훈번호		
장애인 여부	장애종별	장애 정도	장애인 등록번호
저소득층 여부	구분	「국민기초생활보장법」상 수급자	「한부모가족지원법」상 보호대상자
	해당여부		

※해당직종에 맞는 **특기, 학위, 연구실적, 특허 등 항목을 마련**하고 표준이력서(안) 및 자기소개서 작성 시 직무수행과 관련 없는 **본인의 용모·키·체중 등 신체적 조건, 출신지역·혼인여부·재산, 본인의 직계존비속 및 형제자매의 학력·직업·재산** 정보를 기재하지 않도록 유의

▣ 기초심사자료 작성 시 유의사항

※ 자격증·학위 등 증빙자료는 추후 서류전형 합격자만 별도 제출하게 되므로, 기초심사서류 제출 시에는 증빙자료를 첨부하지 않도록 할 것

□ 필수

1. 주요 경력사항

근무처 (부서)	근무기간	근무월수 (월일수)	직위 (급)	주요업무실적
1. 00 기업 (00팀)	20XX.XX. ~ 20XX.X.XX.	XX개월	대리	

[작성요령]

① 담당예정업무와 관련된 경력 및 실적을 모두 기재(최근 경력 및 실적부터 기재)

※본인이 기재한 사항에 대해서는 서류전형 합격 후 별도의 증빙자료를 제출받아 사실여부를 확인할 예정이니 증빙가능한 사실만 기재

② 근무월일수는 근무기간별 경력을 월단위로 합산하여 기재하고, 1달 미만인 경우 일수로 표

※예시) 1년 2월 10일 → 14개월 10일

※ 현재 근무 중인 경력은 최종시험일(0000.00.00)을 근무기간 종료일로 기재

③ 직위(급)는 재직기간 중에 있었던 모든 직위(급)을 나누어 기재

2. 자격증 보유 현황

자격종목	자격증번호	합격년월일
1. 00자격증	XXXXXX	2009. 3. 28.
2.		
3.		

※ 자격증취득예정자의 경우 면접시험 최종일(0000.00.00.)기준으로 자격증을 취득하여야 하며, 자격종목, 자격증취득예정일, 교부기관을 반드시 기재하여야 함

※ 자격증번호가 없는 경우 공란으로 둘 것

[그림 73] 공정채용을 위한 표준이력서(안) 및 자기소개서(출처 : 고용24)

(2) 자기소개서

이력서가 본인의 발자국을 볼 수 있는 객관적인 자료라면, 자기소개서는 이력서에 쓸 수 없었던 성격 등과 같은 본인의 강점과 경험을 작성하는 주관적인 자료라고 볼 수 있다.

자기소개서도 크게 두가지로 나뉠 수가 있는데, 기업에서 채용 시 자기소개서에서 보고싶은 항목을 질문하여 그에 맞게 답변하는 방법이 있고 두 번째는 자유양식이다. 자유양식일 경우에는 보통 성장과정, 성격의 장단점, 지원동기 및 입사 후 포부, 직무관련 경력 및 경험으로 나눠 쓴다. 하지만 자유양식이기 때문에 본인의 강점을 돋보일 수 있도록 항목은 변경이 가능하다.

① 삼성전자 자기소개서 항목

1. 삼성전자를 지원한 이유와 입사 후 회사에서 이루고 싶은 꿈을 기술하십시오.(700자 이내) (영문작성 시 1400자)

2. 본인의 성장과정을 간략히 기술하되 현재의 자신에게 가장 큰 영향을 끼친 사건, 인물 등을 포함하여 기술하시기 바랍니다. (※작품속 가상인물도 가능) 1500자 이내 (영문작성 시 3000자)

3. 최근 사회이슈 중 중요하다고 생각되는 한가지를 선택하고 이에 관한 자신의 견해를 기술해 주시기 바랍니다. 1000자 이내 (영문작성 시 2000자)

4. 지원한 직무 관련 본인이 갖고 있는 전문지식/경험(심화전공, 프로젝트, 논문, 공모전 등)을 작성하고, 이를 바탕으로 본인이 지원 직무에 적합한 사유를 구체적으로 서술해 주시기 바랍니다. 1000자 이내 (영문작성 시 2000자)

② 엘지전자 자기소개서 항목

1. "LG 전자"에 대한 지원동기, 근무희망 분야 및 그 이유에 대하여 구체적으로 기술하여 주십시오. (1000자)

2. My Competence 본인의 역량과 열정에 대하여 (1000자)
   (본인이 지원한 직무와 관련된 지식, 경험, 역량 및 관심사항 등 자신을 어필할 수 있는 내용을 구체적으로 기술해주시기 바랍니다. 핵심 위주로 근거에 기반하여 간략하게 기술 부탁드립니다.)

3. My Story 본인이 이룬 가장 큰 성취경험과 실패경험에 대하여 (500자)
   (본인의 인생에서 가장 큰 성취의 경험과 실패의 경험을 적고, 그 경험을 통하여 본인이 느끼고 배운 점에 대하여 자유롭게 기술해주시기 바랍니다. 핵심 위주로 근거에 기반하여 간략하게 기술 부탁드립니다.)

③ GS리테일 자기소개서 항목

GS리테일 자기소개서 항목: 공정채용을 지향하는 GS리테일은 자기소개서 안에 졸업학교명이 드러나지 않도록 한다. (언급 시, 불이익이 있을 수 있습니다.)

1. 지원분야를 선택한 이유와 이 직무에 본인이 적임자라고 설명할 수 있는 근거를 경험을 바탕으로 서술하여 주십시오.

2. 유통트렌드 변화 속에서 고객을 최우선으로 생각한 상품과 서비스를 제공하기 위한 방안을 서술하여 주십시오.

3. 데이터를 활용하여 신속한 의사결정을 했던 경험을 서술하여 주십시오.

4. 서로에 대한 이해를 바탕으로 타인과 소통하고 협업했던 경험을 서술하여 주십시오.

5. 새로운 시각으로 습관적이고 일상화된 비효율을 발견하고 개선했던 경험을 서술하여 주십시오.

④ 현대자동차 자기소개서 항목

1. 현대자동차에 지원한 동기와 회사 선택(이직)시 가장 중요하게 고려하는 요인에 대하여 기술하시오. (1000자)

2. 본인만의 차별화된 직무 강점과 이를 통해 당사에 기여할 수 있는 점에 대하여 기술하시오. (1000자)

⑤ SK 계열사 자기소개서 항목

1. 자발적으로 최고 수준의 목표를 세우고 끈질기게 성취한 경험에 대해 서술해 주십시오.
   (본인이 설정한 목표/ 목표의 수립 과정/ 처음에 생각했던 목표 달성 가능성/ 수행 과정에서 부딪힌 장애물 및 그 때의 감정(생각)/ 목표 달성을 위한 구체적 노력/ 실제 결과/ 경험의 진실성을 증명할 수 있는 근거가 잘 드러나도록 기술) (700~1000 자 10 단락 이내)

2. 기술한 경험 外 추가적으로 설명하거나 더 보여주고 싶으신 경험이 있다면 서술해 주십시오. (선택 사항)(1000자)

3. 새로운 것을 접목하거나 남다른 아이디어를 통해 문제를 개선했던 경험에 대해 서술해 주십시오.(기존 방식과 본인이 시도한 방식의 차이/ 새로운 시도를 하게 된 계기/ 새로운 시도를 했을 때의 주변 반응/ 새로운 시도를 위해 감수해야 했던 점/ 구체적인 실행 과정 및 결과/ 경험의 진실성을 증명할 수 있는 근거가 잘 드러나도록 기술)(700~1000 자 10 단락 이내)

4. 기술한 경험 外 추가적으로 설명하거나 더 보여주고 싶으신 경험이 있다면 서술해 주십시오. (선택 사항)(1000자)

5. 지원 분야와 관련하여 특정 영역의 전문성을 키우기 위해 꾸준히 노력한 경험에 대해 서술해 주십시오.(전문성의 구체적 영역(예. 통계 분석)/ 전문성을 높이기 위한 학습 과정/ 전문성 획득을 위해 투입한 시간 및 방법/ 습득한 지식 및 기술을 실전적으로 적용해 본 사례/ 전문성을 객관적으로 확인한 경험/ 전문성 향상을 위해 교류하고 있는 네트워크/ 경험의 진실성을 증명할 수 있는 근거가 잘 드러나도록 기술)(700~1000 자 10 단락 이내)

> 6. 기술한 경험 外 추가적으로 설명하거나 더 보여주고 싶으신 경험이 있다면 서술해 주십시오. (선택 사항)(1000자)
>
> 7. 혼자 하기 어려운 일에서 다양한 자원 활용, 타인의 협력을 최대한으로 이끌어 내며, Teamwork를 발휘하여 공동의 목표 달성에 기여한 경험에 대해 서술해 주십시오.(관련된 사람들의 관계(예. 친구, 직장 동료) 및 역할/ 혼자 하기 어렵다고 판단한 이유/ 목표 설정 과정/자원(예. 사람, 자료 등) 활용 계획 및 행동/ 구성원들의 참여도 및 의견 차이/ 그에 대한 대응 및 협조를 이끌어 내기 위한 구체적 행동/ 목표 달성 정도 및 본인의 기여도/ 경험의 진실성을 증명할 수 있는 근거가 잘 드러나도록 기술)(700~1000자 10 단락 이내)
>
> 8. 기술한 경험 外 추가적으로 설명하거나 더 보여주고 싶으신 경험이 있다면 서술해 주십시오. (선택 사항)(1000자)

자기소개서 작성할 때는 두가지 측면을 기억해야한다. 첫 번째는 직무적합도, 두 번째는 조직적합도이다. 지원자가 지원하는 직무가 초점이 되어 그 직무에 적합한 이유와 직무를 위해 노력한 본인의 사례가 나타나야 한다. 조직적합도는 지원하는 기업의 인재상과 비전, 조직문화 등을 파악하여 스스로가 그 기업 문화와 적합함을 기재해야 한다. 최근 채용트렌드에 따르면 컬처핏(culture fit)의 중요성이 강조되고 있다. 구직자의 성향과 기업 문화가 얼마나 어울리지를 검토하고 채용하는 것을 의미한다.

자기소개서에 본인의 강점의 나열은 의미가 없다. 그 강점이 인사담당자에게 얼마나 설득이 되느냐가 중요하기 때문에 강점에 따른 경험과 사례를 구체적으로 작성해야 한다. STAR 분석으로 작성하면 구체적으로 작성이 가능하다.

〈표 27〉 STAR 기법에 대한 설명

STAR 기법 요소	설명
S (상황)	어떤 상황에서 경험이 발생했는지 설명하고
T (과제)	그 상황에서 직면한 과제나 목표를 제시
A (행동)	실제로 어떤 행동을 취했는지, 어떤 노력을 기울였는지 자세히 서술
R (성과)	그 행동으로 어떤 성과를 이루었는지, 어떤 결과를 도출했는지 명확하게 보여줌

이렇게 자기소개서를 STAR 기반으로 작성하면 면접관들이 보다 명확하고 구체적인 역량과 성과를 파악할 수 있게 되어 면접 기회를 더욱 높일 수 있다. 또한, 논리적인 흐름으로 경험을 풀어내기 때문에 면접에서도 자신감 있게 답변할 수 있다.

1. 성장과정

'자연, 환경에서 교육까지'

저는 자연에 대한 깊은 관심을 가지고 자랐습니다. 중학교 시절, '강릉영재교육원'에서 진행한 환경 분야의 프로그램을 통해 환경 문제에 대해 본격적으로 관심을 가지게 되었습니다. 그 당시, 강릉 호수에서 발생한 '녹조 현상'에 대해 분석하는 프로젝트에 참여한 경험은 제 인생에서 중요한 전환점이 되었습니다. 강릉 호수는 여름철마다 녹조류가 과도하게 분포하면서 수질 오염 문제를 일으켰고, 저희 팀은 이를 해결하기 위한 방안을 모색하는 실험을 진행했습니다. 저는 직접 호수에서 녹조류 샘플을 채취하여 현상을 분석했고, 녹조 현상이 일어나는 원인과 그에 따른 수질 변화에 대해 연구하였습니다. 실험에서는 녹조류의 종류와 분포 상태를 파악하고, 특정 환경적 요인들이 녹조 현상에 미치는 영향을 실험을 통해 확인했습니다. 이를 바탕으로 실험 보고서를 작성하고, 결과를 발표하는 기회를 가졌습니다. 이 경험은 제게 환경 문제의 심각성을 실질적으로 깨닫게 해주었고, 자연과 환경에 대한 관심을 한층 더 깊게 만들어주었습니다. 그 이후로도 지속적인 관심으로 '산림환경과학대학'이라는 단과대학이 있는 학교를 진학하여 산림과 인간의 상호작용에 대해 배웠고, 더 나아가 '교직 이수'를 통해 교육 분야에서 관심을 갖게 되었습니다 이 계기로 자연환경과 교육을 함께 병행할 수 있는 직무에 관심을 갖게 되며, 많은 사람들에게 알릴 수 있는 교육 프로그램을 기획하고 운영하는 일에 매력을 느끼게 되었습니다. 이러한 과정으로 저는 환경 교육을 실천하기 위한 목표를 세우게 되었습니다.

2. 성격

생활 신조 "사람들과 어울려 살아갈 줄 아는 사람이 되는 것"

저는 사람과 소통하고 신뢰를 쌓는 것을 중요한 가치로 삼고 있으며, 이러한 신조를 바탕으로 다양한 사람들과 소통하고 협력하는 활동에 관심을 가져왔습니다. 교생 실습에서는 밝고 친화적인 태도와 인사성으로 사람들과의 관계를 형성하는 강점을 발휘하며 긍정적인 평가를 받았습니다. 실습 기간 동안 저는 매일 선생님들께 먼저 다가가 활기차게 인사하며 자연스럽게 친밀감을 쌓았고, 이런 저의 태도 덕분에 "가장 먼저 이름을 외운 교생"이라는 말씀을 들으며 좋은 인상을 남길 수 있었습니다. 선생님들께서는 저를 두고 "밝고 친화적인 태도로 함께 일하기 좋은 사람"이라고 말씀하시며 저의 성실한 태도와 소통 능력을 높이 평가해 주셨습니다. 이 경험을 통해 저는 사람들과의 첫인상이 신뢰를 쌓는 중요한 시작점이라는 것과, 소통이 얼마나 중요한 가치를 지니는지 깨닫게 되었습니다.

또한, 대학생활 동안 과대표와 학생회 활동을 하며 다양한 프로그램을 기획하고 운영하는 과정에서 리더십과 추진력을 발전시켰습니다. 축제, 체육대회, 동문회, 봉사활동 등 여러 활동을 주도하며 사람들과 협력하며 공동체 의식을 가졌습니다. 특히, 대학교 4학년 때 '동문연합 할로윈 축제'를 기획하며 제 성격의 강점을 한층 더 발휘할 수 있었습니다. 저는 기획과 홍보국 총괄을 맡아 축제의 전반적인 흐름을 주도했으며, 대표회의에서 지체되고 있던 일정 문제를 해결해야 하는 과제를 안고 있었습니다. 예정된 축제기간이 다가오는데 운영될 프로그램과 그에 맞는 홍보물 제작 및 배포 일정을 잡을 수 없는 상황이 닥치면서 홍보국이 필요한 기간을 확보하지 못하는 어려움이 있었습니다. 이 상황을 해결하기 위해 저는 각 팀별 업무 상황을 파악하고 축제 기획과 준비의 중요성을 강조하며, 푸드트럭, 버스킹 등 기획의 필요한 기간과 홍보 기획 및 제작의 기간을 명확히 하며 각 팀 별 기한 조정을 제시했습니다. 구체적인 일정이 설정되자 모든 팀은 체계적으로 준비를 진행하기 시작했고, 각 팀은 회의 때마다 구체적인 결과물을 가져왔으며, 원활한 축제 준비가 되었습니다.

그 결과, 성공적인 행사 포스터, 단체복, 홍보영상, 축제 일정의 결과물 나왔으며, 가장 많은 학우들이 참여하게 된 동문축제로 마무리 되었습니다. 특히, 동문축제 최초의 홍보 영상은 큰 호응을 얻어 다른 단과대학에서도 이를 참고하는 계기가 되었습니다. 이 경험은 저에게 소통과 협력의 중요성을 다시 한번 깨닫게 해주었고, 문제를 직면했을 때의 결단력과 추진력을 발휘하는 방법을 익히게 해주었습니다. 또한, 다양한 사람들의 의견을 조율하고 동기를 부여하며 팀의 목표를 이끄는 리더십을 배울 수 있었습니다.

저는 이러한 경험과 성격적 강점을 바탕으로 환경교육프로그램을 기획하고 운영하는 과정에서도 탁월한 성과를 이끌어낼 자신이 있습니다. 사람들과의 신뢰를 쌓고, 공동의 목표를 달성하며 긍정적인 변화를 만들어내는 환경교육프로그램을 통해 더 나은 사회를 만드는 데 기여하고 싶습니다.

3. 직무경험 및 사회활동

1) "대학교에서 즐기는 산림레포츠" – 산림환경문화제 기획 및 운영 경험

학교에서 진행한 산림환경문화제는 산림과 자연을 주제로 한 축제 행사로, 기획부터 운영까지 참여하여 산림 관련 교육 프로그램의 기획 능력과 자연과의 조화로운 관계에 대한 깊은 이해를 쌓았습니다. 산림환경을 주제로 한 체험존, 골든벨, 프리마켓, 전시, UCC공모전 등을 포함한 다양한 프로그램을 구상하고 운영했습니다. 특히, 산림레포츠 프로그램을 기획하며 최적의 장소를 선정하고 대학교의 산을 이용한 산림레포츠를 기획하여 트리클라이밍, 몽키클라이밍, 짚라인 체험 등 산림을 활용한 새로운 레포츠 활동을 최초로 운영하였습니다. 이는 학우들뿐만 아니라 주변 지역 주민들과 학생들에게도 새로운 형태의 산림 경험을 제공하며, 자연 속에서의 활동이 힐링과 웰빙의 중요성을 어떻게 전달할 수 있는지에 대한 구체적인 인사이트를 얻었습니다. 자연과 사람, 환경이 조화를 이루는 교육의 중요성을 깊이 공감하며, 산림을 기반으로 한 체험형 교육이 사람들의 삶에 긍정적인 영향을 줄 수 있음을 실감했습니다.

사전 준비 과정에서 카카오톡 설문조사를 통해 참여자들의 요구사항을 수렴하고 반영하는 과정를 가졌고, 그 결과 "참신하고 재밌었다"는 후기로 만족도가 높은 행사를 운영할 수 있었습니다. 이 경험은 효과적인 소통과 피드백 반영을 통해 프로그램의 품질을 향상시키는 방법을 배우는 기회가 되었습니다.

저는 산림환경문화제 기획 경험을 통해 산림과 자연을 중심으로 한 다양한 교육적 요소를 결합하여 환경 교육 프로그램에 활용할 수 있는 아이디어 개발 및 구체적인 교육 기획 능력을 배양할 수 있었습니다. 또한, 힐링과 웰빙을 주제로 한 환경 프로그램 기획 시 산림을 적극적으로 활용하는 방법을 구상할 수 있는 기반을 마련했습니다.

2) "아이들과 떠나는 인도 여행" – 유아 교육 프로그램 기획 및 운영 보조

저는 반곡 역사관에서 진행된 "다문화꾸러미 인도 문화 역사 여행" 프로그램 기획과 운영 보조를 맡았습니다. 참여자의 낮은 연령대를 고려하여 저는 아이들에게 인도 문화와 역사를 쉽게 전달할 수 있는 창의적인 교육 방법을 고민했습니다. 그 결과, 아이들의 흥미를 끌 수 있는 인도 전통 팔찌를 만들기 시간을 제안하였고, 이는 문화에 대한 이해와 동시에 기념품 증정을 할 수 있어 프로그램에 반영되었습니다. 또한, 인도 전통 의상 체험 시간을 준비하여 아이들이 직접적인 경험을 할 수 있도록 유도하였고, 포토타임도 진행할 수 있어 학부모와 선생님들도 "사진을 찍을 수 있는 시간이 있어 좋다"라고 하시며 만족스러워하셨습니다.

매 수업마다의 연령대를 고려하여 수업을 차별화했고, 4세부터 7세까지의 아이들에게 적합한 활동을 선택하여 몰입도를 높였습니다. 스탬프 책자를 만들어 문화 스탬프 찍기와 인도 색칠공부, 인도 장난감 등을 통해 수업을 흥미롭게 집중할 수 있도록 구성했습니다.

이 프로그램은 원주권 유치원에서 만석으로 신청될 만큼 인기를 끌었으며, 아이들에게 의미 있는 다문화 교육프로그램을 제공한 소중한 경험이었습니다. 이러한 경험을 통해 다양한 교육 대상에 맞는 맞춤형 프로그램 기획과 운영 능력을 키웠습니다.

3) " 마케팅의 효과, 2배로 오른 학생 수" – 마케팅 업무 (코딩학원) / 학생

코딩학원에서는 마케팅 업무를 맡아 SNS 홍보 기획 및 제작, 블로그 운영, 교육자료 기획 및 제작을 담당했습니다. 저는 게시글을 작성할 때, 대상의 목적과 연령대, 관심사를 분석하여 기획을 달리했습니다. 예를 들어, 학부모와 학생의 관심사를 구분하여 각각의 특성에 맞는 콘텐츠를 제작하고, 홍보 효과를 극대화 할 수 있도록 전략을 세웠습니다. 이 과정을 통해 SNS 활동이 활발해졌고, 학원 사이트와 계정에 유입되는 사람들이 눈에 띄게 증가했습니다. 결과적으로 학원 등록생 수가 증가하고, 상담을 받는 학생들이 많아졌습니다.

특히, 릴스 영상을 제작하여 학원의 홍보를 강화하고, 짧은 영상 콘텐츠로 학생들과 학부모의 관심을 끌어들이는 데 성공했습니다. 또한, 원생 관리, 상담 예약, 행정 업무까지 맡으며 학원 운영 전반에 대한 이해를 넓혔고, 마케팅과 행정의 중요성을 배울 수 있었습니다. 이러한 경험을 통해, 제 기획력과 홍보력이 크게 향상되었으며, 타깃에 맞춘 맞춤형 마케팅 전략이 얼마나 중요한지를 깊이 이해하게 되었습니다.

4) 성인 교육 프로그램 기획 및 운영 보조 ('삼삼오오 인생나눔교실' 프로그램)

'삼삼오오 인생나눔교실'은 중장년층을 대상으로 문학, 서예, 사진, 역사, 꽃꽂이의 예술가와 시민들이 그룹을 형성하여 활동하는 인문학 프로그램입니다. 저는 기획과 운영보조, 행정의 업무를 맡아 29개의 활동 그룹을 일정과 보고서를 관리하고, 원주, 강릉, 춘천에서 진행된 워크샵의 기획 보조를 맡으며 행사 준비, 장소 계획, 예산 조정 등의 업무를 수행했습니다. 또한, 활동 책자와 PPT 자료를 제작하여 프로그램을 체계적으로 정리했습니다.

특히 다섯 번에 걸친 워크샵 기획과 현장 실무 경험을 통해 행사 기획 능력을 한층 향상시킬 수 있었습니다. 처음에는 단순한 행사 일정 조율과 필요 물품 준비로 시작했지만, 기획 과정과 순서를 체계적으로 정리하며 예산 항목을 파악하고, 필요 물품을 예산에 맞춰 구매하는 경험을 했습니다. 또한, 행사에 직접 참여하여 보완점을 파악하고 개선점을 반영하여 점차 더 발전된 행사를 준비했습니니다. 3-4차에서는 장소 계획 수립과 사전 답사에 협력하며, 알맞은 장소를 추려내고 행사 진행을 원활하게 구상할 수 있었습니다.

마지막 5차 워크샵에서는 전시회 기획을 맡아 큰 성과를 거두었으며, 프로그램 종료 후 실시한 만족도 조사에서 90% 이상의 참여자들이 "만족" 또는 "매우 만족"으로 응답해 높은 만족도를 얻었습니다. 이러한 경험은 행사 기획과 운영의 전체적인 흐름을 배우는 계기가 되었으며, 제가 교육 프로그램을 기획하고 운영하는 데 있어 자신감을 주었습니다.

이러한 경험은 자연학습원에서 다양한 환경 교육 프로그램을 기획하고 운영하는 데 필요한 실질적인 경험이 되었습니다.

4. 지원동기

자연학습원은 인간과 자연, 생명이 공존할 수 있는 환경 교육을 제공하는 기관으로, 제가 추구하는 가치와 일치합니다. 저는 교육을 통해 사람들에게 자연 환경의 가치를 알리고 이를 함께 나누는 데 깊은 관심과 열정을 가지고 있습니다. 특히, 자연학습원의 "어떤 숲! Autumn 숲!" 가족환경생태 프로그램은 저의 관심도를 증폭시켰습니다. 자연과 음악이 어우러지는 "생태 음악 놀이"의 독창적인 환경 접근 방식에 감명을 받았으며, 이를 통해 자연과 환경, 사람이 조화롭게 살아가는 방법에 대해 더 깊이 생각하게 되었습니다.

이처럼 환경 교육 프로그램이 사람들에게 자연과의 공존을 배우고 경험하는 기회를 제공한다는 점에서 큰 의미가 있다고 생각합니다. 저는 자연학습원에서 참가자들과 직접 소통하고 어울리며, 그들이 자연을 통해 배우고 느낄 수 있도록 돕는 역할을 하고 싶습니다. 제 기획력과 창의성을 활용해 참가자들의 연령과 관심사에 맞춘 체험형 환경 교육 프로그램을 설계하고, 자연 속에서 서로가 힐링하고 영감을 얻을 수 있는 활동들을 운영하며 긍정적인 영향을 나누고자 합니다. 자연학습원에서 더욱 체계적이고 효과적인 환경 교육 프로그램을 만드는 데 기여하고 싶습니다.

5. 입사 후 포부

  입사 후, 저는 자연학습원의 각 장소별 식재되어 있는 나무를 활용한 프로그램을 기획하고 싶습니다. 예를 들어, '나뭇잎 보물찾기' 프로그램을 기획해 참가자들이 나뭇잎의 생김새를 식별하고 잎에서 나무 그리고 공생까지 이으며 이 프로그램은 자연 속에서의 긍정적인 경험을 제공하며 자연에 대한 호기심과 이해를 높일 수 있도록 하고자 합니다. 자연학습원의 '나무 한 그루의 생명'과 연결된 색다른 프로그램으로 확장해 나갈 수 있을 것입니다.

  또한, '나무 사진찍기' 프로그램을 기획해 참가자들이 나무의 형태 색깔과 풍경, 환경에 따른 변화를 사진으로 기록하며 자연환경에 대한 깊은 애정을 느낄 수 있도록 돕겠습니다. 관찰 중심의 체험형 활동을 통해 자연과 소통하는 특별한 시간을 제공하며, 이를 통해 방문객들이 자연 속에서 진정한 힐링과 배움을 경험할 수 있게 하고 싶습니다.

  저는 자연학습원에서 환경 교육 프로그램을 운영하며 더 많은 사람들에게 자연환경의 중요성을 알리고 긍정적인 영향을 주고 싶습니다. 이를 통해 지속 가능한 미래를 만드는 데 기여하며, 자연과 인간이 함께 살아가는 세상을 만들어가고 싶습니다. 자연학습원에서 제가 가진 역량과 열정을 발휘하여 환경 교육의 가치를 실현하겠습니다.

3. 면접 준비와 성공 전략

면접은 장기적으로 준비하는 것이 필요하다.

① 자기분석이 중요하다

면접에서 가장 빈번하게 나오는 "자기소개를 해보세요.", "본인의 장점은 무엇인가요?", "10년 뒤의 포부를 말해보세요." 등의 질문은 쉽게 보일 수 있다. 그러나 자기분석이 철저히 되어 있지 않으면 막연하게 답할 수 밖에 없는 질문이다. 자기분석이 잘 되었을 경우는 장점, 꿈, 가치를 더욱 선명하게 볼 수 있다. 내가 무엇을 잘할 수 있을까? 내가 왜 그런 미래를 꿈꾸고 있는지 등과 같은 것을 기준으로 세분화시켜 드러낼 수 있는지 답이 나와야 가장 중요하다. 자기 분석을 위해서는 시간을 갖는 것이 필요하다. 다양한 사람들과 만나 많은 소통을 하며 객관적으로 자기 분석을 할 수 있다. 이를 실질적으로 활용하면 자기분석에 도움이 된다.

② 직무탐색이 중요하다

직무적합도에 대한 준비는 매우 중요하다. 단순히 직무의 특징을 설명하는 것이 아니라 스스로 직무를 위해 어떤 부분을 준비했는지에 대한 대응이 필요하다. 직무의 특징이 계획되어야만 면접에서 상응하는 희망직무를 발견할 것이다. 그리고 희망직무에 종사하는 사람들을 많이 만나는 것이 가장 중요하다. 또한 직무역량을 쌓기 위해 현장실습, 관련분야 전공 공부, 자격증 취득, 아르바이트 등을 통해서 직무역량을 쌓아야 한다.

③ 독서와 신문 읽기가 중요하다

"면접에서 어떤 질문을 할 것인가?" 알 수 있는 사람은 아무도 없다. 기술질문을 토대로 모델답을 만들며 연습을 철저히 하더라도 면접장에서 당황하거나 생각치 못한 질문이 나오면 당황하여 대답을 못도 못하는 경우가 있다. 그렇기 때문에 생각지 못한 질문을 받을 수 있는 능력을 키워야 한다. 독서는 같은 뜻에 새로운 생각을 제공해 준다. 생각의 깊이를 키워줘야 한다. 또한 신문은 관련 현상 및 각 섹터에 대한 정보를 준다. 사실은 현실을 바라보는 안목도 제공해준다. 면접에서 좋은 결과를 내는 사람들의 공통점은 독서를 하고 신문을 읽는 사람이다.

④ 멘토를 가져라

면접장에 가서 마주치는 사람은 어떤 사람인가? 대부분 30대 중반에서 40대, 50대까지 연령을 가진 기업에서 나름대로 성과를 내고 인정받는 사람들이다. 외국인도 가깝게 지낸다면 외국인을 만나는 두려움이 사라지고 자연스러워진다. 마찬가지다. 면접관과 비슷한 경험과 성향을 가진 사람들을 가깝게 지내면 면접장에서 만나는 면접관을 자연스럽게 대면할 수 있을 것이다. 대학취업박람회에 기업 인사담당자들이 찾아 온다. 이와 같은 행사를 통해서 기업체 인사담당자와 멘토 관계를 맺는 것이 좋다. 또한 학생들은 쉽게 접할 수 있는 교수와 취업 담당자들과도 멘토 관계를 맺는 것이 좋다.

기타 면접에 성공하기 위한 전략은 다음과 같다.

① 대안제시 실현형이 좋다

지식 정보화 시대에 기업이 선호하는 인재상은 대안을 제시하며 실현하는 형이다. 과거처럼 "뭐든지 시켜만 주십시오, 최선을 다하겠습니다."라고 외치는 무조건 충성형은 이제 환영받지 못한다. 뿐만 아니라 항상 비전을 제시하는 비판형도 선호하지 않는다. 대신 문제를 분석하고 대처하며 대안까지 이끌어 낼 수 있는 실현할 수 있는 인재상을 선호하고 있다. 선배나 미래의 본인 상사와 같은 지원자는 3일 동안 회사 문화를 파악하여 능력을 새롭게 보여줄 수 있도록 스스로의 결과와 단점을 밝혀서 하고, 장점도 강화시키며, 단점을 개선하여 문제를 새롭게 해결해 낼 수 있음을 보여준다.

② 결론중심으로 말하고 구체적인 부연설명하는 것이 좋다

면접에서 자신의 역량을 보여줄 시간은 짧다. 그러므로 결론적인 답변을 먼저 제시한 후 구체적인 설명을 보태는 방식으로 답변해야 한다. 예를 들어 "저는 조직을 활성화시키는 아이디어를 제공해 팀의 최강 생산력을 이끌어내는 것(리더십)입니다." 라고 말한 뒤에 구체적인 예시를 들어 설명해야 한다. "제 경험으로는 제가 맡았던 프로젝트(프로젝트명)에서 2학년 때 대학 2학년 때 17개의 동아 공연에서 가장 관심 있는 대중성을 확장하였습니다. 그 결과 축제 후 다음 학기 학생의 참여율은 이전보다 1.4배 증가했습니다."라고 덧붙이는 것이다. 이렇게 구체적 예시가 필요하다.

③ 구직열정을 보여라

구직자임을 감안한 지원 및 입사를 위해 차별화 되게 노력한 점을 보여주는 것이다. 취업준비와 입사를 위해 신입사원의 구직열정이 그

대표적인 사례이다. 사전적으로 목표와 경력을 구체화시킨 지원 목표로 면접에서 보여준다면 추가적인 대화도 오간다. 비슷한 경험과 열정을 보여주는 것도 기업 및 면접관에 긍정적인 영향을 미칠 수 있다. 신입사원의 구직활동의 경우는 도전 목표도 제시된다.

④ 면접당일 준비

면접 당일에는 긴장하지 않도록 노력하고, 준비한 마음으로 대응해야 한다. 하지만 긴장감 때문에 억지로 침착함을 보이기보다는 자연스럽게 긴장을 적절히 활용하여 차분한 모습을 보여주는 것이 필요하다. 복장, 태도, 행동에서 면접관이 보기에 깔끔하고 자신감 있는 이미지를 보여주는 것이 좋다. 또한 면접장소에는 여유롭게 도착해 주변 환경에 적응하고, 면접장에 들어서기 전 준비한 내용을 다시 한번 떠올려 차분하게 면접을 시작할 수 있도록 마음가짐을 다지는 것도 좋다.

4. 무전공자를 위한 맞춤형 취업 팁

무전공자를 위한 맞춤형 취업 팁은 다음과 같다.

① 자기분석을 통해 강점 파악

o 경험을 정리: 학업, 아르바이트, 인턴십, 봉사활동 등 다양한 경험을 분석해 강점과 직무와의 연결고리를 찾아야 함

o 핵심역량 도출: 전공에 상관없이 본인의 커뮤니케이션, 문제해결, 협업 능력 등 보편적인 직무역량을 구체적으로 정리

② 직무 탐색과 역량 개발

o 직무 조사: 관심 있는 분야의 직무를 상세히 조사하고, 직무에 요구되는 역량과 기술을 파악

o 스킬 업그레이드: 필요한 역량을 키우기 위해 온라인 강의, 자격증 취득, 오픈소스 프로젝트 참여 등을 활용. 예를 들어, IT 분야에 관심 있다면 코딩 기초 강의 수강, 디자인 분야라면 툴(예: Photoshop, Illustrator) 학습을 추천

③ 네트워킹과 정보 수집

o 멘토링 활용: 직무에 종사하는 전문가나 선배들과의 네트워킹을 통해 직무 정보와 현실적인 조언을 얻음

o 커뮤니티 참여: 관련 직종의 온라인 커뮤니티, 채용 관련 SNS 그룹에서 정보를 얻고 질문을 통해 인사이트를 확보

④ 맞춤형 자기소개서 및 이력서 작성

○ 성과 중심 작성: 과제의 나열보다 성과를 강조. 예를 들어, "팀 프로젝트에서 문제를 해결해 프로젝트를 성공적으로 마무리한 경험"을 구체적으로 작성

○ 직무와 연결: 지원하는 직무의 요구사항과 본인의 경험을 연결하여 설득력 있는 자기소개서를 작성

⑤ 직무 기반 포트폴리오 제작

○ 직무역량 증명: 디자인, 마케팅, IT와 같이 포트폴리오가 중요한 분야는 관련 프로젝트 사례를 보여줌

○ 개인 프로젝트 수행: 직무 관련 경험이 부족하다면 개인적으로 프로젝트를 수행해 포트폴리오를 제작

⑥ 다양한 채용 경로 활용

○ 스타트업 및 중소기업: 대기업뿐만 아니라 스타트업이나 중소기업 채용에도 도전해 실무 경험을 쌓는 것을 고려

○ 특화 채용 프로그램: 무전공자 대상 교육 프로그램(예: K-Digital Training, 청년구직자 패키지 등)을 활용해 취업 가능성을 높임

⑦ 면접에서의 태도와 스토리텔링

○ 자신감: 전공이 없어도 본인의 열정과 역량을 자신 있게 전달

○ 스토리텔링: 무전공자이지만 직무와 관련된 역량을 키우기 위해 노력한 과정을 이야기로 풀어 면접관을 설득

⑧ 트렌드 파악

	○ 산업 동향: 관심 있는 산업의 최신 트렌드를 조사하여 면접에서 논리적이고 트렌디한 대화를 나눌 수 있도록 준비

	○ 핵심 키워드 학습: 직무와 관련된 최신 기술 및 이슈(예: 디지털 전환, ESG, AI 등)를 학습

⑨ 긍정적인 사고 유지

	○ 실패도 경험: 취업 과정에서 실패를 두려워하지 말고, 이를 학습의 기회

	○ 끈기 있는 도전: 여러 번의 시도와 피드백을 통해 자신을 지속적으로 개선

오늘날의 급변하는 산업 환경은 전통적인 전공과 직무의 경계를 허물고, 다양한 분야에서의 융합과 혁신을 요구하고 있다. 무전공자라고 해서 취업에서 불리하다는 편견에 갇힐 필요는 없다. 전공이 없어도 본인의 경험과 노력을 통해 습득한 역량을 직무와 효과적으로 연결하고 이를 구체적인 사례로 뒷받침한다면, 오히려 전공자와 차별화된 매력을 어필할 수 있다. 중요한 것은 본인의 가능성과 잠재력을 자신감 있게 전달하는 것이다. 기업은 단순히 전공이 아니라 문제를 해결하고

가치를 창출할 수 있는 사람을 원한다. 따라서, 자신의 강점과 노력을 바탕으로 직무에 기여할 수 있는 비전을 제시한다면, 취업 성공은 충분히 이루어질 수 있다.

> "무전공이라는 배경은 한계가 아니라 가능성의 시작입니다. 어떤 배경이든 자신의 노력과 열정, 그리고 명확한 목표를 가지고 도전한다면 그 여정은 반드시 결실을 맺게 됩니다. 스스로를 믿고, 자신의 이야기를 만들어가세요. 당신의 가능성은 전공의 경계를 뛰어넘어 새로운 길을 열어줄 것입니다. 주저하지 말고 도전하세요. 당신의 이야기가 바로 세상을 바꿀 힘입니다"

참고문헌

참고문헌

강정은(2008) 진로장벽, 심리적 독립, 진로결정 자기효능감이 진로결정수준 및 준비행동에 미치는 영향. 숙명여자대학교 석사학위 논문

고용노동부(2023), 문과 전공·코로나 학번·중고 신입에 대한 기업 채용 담당자 인식 조사. 고용노동부.

고용24(2024). 취업지원-취업가이드-직업정보. 한국고용정보원.

교육부(2024). 대학혁신지원사업 및 국립대학육성사업 기본계획. 교육부.

구글클라우드(2023). Google Cloud Certified Professional.

국가직무능력표준(NCS) 홈페이지(2024). -NCS와 KECO 연계. NCS통합-자료실. 한국산업인력공단.

국제공학연구소(2023). 공학계열 경력개발과 산업 기여.

국제인사관리협회(SHRM)(2022), 인사 및 인재 관리의 기초, 교육 자료.

국제정보시스템보안인증협회(ISC)(2023). 정보보안기사(CISSP) 자격증 안내.

고용노동부, 한국산업인력공단(2018). 블라인드 채용 가이드북.

김면식, 김순호, 이선옥, 이승철, 최승규(2023). 이제부터는 공정채용이다. 박문각.

김봉환(1997) 대학생의 진로결정수준과 진로준비행동의 발달 및 이차원적 유형화. 서울대학교 박사학위 논문

김진실(2024). NCS 취업(채용) 코칭 솔루션. 한국스킬문화연구원/애플북.

대한상공회의소(2023). 100대 기업이 원하는 인재상 보고서. 대한상공회의소.

대한민국 정책브리핑(2024). 인공지능 잡케어 서비스가 내 숨은 능력을 찾아준다고?

세계기술경영연구원, "기술 리더십과 경력개발", 2022, 연구보고서.

숙명여자대학교(2024). 진로진학을 위한 학과탐색 가이드.

신한대학교(2024). 면접가이드. 신한대학교 대학혁신사업.

문화일보(2024).청년 세대 95% "자율전공선택이 진로 탐색·직업 선택에 도움" https://munhwa.com/news/view.html?no=20240131010399100021003

아마존웹서비스(AWS)(2023). AWS Certified Solutions Architect.

워크넷(2023). 직업가치관검사 실시요람. 한국고용정보원.

윤영돈(2024). 채용트렌드 2024. 비전코리아.

윤영돈(2025). 채용트렌드 2025. 경향미디어.

참고문헌

이상준, 노세리, 오진욱, 박지성, 노성철(2023). 공채의 종말과 노동시장의 변화. 한국노동연구원.

이선구(2015). 역량평가 역량면접. 리드리드 풀판

이승철, 어수봉(2017). 신입직원 선발시스템 개선에 관한 탐색적 연구: H공사 사례를 중심으로.. 경영컨설팅연구, 17, 255~268. 55-268

이영대(2024). 2025 대학 무전공선발과 대입수험자 지도방안. 이영대진로코치 박사 네이버 블로그.

전국공인회계사협회(2023). "공인회계사(CPA) 자격증 시험 안내.

전남대학교(2020). 진로설계와 자기이해』 교과목 가이드북. 융합인재교육원 대학일자리센터.

정보처리학회(2023). 정보처리기사 자격증 개요.

커리어넷(2024). https://www.career.go.kr/cnet/front/base/major/FunivMajorView.do?SEQ=451#tab1.

한국고용정보원(2013), 대학생 직업심리검사 사용자 가이드. 한국고용정보원.

한국고용정보원(2022), 직업가치관검사 실시요람. 한국고용정보원.

한국고용정보원(2013). 성인용 직업적성검사. 한국고용정보원.

한국고용정보원(2023). 한국직업전망. 한국고용정보원.

한국고용정보원(2019). 청년 직무기반 취업가이드. 한국고용정보원.

한국산업인력공단(2022). [금융분야] 직무 멘토링. 한국산업인력공단 국가직무능력표준원.

한국산업인력공단(2022). [기계분야] 직무 멘토링. 한국산업인력공단 국가직무능력표준원.

한국산업인력공단(2022). [인사분야] 직무 멘토링. 한국산업인력공단 국가직무능력표준원.

한국산업인력공단(2022). [IT분야] 직무 멘토링. 한국산업인력공단 국가직무능력표준원.

한국산업인력공단(2023). "기계설비기사 자격증 안내. 국가기술자격 정보.

한국전산학회(2022). IT/컴퓨터 계열의 역할과 전망.

Osborn, D. S., & Reardon, R. C. (2006). "The Relationship Between Personality Type and Career Choice Using Holland's Theory". Journal of Career and Technical Education, 35(1), 40-58.

참고문헌

Smart, J. C., Feldman, K. A., & Ethington, C. A. (2000). "Holland's Theory and the Study of College Faculty and Students". Journal of Higher Education, 71(5), 541-570.

Van Vianen, A. E. M. (2018). "Personality and Career Choice: Understanding the Role of Environment in Holland's Theory". Career Development Quarterly, 66(1), 54-68.

Reardon, R., & Bullock, E. (2004). "Holland's Theory and Implications for Academic Advising and Career Counseling". NACADA Journal, 24(1-2), 111-123.

Nye, C. D., Su, R., Rounds, J., & Drasgow, F. (2018). "Vocational Interests and Career Success: Meta-analytic Findings on Holland's Theory". Journal of Vocational Behavior, 107, 145-160.

무전공자를 위한 전공별 직무능력 진로가이드

저　　자　김진실·차희정
발 행 일　2025. 03. 13
출 판 사　도서출판 애플북
I S B N　979-11-93285-79-4
발 행 처　도서출판 애플북

이 책은 저작권법에 따라 보호받는 저작물이므로
무단 전재와 무단 복제를 금지합니다.